基于生态旅游的
梅山地区景观规划设计研究

JIYU SHENGTAI LüYOU DE
MEISHAN DIQU JINGGUAN GUIHUA SHEJI YANJIU

陈书芳 著

湖南大学出版社
·长沙·

内 容 简 介

本书针对梅山地区景观资源、景观格局和景观适宜性评价做出系统分析，从宏观、中观、微观三个层次对梅山地区提出有针对性的生态旅游发展策略，并结合设计实际案例进行研究探讨，探索出了一套行之有效的设计方法，对于梅山地区景观资源的保护和利用有很高的参考价值。

本书可以作为高校教师、相关专业学生及相关地区旅游规划人员的参考书。

图书在版编目（CIP）数据

基于生态旅游的梅山地区景观规划设计研究/ 陈书芳著. — 长沙：湖南大出版社，2020.4

ISBN 978-7-5667-1863-1

Ⅰ.①基… Ⅱ.①陈… Ⅲ.①生态旅游–旅游规划–研究–安化县 ②生态旅游–旅游规划–研究–新化县 Ⅳ.①F592.764.4

中国版本图书馆CIP数据核字（2019）第276835号

基于生态旅游的梅山地区景观规划设计研究

JIYU SHENGTAI LüYOU DE MEISHAN DIQU JINGGUAN GUIHUA SHEJI YANJIU

著 者：	陈书芳
责任编辑：	胡建华　汪斯为
印 装：	北京虎彩文化传播有限公司

开 本： 710mm×1000mm 1/16　　　**印张：** 13.5　　　**字数：** 258 千

版 次： 2020年4月第1版　　　**印次：** 2020年4月第1次印刷

书 号： ISBN 978-7-5667-1863-1

定 价： 78.00 元

出 版 人： 李文邦

出版发行： 湖南大学出版社

社 址： 湖南·长沙·岳麓山　　　**邮编：** 410082

电 话： 0731-88821691（发行部） 88821174（编辑部） 88821006（出版部）

传 真： 0731-88649312（发行部） 88822264（总编室）

网 址： http://www.hnupress.com

前　言

　　景观不仅是一个与人类活动有着紧密联系的宏观生态学研究对象，也是一种重要的旅游资源。梅山地区聚居着汉、瑶、苗等多个民族，深受梅山文化影响，境内山峦叠嶂，森林苍莽，清溪潺潺，蕴含着丰富的自然和人文景观资源。近年来，梅山地区依托良好的生态环境和深厚的历史底蕴，吸引了众多的旅游者，旅游业发展较快。然而，作为湖南省生态建设的重点区域，在面临经济发展和资源保护的矛盾时，如何走出一条合理利用景观资源之路，既能青山常在、文化永续，又能发挥资源更大的生态效益和社会效益，已经成为实现梅山地区社会、经济与环境协调发展的重要问题。为此，本书以梅山核心区的安化县和新化县为研究范围，综合运用生态旅游学、景观生态学、文化地理学、景观生态规划、景观设计等原理，利用 RS、GIS 等技术，对两县的旅游景观资源进行梳理归纳，分析其景观空间格局及其变化的驱动因素，并从景观环境特征、人地作用关系、景观潜在利用方式等方面对景观适宜性进行评价，探讨生态旅游发展策略和模式，力图提出一套可持续发展的、整体优化的景观利用方案，探索一条体现梅山特色、符合时代发展潮流的生态规划路径。同时将理论与实践相结合，以中国梅山文化园的景观规划设计为例，探索一套行之有效的设计方法，进而丰富并完善地域性乡村景观生态规划的理论体系，为梅山文化的保护和梅山地区社会全面和谐发展提供决策参考和有效途径。

　　全书共分为七章，研究内容按逻辑关系可以归纳为三个部分：研究背景及理论研究、对象分析研究、策略及实践研究。

　　第一部分为第一章研究背景及理论研究。第一章首先阐述了本书研究的背景。接着，通过文献的收集与查阅，针对与研究密切相关的核心概念进行了界定，并对国内外相关领域研究进展、研究现状、研究内容等进行了综合分析。然后，从本书的研究意义、研究内容与方法、框架等方面进行了综合阐述。

1

第二部分为对象分析研究，主要针对梅山地区景观资源、景观格局和景观适宜性评价做系统分析，涵盖了第二章、第三章和第四章的内容。第二章，通过文献收集与实地调研，对梅山地区的景观资源生成发展语境进行分析，并将梅山地区的自然景观和人文景观资源进行分类整理，进而研究梅山地区生态旅游发展现状。第三章，在获得的梅山地区地形图、卫星图、土地利用图等数据基础上，借助 GIS 的空间分析及数据处理功能，对研究区的景观空间格局指数进行分析，并分析研究区景观格局及其变化情况，从而提高后期景观生态规划定位的准确性、现实性和工作效率。第四章，运用 GIS 的综合分析功能，构建梅山地区景观生态适宜性 AHP 评价指标体系，并从景观资源环境特征、人地作用关系特征、景观潜在利用方式、传统村落整体人文生态系统评价等方面对梅山地区景观生态适宜性进行系统评价。

第三部分为策略及实践研究，包括第五章、第六章和第七章，从宏观、中观、微观三个层次提出解决问题的方法。第五章，根据第二章梅山地区生态旅游发展现状分析，提出有针对性的生态旅游发展策略。第六章是在上述研究基础上，提出一套符合地域特色、整体优化的梅山地区景观生态规划方案，主要包括梅山地区景观格局优化规划、生态旅游景观规划、环境文化保护规划等方面的系统研究。第七章，选取安化县梅山文化园景观规划设计作为案例，遵循从理论到实践，再从实践到理论的科学方法展开研究，使理论与实践共同完善，从小尺度探索一套行之有效的设计方法，为梅山地区景观资源的保护和利用提供实证借鉴。

最后的结语部分对今后的研究工作进行了展望。

目 次

1 绪 论

1.1 研究背景

1.1.1 时代背景

随着人类工业文明的进步以及经济和城市建设的迅猛发展，人口增加、工业化、城市化等人类活动正以空前的速度、幅度和规模改变着自然环境，全球生态环境受到了不同程度的破坏，而作为朝阳产业的旅游业正是在这种背景下逐渐兴起的。对于旅游业，生态保护和可持续发展是不可忽略的问题。一方面，高度的城市化让越来越多的人对大自然产生了一种强烈的向往和依恋，渴望投入大自然的怀抱，到优美静谧的环境中放松身心，亲近自然成为人的内在需求。另一方面，随着人们环境意识的增强，游客对旅游的价值观念取向也发生了相应的变化。人们开始追求一种回归自然的旅游新方式，而生态旅游恰好满足了人们回归自然、返璞归真的愿望。

相比传统的旅游方式而言，生态旅游强调以自然生态环境为基础，在保持环境资源和社会文化完整性的同时，主张开发与保护相结合，实现经济利益平衡和共享的目标，因此受到旅游者、旅游开发地的政府和居民的共同青睐。世界各国，尤其是美国、澳大利亚、加拿大等国均大力发展生态旅游。据世界生态旅游大会介绍，生态旅游有 20% ~ 25% 的年增长率，已成为当今世界旅游发展的潮流，给全球带来了至少 200 亿美元的年产值。

与此同时，中国的生态旅游也发展迅猛。一方面，国家大力支持生态旅游的发展。从 1982 年在张家界建立我国第一个国家森林公园到 2016 年国务院印发的《"十三五"旅游业发展规划》，国家一直强调"将绿色发展贯穿到旅游规划、开发、管理、服务全过程，形成人与自然和谐发展的现代旅游业新格局"。另一方面，学术界积极地进行生态旅游理论研究，探讨生态旅游发展方向。从生态旅游概念的引入到生态旅游模式的推广，从 1995 年中国首届生态旅游发展研讨会的召开到 2016 年第十一届中国生态旅游发展论坛的举办，中国生态旅游在三十余年间发生了质的改变。

随着理论研究的拓展，景观生态学被引入到了生态旅游学的研究中。作为一门连接自然生态科学和人文地理科学的边缘学科，景观生态学所强调的生态内涵与生态旅游一致，注重人为活动干扰对景观格局、功能及其变化的影响研究。景观生态学不仅在研究内容上与生态旅游有共同点，而且其所运用的生态平衡理论和解决问题的方法，对生态旅游规划有着重要的指导意义。因此，越来越多的学者将生态旅游学和景观生态学理论进行有机融合，借鉴景观生态学通俗、简明的斑块—廊道—基质模式和较为成熟的景观格局指标体系，应用 3S 技术、计算机辅助技术等方法对生态旅游区进行景观格局现状分析、景观生态适宜性评价、景观规划与设计等方面的研究。

1.1.2 区域背景

梅山境内皆为深山密林，悬崖峭壁，小溪流水。雪峰山盘踞其中，资江流贯其内，其险峻闭塞的人文地理环境，孕育出具有浓郁地方特色的梅山文化。因历经多次大规模的民族迁徙、族群结构变化，梅山文化中汉、苗、瑶等多民族文化彼此渗透，相互融合。多民族文化的融合、地理环境的限制，使得梅山文化中有关民俗、宗教、艺术、历史、建筑、经济等方面的宝贵资料得以较好地保存。神秘原始的梅山傩戏、热情奔放的梅山山歌、出神入化的梅山武术、精美巧妙的梅山竹编、错落有致的梅山民居、古朴自然的梅山廊桥、巍巍耸立的梅山古塔、宁静祥和的梅山古镇……这些文化遗产承载着梅山纯朴的民俗民风和独特的文化气息。然而在全球信息化、经济一体化的浪潮中，现代文明以排山倒海、摧枯拉朽之势，无情地冲击着梅山文化。这神秘古远的巫楚文化遗存如同人类其他珍贵的文化遗产一样，面临着保护和传承的现实问题。

除了极具特色的文化景观外，梅山地区自然景观资源也颇为丰富。境内的梅山龙宫、柘溪国家森林公园、大熊山国家森林公园、六步溪国家自然保护区、龙湾国家湿地公园、雪峰湖国家湿地公园等景区景观资源品质优，类型全，发展生态旅游有得天独厚的优势。

在乡村旅游蓬勃发展的大背景下，近年来，梅山地区依托良好的生态环境、深厚的历史底蕴、丰富的旅游资源，吸引了众多的旅游者，旅游业发展较快。2016 年梅山境内新化县实现旅游综合收入 106.53 亿元，同比增长 25.06%。安化县 2016 年全年接待各类游客 230 万人次，同比增长 24.6%。梅山地区发展旅游业的空间很大，优势明显。但梅山地区旅游发展现状与其潜力还存在一定的差距，旅游业的发展面临着诸多的挑战。梅山地区的旅游开发迫切需要相关的理论指导和实证研究；梅山地区的旅游规划需要在更宏观的区域尺度进行景观的综合考虑和布局，以实现资源的合理利用，更好地推动旅游业的持续发展。科学合理的景观规划与建设可改善乡村生态旅游的环境和条件，为发展乡村生态旅游业提供保障。因此，如何走出一条合理利用景观资源之路，既能青山常在永续利用，又能产生更大的生态效益和社会效益，已经成为实现梅山地区社会、经济与环境协调发展的重要问题。它是梅山地区景观资源保护利用与生态环境可持续发展的客观要求，也是本书研究的出发点。

1.2 研究意义

1.2.1 理论意义

当前区域景观生态规划的研究主要集中在城市、河流流域等范围，然而针对广大的经济欠发达但对生态功能具有重要意义的乡村和山区，特别是如梅山地区一般，兼具地域文化特色的乡村地区的专门性研究较少。在面临经济发展和资源保护的矛盾时，如何进行旅游开发和景观规划，如何确定适宜的开发地区以使对生态环境的影响降至最低是区域景观生态规划面临的新课题。本书正是基于上述问题，以梅山核心区的安化县和新化县为研究范围，在已有相关研究的基础上，运用生态旅游学、景观生态学、文化地理学、景观生态规划、景观设计等原理，利用 RS、GIS 等技术，结合层次分析法和加权叠加法等手段，对两县的旅游景观资源进行梳理归纳，分析其景观空间格局及其变化的驱动因素。从景观环境特征、人地作用关系、景观潜在利用方式等方面对两县的景观适宜性进行评价，探讨当地的生态旅游发展策略和模式，力图提出一套可持续发展的、整体优化的景观利用方案，探索一条适合梅山特色、符合时代发展潮流的生态规划路径，并将理论与实践相结合。以中国梅山文化生态园的景观规划设计为例，探索一套行之有效的设计方法，从而促进学科之间的渗透和整合，丰富并完善地域性乡村景观生态规划的理论体系。以上其方法对于类似地区的景观规划亦具有方法论意义。

1.2.2 现实意义

景观生态规划涉及景观建设与资源环境、社会文化、经济发展等方面的内容，与生态文明建设、新农村建设等现实问题紧密联系。本研究通过专题分析，有助于合理地保护、整合、开发与可持续利用梅山地区景观资源，带来良好的社会效益和经济效益，避免"建设性破坏"，使梅山地区景观资源保护与旅游开发协调发展。

1.3 相关概念界定与国内外研究综述

1.3.1 相关概念界定

1.3.1.1 生态旅游

生态旅游作为一个独立术语是由世界自然保护联盟（IUCN）特别顾问谢贝洛斯·拉斯喀瑞（H. Ceballos Lascurain）于 1983 年首先提出，并在 1986 年召开的国际环境会议上得到确认的。此概念一经提出，便在全球范围内引起了很大反响。随后，拉斯喀瑞更完整地对生态旅游作出定义：“生态旅游作为旅游的一种形式，游客在欣赏和游览古今文化遗产的同时，能置身于相对古朴、原始的自然区域，尽情考究并享受旖旎的风光和野生动物”。世界野生动物基金会的伊丽莎白·布（Elizabeth Boo）于 1990 年在她的《生态旅游：潜力与陷阱》一书中写道：“生态旅游是以自然为基础，涉及以学习、研究、欣赏、享受风景和野生动植物等特定目的而到受干扰比较少或没有受到污染的自然区域所进行的旅游活动”。该书为生态旅游概念的广泛传播起到了重要作用。作为生态旅游研究早期的两种代表性概念，二者都从旅游者的角度强调了旅游活动的性质与目的，却没有涉及生态旅游可能对旅游目的地产生的影响和作用，其定义与绿色旅游、自然旅游的概念接近。

目前，关于生态旅游的概念界定还处于“百家争鸣”的阶段，学术界尚未达成一致看法。据不完全统计，生态旅游的概念已有 200 余种：有的从旅游者的角度出发强调旅游活动的性质和目的；有的突出生态旅游活动应当对目的地所产生的积极作用。虽然每个定义都有不同的侧重点和强调点，在角度的选择或文字的表述上有所区别，但都把“以自然为基础”和“促进环境保护”作为生态核心内涵。

本书所研究的梅山地区不仅拥有丰富的自然资源和优美的自然环境，还有更具地方特色的人文资源。笔者将针对梅山地区的生态旅游理解为在生态学理念指导下所进行的一种负责任的旅游活动。它是一种以可持续发展为目标，以梅山地区自然环境为舞台，以梅山文化为内涵，以享受大自然，以了解自然景观、野生生物及相关文化特征为旅游目的，以对生态系统的影响最小化和环境保护为标志性特征，使当地居民和旅游经营机构在经济上受益为基本原则的新型旅游。

1.3.1.2 景观生态规划

20 世纪 60 年代，景观生态规划是由伊恩·L.麦克哈格（Ian L. McHarg）在他的著作 *Design With Nature* 中提出并发展起来的，是景观规划方法论上的一次里程碑式的革命。景观生态规划是在地理学、生态学和风景园林学等基础上产生和发展起来的一项系统工程。它是景观生态学应用领域中的研究重点，是实现区域可持续发展的空间途径，也是一条可以操作界面上人地关系和谐的最合适的途径，已引起全球科学家和景观规划师们的极大关注。

国内外学者纷纷对景观生态规划进行定义。Forman 认为景观生态规划是在景观生态分析、综合和评价的基础上，建立景观生态系统优化利用的空间结构和模式。他还认为景观生态规划是修复退化景观或土地利用改变之后调整景观的一种行为。傅伯杰 2001 年提出景观生态规划的目的是使景观内部的社会活动以及景观生态特征在时间和空间上协调化，达到对景观的优化利用。王云才认为景观生态规划是客观认识并揭示生物环境和社会相互作用的规律，寻求资源和空间利用最适宜的途径与方式。

概括而言，景观生态规划是在景观生态学基础上，以构建人类、生态与环境之间的协调发展关系为目标，通过对一定尺度、特定区域的景观格局及演变过程的研究，经综合评价后，提出的景观资源优化利用方案。其目的是根据区域生态系统整体结构和可持续发展原则，合理处理自然生态环境资源与人类活动之间的关系。本书所指的景观生态规划包含两个层次的内容：一是较大尺度的景观环境规划，包括区域内的景观生态资源分类、景观空间格局及动态变化分析、景观生态评价、土地利用、廊道规划、村落规划等自然和人文生态系统的总体安排与布局；二是各类环境详细规划或场地规划，具体包括各类景观实体的选址，开放空间布局，内部环境设施、植被、道路等方面的景观规划设计。

1.3.1.3 梅山地区

对于梅山地区的概念和范围界定，学术界一直存在多种观点，笔者认为可以从狭义的地理境域范围和广义的文化影响范围来理解。

地理境域范围上的梅山地区是指历史的地域名称——湘中的古梅山。最早提及梅山之名的史籍是《新唐书·邓处讷传》。唐僖宗时，"梅山峒结盟，撩断邵州道，据地自治"。宋代以前的梅山地区"不与中国通"，为"化外之地"，不受中央政权的管治，处于被汉文化包围又隔离之地。《梅山蛮传》中描述梅山的地域范围为："上下梅山峒蛮，其地千里，东接潭（潭州，今湖南长沙），南接邵（邵州，今湖南邵阳），其西则辰（辰州，今湖南沅陵），其北则鼎（鼎州，今湖南常德），而梅山居其中"。北宋朝廷为强化统治、安定民心，命朝臣章惇"开梅山"，对梅山地区分而治之，分属不同州府管辖。宋神宗熙宁五年，章惇首置新化县，意为"王化之新地"，隶属邵州。次年正月，取"归安德化"之意，建安化县，隶属潭州。梅山地区自此被正式纳入中央版图。此时的梅山地区具体指"东起宁乡司徒岭（今安化高明乡境内），西抵邵阳百沙砦（今隆回县境内），北界益阳四里河（今桃江泗里河镇），南止湘乡佛子岭（今涟源市杨市镇境内）"。《湖南通史》中记载了梅山地区的范围："大致在今邵阳、宁乡、益阳和湘乡之间,中心在今安化、新化一带,新化为上梅山,安化为下梅山"。大批学者结合史料和实地调研,对梅山地区的地域范围进行了分析研究。他们普遍认为当今的梅山地区大致是以新化、安化两县为中心,包括益阳、宁乡、湘乡、冷水江、双峰、涟源、隆回、洞口等县市。

广义的梅山地区,指受梅山文化影响的区域。梅山文化的起源可以追溯到远古时代的九黎族部落及其首领蚩尤帝,是荆楚文化的一个重要分支。随着社会的变迁、民族兴替、迁移、分合,梅山文化的影响范围已经远远超越了其地理境域。作为一个对西南苗、瑶、汉、侗、畲等广大少数民族影响深远的文化符号,它覆盖了今湘西、湘南、大西南甚至整个长江以南的广阔区域,其核心区域在湘中梅山。从文化影响层面可以将梅山文化区划分为核心圈、区域圈、辐射圈、海外余波圈。核心圈是指湘中梅山文化的发祥地——新化、安化两县。区域圈包括邵阳、娄底、益阳、长沙、株洲、湘潭、常德等地,是梅山文化的密集区。辐射圈是梅山文化的辐射网,包括长江以南的云南、广西、广东、海南、江西、福建、浙江等省。梅山文化海外余波圈是指受其影响的异国华侨和华人社会。在越南、老挝、马来西亚、泰国、法国、韩国等地都能寻到梅山文化的踪迹。

在上述资料和研究成果中,梅山地区的具体位置和地域面积上的观点虽然存在一定的差别,但学术界就安化和新化两县为梅山地区的核心区域已经普遍达成共识。根据获得文献资料的客观性和数据资料的可行性,本书研究的梅山地区是指梅山的核心区域,即安化县和新化县。按照其行政面积来看,安化县与新化县总面积为 8592km²,其中安化县面积为 4950km²,新化县面积为 3642km²。

1.3.2 国内外研究综述

1.3.2.1 生态旅游学研究

国外生态旅游学研究历程,可以划分为四个发展阶段。第一阶段为萌芽期(20 世纪 60 年代初到 20 世纪 80 年代初),国外学者开始涉足有关生态旅游的研究。1962 年美国生物学家家蕾切尔·卡逊(Rachel Carson)所著《寂静的春天》在欧美揭开了绿色运动的序幕。随后,美国学者赫泽尔(Hetzer)于 1965 年提出了"生态性旅游"(ecological tourism),各国开始注重开展对环境影响较小的旅游活动。第二阶段为概念研究阶段(20 世纪 80 年代初至 20 世纪 90 年代中期)。自 1983 年"生态旅游"一词被正式提出后,在世界范围内得到广泛关注。这一时期,生态旅游的研究主要集中在概念探索、定义争论和开发研究的初级阶段。第三阶段为理论研究阶段(20 世纪 90 年代中期至 21 世纪初)。大量的专著和文献如雨后春笋般大量涌现,并在理论研究上取得了一定进展。其中,最具代表性的专著有《生态旅游：规划者和管理者们的参考文献注解》《生态旅游：规划者、管理者指导》《生态旅游》《生态旅游百科全书》。第四阶段为实践研究阶段（21世纪初至今）。进入 21 世纪，生态旅游的大部分研究者对理论的研究有所减少，更多地转向对具体操作和实践发展的研究。韦弗（Weaver）等人根据 20 年来学术界对生态旅游的研究，认为国际生态旅游的研究还处于青年期，中国也不例外。

我国对生态旅游的研究起步较晚，在 20 世纪 80 年代才开始将它作为一个明确的概念来进行研究。国内的生态旅游研究进程主要经历了起步、发展、增长三个阶段。起步阶段为 1985 至 1995 年。该阶段的研究主要集中在对国外生态旅游兴起的介绍，对旅游、生态、环境的关系探讨，以及如何将生态旅游付诸实践等问题的研究。发展阶段为 1996 至 2005 年。从 1996 年开始，国内生态旅游研究数量呈现了稳定的增长。这一时期是我国学术界对生态旅游研究的高峰期，国内专家学者针对生态旅游发表了大量研究成果。景观生态学也作为研究方法被引入生态旅游研究之中。2006 年至今为增长阶段。增长阶段是文献增长最快的时期，生态旅游的研究深度也得到了进一步挖掘。

除文献研究成果外，在政府发展可持续旅游战略的背景下，国内学术界召开了多种形式的讨论会，积极探讨中国生态旅游的发展方向，推动生态旅游的研究。

国内学术界在不同的研究领域积极拓展，丰富了生态旅游学的发展方向。但生态旅游的理论研究尚处于初步发展阶段，存在一定的不足和局限。

①学术界对于生态旅游理论的研究比较零散，主要是针对某个具体问题而论，虽然涉及面较广，但尚未形成一个大家普遍认可的理论体系。定性研究相对较多，对一些问题的探讨停留在描述性分析上，而定量研究较少，只是在环境承载力方面有量化指标。

②与理论研究相比，实证研究相对较少。需要在条件比较理想的地区，加强生态旅游产品的开发研究。

③对人文生态旅游的研究涉及较少。

1.3.2.2　景观生态学及景观生态规划研究

1939 年，德国著名的地理学家卡尔·特罗尔（Troll）在利用航片研究东非土地利用的问题时首先提出了景观生态学（landscape ecology）一词，并在 1968 年将景观生态学正式定义为研究一个给定景观区段中生物群落和其环境间的复杂因果关系学。景观生态学是现代生态学中内容最丰富、发展最快、影响最广泛的学科之一，它横跨地理学、农学、生态学、林学、城乡规划等多学科。国外景观生态学的研究发展，大致可分为四个阶段：第一阶段为学科综合概念和思想形成期（19 世纪初至 20 世纪 30 年代），在此期间，与景观生态学相关的概念被相继提出。第二阶段是学科思想的初创时期（20世纪30年代后期至20世纪60年代中期）。在此时期特罗尔正式提出了景观生态学概念，苏卡乔夫提出了生物地理学说。第三阶段为学科的发展阶段（20世纪60年代后期至20世纪80年代初）。这一阶段景观生态学在国际上形成了若干各具特色的学术流派和研究方法，其中尤以德国、捷克、荷兰为代表的欧洲应用学派和以美国为首的北美系统学派令人瞩目。20世纪60年代末，景观生态学在欧洲大陆初步发展。欧洲学派以Zonneveld、Naveh、Ruzicka为代表，侧重于考虑社会、人文、政治、经济等整体的影响，主要将景观生态学运用于区域规划和开发，进行土地评价、土地利用及规划等应用实践的研究。第四阶段是景观生态学研究的深化阶段（20世纪90年代后期至今）。随着"3S"技术的迅猛发展与广泛应用，以及现代学科的交叉、融合，景观生态学理论迅速发展，被各行各业所应用，涌现了大量研究成果。

相对于国外的景观生态学研究而言，中国在这一方面的研究相对滞后。20世纪90年代，中国才真正开展景观生态学的应用研究，其标志是肖笃宁发表的《沈阳西郊景观格局变化的研究》一文。其后，学者们从不同角度积极探索景观生态学新领域，涌现了大量成果。这些研究成果主要集中在以下几个方面。

①景观生态学理论研究。学者们重点研究国内外景观生态学的学科前沿发展战略。

②城市景观生态学与生态建设。研究焦点在城市及周边土地利用对景观生态安全格局的影响上。

③森林与湿地的研究。学者们对森林和湿地景观空间格局及其动态变化、生态过程、干扰等方面进行了大量研究，并取得了宝贵成果。

④农业景观生态与农区生态建设。学术界根据中国的农业发展特征，运用景观生态学原理，对农业景观进行分析研究，以促进农业资源的合理利用及农业的可持续发展。

⑤区域景观生态恢复与重建。这一领域是国内景观生态学发展中结合我国实际情况而兴起的新的应用领域。

2010年至今，中国学者在追踪国际景观生态学研究的同时，紧密结合中国特色，积极开拓自主创新研究的新领域。学者们针对各种尺度的景观格局及变化规律、景观安全格局构建、景观生态评价与规划、景观动态模拟与生态系统管理、景观破碎化与生物多样性保护等方面开展了研究。但总体上来看，我国的景观生态学尚缺乏系统的、跨尺度、多尺度的理论与实际研究，特别是将文化景观与景观生态学结合，探索如何整合景观资源，促进自然景观与文化景观的可持续发展有待深入研究。

在景观生态规划研究方面，随着地理信息系统（GIS）、遥感（RS）、全球定位系统（GPS）等计算机空间技术的迅猛发展，极大地促进了景观定量研究的发展和景观结构格局及动态分析的不断深入，为景观生态规划提供了快捷可靠的数据和实用有效的分析手段。景观生态规划在方法论和操作技术层面都取得了突飞猛进的发展，并在一定程度上弥补了麦克哈格所提出的生态规划方法对景观管理及生态系统水平作用关系的忽视。

国外学者和设计师广泛借助 GIS 等先进科技对数据进行量化处理，并应用于各类景观生态规划中。这些研究成果主要体现在以下几个方面。

（1）农业景观生态规划

Haber 等 1990 年将 GIS 与景观生态学相结合，建立起用于集约化农业与自然保护规划的 DLU 策略系统；Ernst 等 2015 年利用 GIS 建立模型来预测农业生态环境中生物多样性的发展趋势，并以此作为基础，提出土地利用的规划方案。

（2）森林、湿地等自然保护区景观生态规划

Jensen，1999 年基于 GIS 技术，开发了用于选择湿地恢复场所的线性规划模型；Sung 等 2001 年用 Artifidal Neural Network 和 GIS 对山林景观进行美学评价，并以此为依据预测山林景观生态规划的发展方向；KeleζS 等 2007 年基于 GIS 对土耳其森林进行分类，并分析 1972—2002 年森林生态系统结构的变化，以便可持续地规划和管理自然资源。

（3）区域景观生态规划

Milanova，1995 年运用 GIS，通过大规模景观评估和地图绘制识别荒漠化过程，并提出相应的规划方案。Dikou 等，2011 年利用遥感和 GIS 结合多变量统计方法，对希腊沿海五个区域 50 年间的景观组成、土地覆盖植被变化过程进行研究，为景观生态规划提供参考。

20 世纪 90 年代，国内针对景观生态规划的应用研究才出现，研究焦点主要集中在以下几个方面。

（1）城市景观生态规划

2002 年刘滨谊等人分析中国日前城市绿地系统规划指标存在问题，探讨建立城市绿地系统指标体系确定的原则和指标体系；2005 年郭晋平等人阐述了城市景观生态规划的原理、目标和原则，并以山西省临汾市为例，剖析了城市景观的生态现状和问题，制定了符合城市特色的景观生态建设的基本对策与关键措施；2009 年王云才等人在研究城市景观生态特征和生态网络结构后总结景观生态网络空间模式；2013 年张超荣等人探讨景观生态规划理论在城市总体规划中的应用。

（2）农业景观生态规划

2000 年王仰麟等人从景观生态学的基本理论出发，探讨农业景观的生态规划原理及方法，并对冀西北涿鹿盆地进行了案例实践；2005 年帅文波等人利用景观生态规划的原理和方法，探讨了区域生态农业景观规划设计的思路与方法；2008 年骆世明认为生态农业建设的核心和重点是景观生态规划、循环系统建设和生物关系重建。

(3) 旅游区景观生态规划

2004 年邱彭华等人通过对景观生态安全格局、适宜性评价和敏感度分析的研究，探讨景观总体规划方法。2007 年田波等人根据景观生态学的原理，探索旅游度假区景观建设的生态规划途径。

(4) 保护区景观生态规划

2005 年刘亚萍通过景观质量、景观生态价值、景观美学价值、景观视觉容量和景观安全格局五个方面对自然保护区的景观价值进行评价与景观生态规划研究。2009 年张林英等人通过总结广东省自然保护区景观空间结构分布状况，综合考虑景观生态要素，研究区域自然保护区的景观生态规划。

综合国内外研究现状来看，近年来，景观生态规划日益受到学者和相关研究人员的关注，发展迅速，在农业、自然保护区、城市、旅游区等景观生态规划应用领域涌现了大量研究成果。但由于景观生态规划在我国还属于新兴研究领域，有些方面的研究还比较薄弱。

①基础性资料和数据得不到共享，相关的技术支撑不足，以致基础性理论研究匮乏。

②对具有重要生态功能的乡村与山地的景观生态规划与设计应用研究不够。

③基于 GIS 等技术对具有地方特色的乡村文化景观的生态规划研究较少。

1.3.2.3　梅山文化及梅山地区旅游景观规划设计研究

虽然梅山文化已延续了几千年，但作为一个地域文化或学科的概念，跃入人们眼帘不过 20 余年。1988 年 5 月，在武汉举行的"中国长江文化研究会"上，两位学者首次提出"梅山文化"这一概念。学者们认为梅山文化是中华远古文明和湖湘文化的祖源文化之一，具有十分重要的历史文化和旅游开发价值。随后，《人民日报》《新民晚报》刊登了关于梅山文化的专题报道，神秘古朴的梅山文化迅速受到国内外学术界的关注。同一时期，法国巴黎大学的人类学专家搜寻到巫教手抄本《又到梅山三十六峒游念》，希望从中探寻梅山的根源。随后 1995 年 10 月，在湖南新邵县展开了第一届"梅山文化研讨会"。这次会议的召开，成为梅山文化研究的标志性起点，梅山文化的专题研究迈出了历史性的第一步。

此后，学术界陆续召开了一系列学术研讨会（表 1-1）。这些会议使人们深化了对梅山文化的科学认识，扩大了梅山文化的国内外影响，促进了对梅山文化的挖掘、抢救、研究、保护、传承和发展。

表 1-1　在梅山地区召开的梅山文化学术研讨会

年份	会议名称	地点	主题和主要成果
1995	第一届梅山文化研讨会	邵阳新邵	出版《梅山文化特辑》
1997	第二届梅山文化研讨会	益阳安化	出版《梅山探碛》
2003	第三届梅山文化研讨会	邵阳隆回	出版《第三届梅山文化学术研讨会论文集》
2006	第四届梅山文化研讨会	娄底新化	出版《第四届梅山文化学术研讨会论文集》
2009	第五届梅山文化研讨会	娄底市	对近年的理论研究成果进行整理
2010	海峡两岸宗教与区域文化暨梅山宗教文化研讨会	娄底新化	通过了《保护非物质文化遗产，推进梅山文化研究》的宣言书
2012	首届大梅山文化旅游协作学术研讨会	娄底新化	主题"大梅山，大传奇"；出版《大梅山研究》上卷：《湖南首届大梅山文化旅游协作学术研讨会论文集》；下卷：《梅山巫傩手诀》
2016	第六届梅山文化研讨会	益阳安化	主题"梅山文化与区域发展"
2016	中国湖南新化傩文化国际学术研讨会	娄底新化	开展了一系列表演、学习和交流活动

随着梅山文化研究队伍的不断扩大，梅山文化也引起了日本、韩国、美国以及香港、台湾等地区一批学者的高度关注。各地不仅积极参与会议讨论，还多次深入梅山地区开展田野调查工作，并与内地科研机构长期保持良好的学术往来和交流，使梅山文化的研究具有广阔的国际视野。

目前，梅山文化研究已取得了一定的成绩，涌现了一批研究成果。这些成果主要关注以下几个方面。

①梅山名称出来的研究。学者多以明朝《安化县志》为证，认为梅山是因梅锅而得名。部分学者也从语言构词的角度解读梅山名称的由来。

②梅山地域的研究。宋朝开梅山时的安化与新化为梅山区域核心的观点，在学界基本形成共识。

③梅山族源的研究。学者们从史料中考究，大多认同苗瑶是梅山的主体族群。

④梅山文化的内涵与特色研究。学术界普遍认为梅山文化是以原始的渔猎文化为经济生活基础，以巫文化为核心所衍生出的各种文化现象。

⑤梅山文化发展研究。研究者根据史料记载，结合信仰、民俗、歌谣等梳理梅山文化的发展脉络，认为梅山文化是在几千年的流动嬗变中，不断吸收、融合

异质文化的新鲜信息而形成的特色鲜明的文化有机体。

⑥梅山宗教与巫傩的研究。民间信仰和巫傩遗风是梅山文化中的重要组成部分和常见表现形式，成为学者们探讨研究最多的领域。

⑦梅山民俗的研究。这一方面的研究目前多为调查、整理的表述性事象研究，尚缺乏深层次理论研究。

⑧梅山非物质文化遗产研究。梅山地区蕴藏的文化信息颇为丰富，梅山武术、梅山傩戏、新化山歌均是国家级非物质文化遗产，还有梅山木雕、梅山竹编、梅山剪纸、黑茶制作等都是值得保护和传承的特殊技艺，因此，大批学者对梅山的非物质文化遗产进行了专题研究。

学者们致力于将梅山文化的研究成果进行梳理汇总，形成了一些极具代表性的理论专著，如《梅山文化概论》《中国梅山文化》《中国梅山文化简论》《梅山探赜》《漫步梅山——梅山文化综述》。这些丰硕成果中最引人注目的是通过田野调研，挖掘、抢救、整理出的专著、珍贵图片与音像资料。2012年李新吾等人在艰苦的田野作业基础上编撰出版的《梅山蚩尤——南楚根脉，湖湘精魂》一书，对梅山文化的起源、特征、宗教信仰等方面进行了全面深入的研究。此外，还有《梅山武功》《梅山拾萃》《梅山虎匠科仪本汇编》《资江风情系列丛书——梅山民歌精选》《梅山民俗研究》《梅山文化简明读本》《梅山民俗概论》等专著，分别从不同角度对梅山文化中的重要事象进行了深入细致的采访和记录，把遗落在历史隧道中的碎片捡拾起来，为探寻神秘梅山之路奠定基础。

目前，学术界对梅山文化的相关内容已进行了大量的探讨，取得了一些有价值的研究成果，但从旅游角度对梅山文化及梅山地区景观资源的研究成果甚少，经中国知网检索显示，2006年至2016年我国发表以"梅山地区旅游"为主题的期刊文献共有37篇，硕博士学位论文10篇。

研究者将关注焦点放在以下两个方面。

①梅山地区旅游资源价值评价。1998年郑伯红从经济、社会、宗教、文艺竞技等方面，探讨梅山民俗文化的旅游价值，并提出四点旅游发展建议；2006年刘建才针对梅山地区景观资源的历史文化价值、艺术观赏价值和科学考察价值进行评价，并结合经济、社会、环境效益和六项旅游开发条件，提出梅山文化的旅游开发思路；2007年何晓颖等人从梅山文化产生的自然地理和社会历史环境入手，分析梅山文化特征，将梅山地区民俗文化旅游资源分为四类，并对其进行特性评价；2010年李本成分析梅山民俗体育的当代价值，并提出相应的四点发展对策。

②梅山地区旅游发展和开发研究。2005年伍丽霞从梅山文化的生成环境、相关文化关系、主要内容和特征出发，围绕梅山文化旅游产品设计和旅游市场开拓等问题进行论述；2009年王业社等人从梅山文化的内涵和个性特征出发，分

析梅山文化旅游开发现状及其发展机遇，提出旅游开发构思和对策；2015 年石潇纯等人运用 SWOT 分析法，对大梅山区域旅游协作内、外部的影响因素进行了探讨。由文献可以看出，这些成果大多从旅游经济的角度，研究梅山文化及其旅游开发策略，以推动旅游产业发展，较为忽视针对自然环境保护和体验的生态旅游发展研究。

相对于梅山地区旅游资源和开发的研究而言，对梅山地区景观规划设计的研究更少。综观目前的研究成果，将生态旅游学与景观生态学结合，运用 RS、GIS 研究梅山地区的景观生态规划与设计应用尚属空白。

1.4 研究内容、方法与框架

1.4.1 研究内容

梅山地区景观生态规划研究是从生态旅游的角度，基于 RS、GIS 技术的系统性研究，而地理信息系统是集地理学、计算机、遥感技术和地图学于一体，以计算机为主要辅助手段，按照一定的信息采集、存储、管理、分析和处理程序获取多媒体信息的系统。

1.4.2 研究方法

1.4.2.1 文献资料法

从中国知网、万方数据库、维普资讯网、EI 工程索引等资源中获取了相关的文献资料 1400 余篇，这些资料是本书的理论研究基础。在对该领域的国内外相关研究进展综述分析的基础上，界定本书的方向和内容。随着研究的深入，根据研究内容的需要，利用网络查找收集了相关的统计年鉴、统计公报、各大媒体的宣传资料、旅游局历年的统计数据等。此外，对从安化县和新化县政府及文化旅游局、林业局等相关部门收集的资料和数据进行了整理与统计，为本书提供了充足的基础研究资料。

1.4.2.2 实地调研法

本书深入实地对梅山地区旅游景观资源状况、生态旅游发展现状、客源市场现状等进行详细的调研考察，收集第一手资料以供研究。

调研具体包括以下几种方式。

（1）拍照测绘

通过 2011 年至 2018 年间多次深入梅山核心区的安化、新化两县及周边涟源、冷水江市 30 余个乡镇进行实地调研，笔者系统地收集当地基础资料和数据，以更好地了解当地旅游景观资源的保存状况和旅游发展情况。

（2）观察体验

通过观察和参与旅游活动，能更好地增进对当地风土人情和旅游发展现状的了解，从而更深入地了解梅山文化的内涵，收集更为全面、真实的第一手材料。

（3）问卷访谈

通过对旅游者、旅游从业人员、旅游经营者、社区居民等不同群体及与旅游相关的部门的访谈问卷调研，进行系统分析、综合比较、科学归纳，获得梅山地区生态旅游发展以及经营管理、景观建设现状等方面的信息。

1.4.2.3　层次分析法

层次分析法(analytic hierarchy process,简称 AHP)是由美国运筹学家塞蒂在 20 世纪 70 年代提出的将定性与定量分析相结合的多因素决策分析方法。AHP 数理模型，能使景观生态评价更加科学，景观生态规划方案更加合理。本书采用 AHP 法、加权法构建景观生态适宜性评价等复合模型，并经一致性检验确定评价指标的权重。在此基础上进行实证量化研究，提出评价结果，以期获取更贴近实际的评价。

1.4.2.4　德尔菲法

德尔菲法（Delphi method）又名专家调查法，本书采用该法收集专家意见从而建立梅山地区生态适宜性的评价指标体系和 SWOT 分析模型。研究中选择了 10 位从事梅山文化、环境保护、景观生态学、城市规划、环境设计、旅游学科研究领域的专家和梅山地区旅游景观开发管理的具体工作者作为梅山地区景观生态适宜性评价咨询专家，搜集他们对本章中各个评价指标重要性的判断意见，形成 10 份专家判断材料，每一份专家判断材料包括多个判断矩阵。

1.4.2.5　SWOT 分析法

SWOT 分析法最早是由哈佛大学商学院的安德鲁斯教授（Andrens）在 20 世纪 60 年代提出的一种针对企业内部和外部条件各方面因素的战略分析方法。20 世纪末，SWOT 分析被应用于旅游业的规划上，成效显著。本书采用 SWOT 分析法，针对梅山地区旅游开发的优势 S（strengths）、劣势 W（weaknesses）、机遇 O（opportunities）、威胁 T（threats）进行分析。优势和劣势分析主要针对梅山地区旅游发展的内部条件，而机遇和挑战分析则着眼于外部环境的变化及对区域的可能影响上。通过对内外环境因素的系统分析，将这些因素相互匹配，从中得出相应的结论，以确定梅山地区生态旅游发展战略。

1.4.2.6　GIS 技术应用

本书在 RS、GIS 技术的支持下对梅山地区进行了景观空间格局分析及景观生态适宜性评价，并在此基础上对该区域提出了生态功能分区和综合规划方案。GIS 技术的应用，为本书提供了一种综合的、互相联系的、前后贯通的求解环境。

1.4.3 研究框架

本书通过对生态旅游学、景观生态学、景观生态规划及梅山文化相关理论文献的梳理总结，分析梅山地区景观资源的生成语境、分类、特征及区内生态旅游发展现状，在收集的梅山地区地貌图、植被图和土地利用图等图件的基础上，根据梅山地区的景观分类系统，利用 ENVI、GIS 软件进行景观类型信息的提取，建立梅山地区景观信息数据库。在此基础上，利用景观生态学的理论与方法进行景观要素的构成分析、景观空间格局分析，然后进行景观生态适宜性评价分析。最后依据分析结果，从宏观层面提出的梅山地区旅游开发战略和发展模式，并进行中观层面的区域整体规划与微观层面的景观规划设计应用研究（图 1-1）。

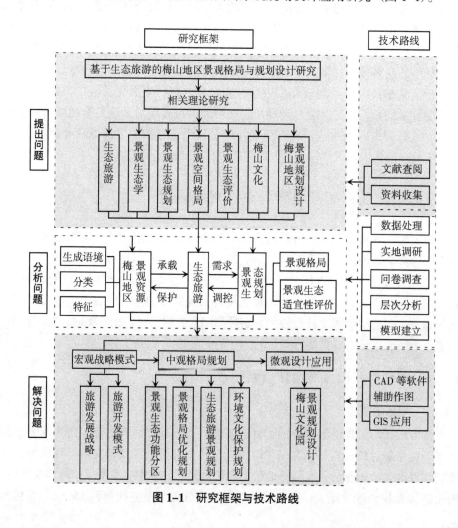

图 1-1 研究框架与技术路线

2 梅山地区生态旅游现状分析

梅山地区地处湘中腹地，其西南部主要是山地，对外交通不便，经济发展相对滞后；而其东部地势多为丘陵平原，较为平坦，距离长沙较近，对外联系相对较为方便；由于特殊的自然地理环境，在梅山核心区域 8592km² 的土地上，遍布丰富的自然、人文景观资源，为生态旅游开发提供了有利的条件。特别是散布于山间林中的众多传统村落，保留于田间地头的质朴民俗民风，这些珍贵的物质与非物质文化遗产在自然地理环境中孕育和发展，在历史文化长河中积累和沉淀，是旅游开发的极好资源。要合理利用这些资源，首先应对其进行全面综合的分析梳理，从景观资源的生成语境到分类特征，从生态旅游的发展现状到存在问题，都应有清晰的认识。本章将针对上述问题进行详细阐述。

2.1 梅山地区旅游景观资源生成发展语境

梅山文化和梅山地区旅游景观资源是基于特定的时空背景产生的，其生成发展无法脱离具体的地域语境。语言学中的"语境"是指"使用语言的环境"，语言所表达的意义反映使用者所处的外部环境特征，受上下文、时间、空间、情境、对象等多种外部因素的影响。梅山地区旅游景观资源的生成发展语境也受到其自然地理、产业经济和人文社会等多方面外部因素影响，它们相互关联、共同作用，构成一个资源生长的有机整体。

2.1.1 复杂丰沛的自然地理语境

2.1.1.1 地形地貌

梅山地区山峦连绵起伏，地形复杂多变，整体地势西高东低，南高北低。西部雪峰山主脉耸峙；资江以北是雪峰山余脉；中部为资江及其支流河谷盆地；东部资江以南是衡山侧脉，大部分地区为丘陵，局部丘陵中有小平原；南部为低山。梅山地区海拔高度差距大，地势险峻，海拔最低处与最高处相差 1565m。安化和新化两县境内就有二百多座千米以上的山峰，最高峰为大熊山的九龙池，海拔1622m。正如章惇在《开梅山》中形容梅山地区的地形："梅山万仞摩星躔，扪萝鸟道十步九曲折"。

梅山地区整个地质构造属于雪峰山弧形构造，地层为泥盆系前变质岩系，以花岗岩为主。地区中里沟壑纵横，溪网交错，溶洞密布，地下阴河相连。特殊的地质构造创造了多姿的自然景观。如安化县奇石如林、奇洞遍布的思游景区；洞中有洞，洞内分层、层层有景的马路镇溶洞群；新化县神秘莫测、水陆皆备、美不胜收的梅山龙宫等。这些自然景观不仅为广大游客提供了丰富的旅游资源，具有较高的美学观赏价值，还具有极高的科学研究价值。如在安化县境内发现的大面积冰碛岩，其保存规模、岩层厚度及质量均被称为"世界之最"。稀罕少见的冰碛岩是6亿年前地球上发生极冷和极热现象所形成的。它为科学家研究当时地球的气候变迁、冰川演变及地质构造提供了宝贵的科学依据。

除了千姿百态的自然景观资源，丰富多变的地形地貌还造就了梅山地区多姿多彩的人文景观资源。梅山人在群山逶迤、万峰耸峙、路转峰回的地理环境中居住生活，形成了"上峒梅山上山打猎、中峒梅山掮棚放鸭、下峒梅山打鱼摸虾"的生产习俗。上峒梅山主要指现新化县地区。新化县盘依雪峰山东南麓，其西部和南部均为崇山峻岭，森林茂密，野兽繁多，山区的梅山人大多以狩猎为生。每到冬寒时节，人们经常组织大型狩猎活动。在险恶的自然条件下，上峒梅山人学会了如何依靠集体的力量生存繁衍。梅山人的很多生活习俗、宗教活动和生存技能都与狩猎有着密切关系，如梅山武术的源头正是来自狩猎的格斗、捕杀技能。中峒梅山主要指安化县境内靠禾稼为业的丘陵平地地区，每当稻谷收割完毕的秋冬季节，则有专人掮棚看鸭。下峒梅山是指梅山地区东北部的桃江县一带。桃江县位于资江下游，地势相对平坦。因此，靠水而居的梅山人多以打鱼摸虾为生。"三峒梅山"不同的民俗文化景观生动地反映了梅山地区自然地理环境与人类生存、生产方式的共生关系。

2.1.1.2 气候水文

梅山地区位于亚热带季风气候区，春温多变，秋高气爽，冬寒夏热。气候特点是四季分明，夏讯秋来早，春长冬更长。午日照时数1376小时，太阳总辐射量为97.16Kcal/cm²，无霜期274天。春夏多雨，雨量充沛，年降水量为1650~1700mm，相对湿度3~7月为81%。夏季多东南风，冬季多西北风，年均气温约为16.2℃~17.3℃，气候温和。梅山地区的高山地带较县城和长株潭城市群气温低5℃~10℃。因此，夏季梅山地区茂密青翠的山林成为人们避暑纳凉的胜地。

梅山境内水资源丰富。主要水系为资水，古称益水，又名蚩尤江，是湖南四水之一。资江分南源与西源，南源即夫夷水，源于广西壮族自治区的资源县；西源为赦水，源于城步苗族自治县青界山，两水在邵阳县双江口汇合后称为资江。资江流经邵阳、新邵、新化、安化等县市，于益阳市甘溪港注入洞庭湖。资江在安化、新化两县境内干流长约 220km，流域广泛、支流众多。大小支流共有 132 条，安化县境内有 40 多条，新化县境内有 90 余条，其中包括洢水、渠江、油溪河、大洋江、白溪河等一级支流 35 条。

纵横交错的河网及发达的河运交通，使梅山人在资江沿岸营造了许多重要的商业集镇。安化的江南镇、东坪镇、唐家观古镇、黄沙坪老街，新化的上梅镇、白溪镇、琅塘镇都在资江边见证了梅山地区河运昔日的繁华。这些古镇老街记录着丰富的历史人文信息，是重要的景观资源。人们可以沿着资江探寻古渡口的印迹，走在蜿蜒幽长的古街上，踏着凹凸不平的青石板，望着错落有致的老木屋，仿佛穿过时光的隧道，回到了舟楫交织、人声鼎沸的梅山古镇。

梅山地区优越的生态环境保证了当地水源的充沛。资江流域年降水量 1200~1800mm，集中在 4~8 月的梅雨季节，平均年径流量 250 亿立方米。安化、新化县境内建有三百余处水库，其中柘溪水库、廖家坪水库、车田江水库、半山水库等大中型水库不仅是防洪发电的重要水利设施，也为厌倦城市喧嚣的人们提供了难得的旅游去处。

2.1.1.3 土壤植被

梅山地区以板页岩风化发育出的土地面积最大，成土母质主要有五种，板页岩占 71%，砂岩占 20%，石灰岩占 6%，花岗岩占 2%，还有少量的溪河冲积物。境内大部分土壤为红壤、黄壤或黄棕壤。这类土壤上层深厚，旱土耕作层 15~20cm 的占 43.7%，20cm 以上的占 52.3%；含氮中等到丰富的占 72%，含磷中等到丰富的占 33.4%，含钾中等到丰富的占 87.6%，有机质含量 1% 以上的占 98.9%。土壤 pH 为 5.5~7.1。在高温多湿、光照充足、植被覆盖良好的环境下，土壤腐殖质层深厚，有机质含量丰富，肥力水平较高，适宜林木生长。梅山境内各类亚热带植物均有分布，以常绿阔叶林及各种杉木为主。安化县和新化县均为湖南省重点林区县，森林覆盖率高，具有丰富的森林资源。

梅山地区因地貌类型多样，各座山峰之间海拔高度差异大，光照、气候、土壤和水利条件也有所差异，所以植被的垂直分异明显。即使是同一山体，山顶山脚、阴坡阳坡，自然条件也相差甚远，有"一山有四季，十里不同天"的说法。海拔 1300m 以上的地带，植被为暖温带性矮林、灌木丛或温带性山地草甸；海拔 800~1300m 的地带，植被为北亚热带性常绿、落叶混交林；海拔 800~500m 的地带，植被为中亚热带性常绿针叶、阔叶纯林或混交林；500m 以下的地带，植被主要为粮食作物、经济作物。

2.1.1.4 生物资源

梅山地区蕴藏着极为丰富的物种资源，动植物种类繁多，且分布较广。不仅有穿山甲、大鲵、丹顶鹤、白鹤、白鳍豚、云豹、金钱豹、黄腹角雉等国家级保护动物，还有国家级保护植物银杏、南方红豆杉、银杉、香果树等。

目前，安化、新化县境内已建立大熊山国家森林公园、柘溪森林公园、六步溪自然保护区、龙湾国家湿地公园、雪峰湖国家湿地公园等若干自然保护区。这些保护区的建立，不仅对物种的繁衍和维持生物多样性起到重要作用，而且在涵养水源、调节气候、保持水土等方面都具有生态保护功能。

此外，梅山是盛产天麻、玉竹、杜仲、厚朴、黄柏等大量珍贵药材的宝库，梅山地区广阔的地域、复杂的地形、肥沃的土壤、充沛的雨量、适宜的气候，给珍稀药用植物的生长提供了优越的自然条件。

梅山地区的茶树、楠竹、杉木林的总面积位居全国前列。安化县因气候温和、雨量充沛、土质肥沃，适宜茶树生长，所以拥有丰富的茶树品种。早在五代时，毛文锡的《茶谱》就记载了安化的渠江镇盛产茶："潭邵之间有渠江，中有茶……其色如铁，而芳香异常，烹之无渣也"。

丰富的生物资源为梅山地区开展生态旅游提供了最佳的环境基础。只有根据生态旅游的原则和目标，科学合理地规划旅游开发，把握好旅游环境的承载力，并辅以各类简约、朴素且与环境格调相一致的游憩设施，才能为人们提供一个个与自然环境和谐共生的森林氧吧。

2.1.2 优化融合的产业经济语境

新化县和安化县均为国家扶贫开发工作重点县。两县人口共约240万人，其中新化县约140万人。近年来，两县政府着力实施"强基固本、旺旅兴工、融城带乡、重教治贫"的发展战略，不断调整和优化了当地经济结构。

2.1.2.1 第一产业

通过收集1987年至2017年新化县和安化县的产业比重数据，笔者发现，2001年前，两县第一产业一直占比较高，反映了梅山地区产业以农业、林业等传统的第一产业为主导产业的经济结构。

因梅山地区山多地少，丘陵中的田地被地势分割成小块梯田，耕地坡度大，不适合现代规模农业发展，所以当地政府利用梅山文化的原生态性，从实际出发，因地制宜，发展以生态观光、农家乐、绿色食品体验为主题的休闲农业，农业产业化水平逐步提升。

梅山地区的农牧林业中的许多产品已经形成了规模化的产业，其中，茶产业发展迅猛，在梅山地区经济中占有越来越重要的地位。梅山地区具有悠久的产茶历史，是产茶胜地，尤其是安化县，多年跻身全国重点产茶县十强，其黑茶产量位列全国第一。2000 年以后，新化县茶树的良种普及率不断提高，茶园面积不断扩大。目前，安化、新化两县茶园面积已达到 42.5 万亩。2017 年安化县实现茶产业综合产值 152 亿元，税收 2.8 亿元。茶产业已成为安化、新化两县的支柱产业。作为梅山地区重点发展的特色产业，茶产业的迅速发展极大地促进了当地旅游业、绿色包装等关联产业的发展，有利于形成梅山地区"以茶促旅、以旅带茶、茶旅互融"的茶旅一体化发展大格局。

2.1.2.2　第二产业

梅山地区受山岳地形的桎梏，交通基础较为落后，工业基础薄弱。区域内工业多为以生活消费品加工为主的轻工业，规模不大，且较为分散。纵观梅山地区1987 年以来产业结构演进的过程，工业经济基本平稳运行，但第二产业产值在总产业中的占比总体偏低。20 世纪 90 年代初，改革开放使乡镇企业发展迅速，将农村的剩余劳动力从土地转移到工业，梅山地区第二产业的比重有所提升，但1991 年之后又往下波动再发展为缓慢增长的态势。1993 年至 2011 年梅山地区第二产业在总产业中的占比一直低于 30%。近年来，由于电力和交通建设的完善，新型工业化进程的加快，两县均建立了经济开发区，工业园区规模不断扩大，工业经济效益有所提高。安化县工业总产值逐年递增，2016 年达到 256.7 亿元（图2-1）。

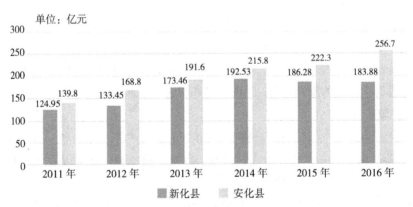

图 2-1　2011—2016 年新化、安化两县工业总产值

2011 年至 2016 年间梅山地区第二产业发展维持稳定增长，但因交通基础弱，且近年来重点发展以茶叶加工为主的农产品加工等生态型产业，所以增长较为缓慢。2014 年后，新化县工业总产值有所下降，说明一方面工业经济处于转

型提质期，另一方面，产业发展的重点越来越倾向于第三产业。

2.1.2.3 第三产业

2001 年，梅山地区第三产业比重首次超过了第一产业，产业结构由"一二三"型转为"三二一"型。十多年来，梅山地区产业逐渐向生态化、标准化、集约化有序转变。

据统计，2016 年，新化县和安化县实现生产总值 419.6 亿元。其中，第一产业增加值 104 亿元，增长率为 3.6%；第二产业增加值 141 亿元，增长率为 6.3%~6.8%；第三产业增加值 174.6 亿元，增长率为 11%。新化县三次产业化为 26.6：30.7：42.7；安化县三次产业比为 22.8：36.8：40.4。由此可见，不论是在增长的速度还是产业结构比重上，新化、安化两县的第三产业都有着飞速的发展，其中旅游业已经成为当地经济发展的支柱产业之一。

从 2006 年至 2016 年新化、安化两县旅游业统计数据来看（表 2-1），旅游接待人数和旅游综合收入两项指标节节高升，旅游产业规模不断壮大。这与两县实施"旅游立县"的全域旅游战略密切相关。

表 2-1 2006—2016 年梅山地区新化、安化两县旅游业统计数据

年份	旅游人次（两县之和）（万人）	增长率（平均）(%)	旅游综合收入（两县之和）（亿元）	增长率（平均）(%)
2006	107.42	25.4	2.98	38.82
2007	125	21.3	5.7	31.34
2008	167.5	28.2	8.55	25.78
2009	234.5	28.2	12.03	29.83
2010	414	45.4	25.97	47.1
2011	422	24.7	22.1	26.95
2012	659	29.95	42.14	37.4
2013	830.5	22.2	55.03	24.55
2014	1119.8	31.15	76.18	34.1
2015	1401.9	28.1	95.28	26.25
2016	1697.21	22.12	118.53	25.1

梅山地区产业经济的发展是其内外经济条件综合作用的结果，产业结构的优化，产业之间的融合发展，不仅有利于原生旅游景观资源的保护与开发，也促进了如"百里茶廊""万亩茶园"等新型旅游资源的生成与发展。

2.1.3　神秘多元的人文社会语境

梅山地区由于地处偏远山区，交通也相对闭塞，加之汉、瑶、苗、侗、土家等 26 个民族混居，形成了多元并存的梅山文化。历经千年沧桑变化的梅山文化和民族迁移带来的外地文化不断糅和、渗透、浸润与同化，使梅山地区成为我国民族文化的丰度、梯度和融合度最大的地区之一。梅山文化在历史的长河中孕育生长、慢慢演变，其发展历程大致可以分为四个阶段（图 2-2）。

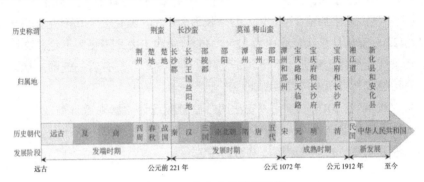

图 2-2　梅山文化发展阶段

第一阶段：远古至先秦，是梅山文化的发端时期。梅山文化起源于远古时期的原始巫文化，最早可追溯至一万五千年前的旧石器时代，有梅山境内发现的原始文化遗迹可证。自 1980 年起，安化县境内陆续发现文化遗址 34 处，其中包括 3 处原始文化遗址。考古专家不仅在安化县东北部小淹镇青桑村红霍溪原始文化遗址中发现了由砂砾岩打磨而成的砍伐器、刮削器、石片、石核等器物，还在东坪镇城埠坪和大福镇尹田村发掘了大量与长江中游龙山文化（公元前 2800—公元前 2300 年）同时期的陶制器皿及少量石器。

这些遗迹和遗物证明原始时期就有先民在梅山地区繁衍生息，具有重要的历史价值和科研价值。它们为研究梅山地区的文化源头及历史发展提供了实证，也为旅游展示提供了可能。梅山文化蕴藏着深邃的历史文化内涵，承载着珍贵的民族文化基因，传递着远古时期人类对宇宙万物的认知和理解的信息。由于相对封闭的地域环境和巫文化传播的隐秘规则，加之长期与主流文化隔离甚至对立，梅山文化保持着古朴的原生态文化特征。

第二阶段：先秦至北宋中期，梅山地区尚处于一种原始而松散的社会形态。历代封建统治者都想把梅山置于自己控制之下，大军多次征伐梅山地区。梅山地区周时为荆州之域，春秋战国时属楚地，秦时为长沙郡之地，汉时为长沙王国益阳地，三国时梅山地区为吴邵陵郡地，南北朝时属邵阳，隋时属潭州，唐时为邵州地，五代时属邵阳。北宋中期时梅山地区尽管仍属"化外之地"，不属州统，不为县辖，封建王朝还颁令"禁不得与汉民交通，其地不得耕牧"，但梅山文化已有所发展。宋初的梅山，是一个地广人稀的地方。梅山人先后在扶汉阳和瑶族苏氏（苏方、苏甘）的率领下多次反抗北宋王朝。

第三阶段：北宋中后期至清朝末年。由于外来文化的"洗礼"，梅山文化不断嬗变而臻于成熟。自章惇奉命开梅山后，梅山地区归附北宋中央王朝。

梅山地区归化后，民族矛盾和对抗仍然不时出现，北宋政府改高压手段为怀柔政策，于熙宁五年（公元 1072 年）赐名上梅山为"王化之新地"，置新化县；将下梅山命名为"安化"，取"人安德化"之意。安化和新化分属潭州长沙郡和邵州宝庆府。随后中央王朝逐步向梅山地区移入大批汉族人，以改变梅山蛮的生产生活方式。而梅山地区的瑶民大批南迁至两广地区，留居下来的瑶人依深山而居，搭板屋为舍，刀耕火种，狩猎为生。

中原移民徙居梅山后，进一步改变了当地的民族结构，梅山文化受到猛烈碰撞和激荡。先进文明的种子伴随着对梅山蛮的"珍除"播撒到了梅山，民族文化的交融产生了强烈的化学反应，推动着梅山文化不断发展演变。

第四阶段：清末至今，梅山文化进入新的发展时期。梅山特殊的文化土壤和文化精神孕育了生于斯长于斯的梅山人。

梅山人在长期的反抗历史中，磨砺出一种百折不挠、坚忍不拔的顽强拼搏精神。革命先驱陈天华、谭人凤，抗日将领方鼎英，中华名将陈正湘，革命将领邓克明，国际主义战士罗盛教等英雄书写了许多威武雄壮、可歌可泣的故事。梅山后裔的血脉中，奔涌着生生不息的梅山激情，凝聚着坚韧不拔的拼搏精神，吸收着当代文明的新鲜血液。桥牌皇后杨小燕、羽坛冠军龚智超和唐九红等均出自梅山地区。

梅山文化以其原始性、神秘性等特性为梅山地区注入了丰富的旅游资源。梅山峒民的宗教信仰、劳动生活和民间习俗是梅山文化表现的主要载体。

2.1.3.1 宗教信仰

梅山人信奉原始宗教"梅山教"，它以"信巫鬼、重淫祀"的荆楚巫教信仰理念为基石，自宋朝开梅山以来又杂糅兼合了由外传入的儒、道、佛诸教思想意念和行事方式，成为具有系统的神、符、演、会、教义的地域性宗教文化体。信奉多神、相信万物有灵，是梅山人潜存在骨髓里的宗教信仰。梅山人将诸神大致分为天神、地神、人神三类。天神包括日月星辰、雷电风雨等以自然现象为母本的神灵。地神是源自大地山川和生灵万物的神灵。人神是祖先崇拜的产物，是指一些具有特殊才能和贡献的梅山先人在死后被尊为神灵。相传梅山祖师张五郎，既是狩猎能手，又能带领梅山峒民抵抗外侵，道法高强。因此，在旧时的梅山地区，人们会随身佩戴一个骨雕或木雕的张五郎神像，以求"兽见自退、蛇见自藏、瘴见自隐、妖见逃亡"（梅山咒语）。而且每逢重要节日，进山狩猎和抵抗外敌之前，人们都必须祭祀一番。显然，具有"巫"特质的张五郎神像被梅山人赋予了除煞荡邪、镇宅安神的象征意义。直至今日，在梅山地区，许多民居的神龛上依然供奉着张五郎，神龛边写着"梅氏门中宗族，梅城助福正神"。梅山人对张五郎的崇拜是梅山宗教信仰中神性与人性兼融的典型。

此外，在梅山山地深处的乡村中仍然保存了梅山信仰的原始形态。一些梅山巫教的宗教活动，如驱除疫鬼的冲傩、占卜吉凶的扶乩、与亡魂相会的"仆杠"等至20世纪60年代仍然在流传。梅山教伴随着梅山先民扎根于这块土地，并在此发展、兴旺，融入梅山人生活的各个方面。至今，梅山地区还经常能在祭祀、丧礼等场合见到梅山教巫师——师公。师公法事活动甚多，大小法事有20多种。作为人与神灵之间的沟通者，师公们以符讳咒念的方式将人的意念和祈求传达给他们意念中的神鬼精灵，祈求人寿年丰、祛病消灾。

2.1.3.2 劳动生活

梅山文化的起源是渔猎文化，狩猎是梅山人生活中最常进行的活动之一，也是最能体现梅山人合作精神和淳朴民风的活动。围猎的分配原则是见者有份的原始共产主义方式。在大型围猎中捕到的猎物，从头到肝脏都需平均分配。长期生活于山水环绕的地理环境中，除了上山打猎，梅山人也善于下水捕鱼。擂鱼是梅山地区一种原始的捕鱼方式，年轻力壮的男性挥动5公斤重的擂锤，擂锤重重地敲打在溪河激流中的石头，急速而剧烈的震动使得躲在石头底下的鱼被短暂地震晕，这种古朴的捕鱼方式充满野性和趣味。在旅游活动中可以通过装饰艺术手法展示梅山先民渔猎的生活画面，并结合表演和体验的方式再现围猎、擂鱼等梅山渔猎文化。

梅山文化的原始性和神秘性还体现在"刀耕火种、摘山射猎"的劳作方式上。《开梅山歌》中有记载："人家施遖见板屋，火耕碛确多畲田"。自古以来，火被梅山人用来改善生产和生活，是不可或缺的，是梅山人的原始图腾。梅山人在群山环抱的溪洞中，背山面水，构筑了一座座纯木料的"板屋"，砍树焚山，开垦"畲田"。安化、新化部分地区的深山中至今还保留着这种生产方式。

2.1.3.3 民间习俗

一方水土养一方人。梅山地区的民间习俗是伴随着梅山人的日常劳作和生活所产生的，生成这些民俗的地域土壤和生态环境，决定了梅山人的生活方式。梅山地区的民俗风情虽历经千年的沧桑变化，其遗风却依稀可见，它们已经融入梅山人生活的点点滴滴。

在长期的农耕实践中，梅山人逐渐形成了特殊的耕作习俗。"挖锣鼓土""唱插秧歌""黄斗工"等习俗一直延续至今。"挖锣鼓土"是一种以村峒或氏族为单位集中劳力挖土劳作的形式。梅山人在赶季耕种或开荒时，聚集数十乃至数百健壮劳力，先将锣鼓架于山上，众人排成一字长蛇阵，齐听锣鼓声下锄，从下往上挖，先慢后快，争先恐后，密锣紧鼓，吆喝震天。挖土的节奏随鼓点的快慢而变动，循环往复，既除疲劳，又增工效，锣鼓间歇，歌声即起，轮流对唱，整日不歇。"挖锣鼓土"这一习俗祖祖辈辈口耳传承，逐渐形成了一种劳动生产与音乐相结合的民间艺术形式。梅山人性格既顽强坚韧，又开朗活泼，他们用乐观的态度征服自然和改造自然，用歌声缓解心情、消除疲劳是劳作中经常采用的方式，即使在紧张的插秧过程中，也不忘放声高歌。梅山人认为"插秧不唱歌，禾少稗子多"，边插秧边唱歌逐渐成为当地的一种风俗。插秧歌有时先由一人领头领唱，有时两人对唱，有时众人随唱，有时还伴有山歌比赛，整个田垅充满歌声，其乐融融。

唱插秧歌不仅能愉悦心情，消除疲劳，还能激发劳动热情，提高生产效率，增进情感交流，是梅山人智慧的结晶。"黄斗工"是梅山人在农忙季节时采取的一种以工换工的互助方式。届时众人皆自带农具，不计劳力强弱，数十人在请工之家地里合力劳动，今天帮这户，明天帮那户，依次轮流。一般不给报酬，只是在帮完劳作后，由请工之家招待一餐饭食。这些互帮互助、同舟共济、乐观向上的劳动习俗体现了梅山人守望相助、团结友爱的传统美德。

除劳动习俗外，梅山地区的婚丧、饮食、居住、穿戴风俗也极具特色，这些习俗通过民间歌舞、民间工艺（图2-3）、民间戏剧、民间武术等多种类型的艺

a）安化县思贤桥里编千两茶竹篓的村民　　　　　　b）梅山剪纸

图2-3　梅山地区民间工艺

术表演形式反映梅山人开朗向上的生活情趣、古朴自然的审美特征和坚韧不拔的性格特点。

作为国家级非物质文化遗产，新化山歌充分体现了梅山人真挚的情感和淳朴的民风，是梅山文化的典型代表。"五里不同字，十里不同音"，由于梅山文化没有自己的文字，在山高水险、幽谷深洞生活的梅山人喜欢用歌谣传递信息、表达情感，他们在生活中人人会歌、事事必歌、处处有歌。同治《安化县志》记载："人多纯朴""地足渔樵而人乐业，俗尚弦歌"。

梅山人喜欢唱歌，更善舞蹈。能歌善舞的梅山人在长期的劳动生活和民族融合中积淀了各种表演艺术，如梅山傩戏、地花鼓、傩狮舞、瑶族长鼓舞、土家族摆手舞、苗族鼓舞等。其中光龙舞就有多种，如草龙舞、板凳龙、地滚龙、夜游龙、干龙船等。每当节庆时节，梅山人在田间地里舞动龙身以祈求平安、祛灾除疫。龙头用竹篾扎成，龙身有数丈长，由五彩布料或稻草罩于多拱竹架龙骨上，每拱分别由一人执掌。舞龙时，龙跟着绣球做各种动作，或蛟龙漫游，或驾云飞腾，时缓时急，蜿蜒翻腾，颇具观赏性。龙舞一般用鼓、锣等乐器伴奏，有时还施放烟火、爆竹。在音乐的烘托下，龙舞显得更加壮观、更加生动。梅山地区多姿多彩的民间习俗及热情浪漫的表现艺术所反映的历史文化信息极为丰富，是梅山历史的重要见证。

2.2 梅山地区旅游景观资源分类及特征

2.2.1 梅山地区旅游景观资源分类

生态旅游资源调查是生态旅游开发的前期基础工作。梅山地区生态旅游资源种类繁多，区内多奇山、古木、怪石、异洞以及古朴的自然村落，又富有浓厚的原始民俗风情，如安化的六步溪原始次森林、柘溪国家森林公园、茶马古道、梅山文化生态园，新化的紫鹊界梯田、大熊山、奉家山等极富旅游价值。对梅山地区的旅游资源类型做一个全面的调查，是梅山地区旅游开发的重要步骤和前提之一。由于目前国内没有公认的生态旅游资源分类和调查方法，所以，本书依据国家《旅游资源分类、调查与评价》（GB/T 18972—2003）的标准，通过资料收集和实地调查，将安化、新化两县具有生态旅游开发价值，经济效益明显、社会和人文价值突出的旅游景观资源进行分类。

2.2.1.1 地文景观

从表 2-2 可以看出梅山地区地文景观类旅游资源分为 4 个亚类，14 个基本类型。

表2-2　梅山地区地文景观类旅游资源调查

主类	亚类	基本类型	安化县景点名称	新化县景点名称	数量
A 地文景观	AA 综合自然旅游地	AAA 山丘型旅游地	九龙池、黑水池、扶王山、熊耳山、天井山、芙蓉山、五龙山、大峰山、毛竹山、犀牛山、云台山、香炉山、青峰寨、辰山	狮子山、大熊山、桐凤山、古台山、十指山、神仙岭	20
		AAB 谷地型旅游地	柘溪谷地、红岩谷地、沂溪谷地	油溪河峡谷、白溪紫云谷	5
		AAE 奇异自然现象	雪峰湖地质公园	大熊山雾凇、古台山擂鼓台	3
		AAG 垂直自然地带	大熊山垂直自然景观	大熊山垂直自然景观、桐凤山垂直自然景观、古台山垂直自然景观、十指山、天门山垂直自然景观	5
	AB 沉积与构造	ABA 断层景观	高明乡九关十八锁、红岩水库石门关、清塘铺镇的山鹰崖、长塘镇的舍身崖、小淹镇御书崖、城墙崖	车田江库区层状崖壁、油溪河峡谷层状崖壁	8
		ABE 钙华与泉华	龙泉洞钙化景观	梅山龙宫钙化景观	2
		ABG 生物化石点	马路镇古生物化石	—	1
	AC 地质地貌过程形迹	ACA 凸峰	羊角塘峰丛、碧云峰、美女峰、白云峰	维山峰、大熊山、香炉山	7
		ACC 峰丛	九龙池、芙蓉山、肖木冲冰碛岩区	大熊山的笔架山	4
		ACD 石林	思游石林群	华山村石林、盂公小桂林、神仙岭石林	4
		ACE 奇特与象形山石	将军岩、蚩尤岩、七星岩、烈马岩、卧龙榻、镜泉浴月、相思岩、仙人垂钓、犀牛望月、灵龟兆雨、纱帽岩、印心岩、仙岩石头、南天门	大熊山穿岩江鸳鸯石板床、晨光水库种象饮水、奉家猩猩岩、奉家大桥将军岩、奉家双林村马脑岩、天门神仙脚印、车田江仙人石、古台山	22
		ACG 峡谷段落	九关十八锁、洞坑峡谷、川岩江峡谷、高城峒峡、关山峡谷、龙溪峡谷	油溪河峡谷、大熊山蚩尤谷、大熊山春姬峡、人熊山猪头门峡谷、大熊山穿岩江峡谷、奉家双林峡谷、天门土坪峡谷、天门树溪峡谷、西河粗再雾峡	15

续表 2-2

主类	亚类	基本类型	安化县景点名称	新化县景点名称	数量
A 地文景观	AC 地质地貌过程形迹	ACL 岩石洞与岩穴	龙泉洞、青龙洞、石燕洞、落水洞、蚩尤洞、响水洞、云霄洞、三形洞、葡萄洞、古溶洞、洞天仙境、波月洞、白水洞、五公洞、石燕洞、青云洞	梅山龙宫、青油洞、黎仙洞、奉家桃源洞、奉家向北村十节洞、白溪麒麟洞、云仙洞、雷打洞、云霄洞	25
	AD 岛礁	ADA 岛区	柘溪镇阳光岛、飞月岛、灵猴岛、孔雀岛、马路镇天鹅岛、东坪镇鲇鱼洲	苏溪湖岛区	7

2.2.1.2 水域风光

从表 2-3 可以看出梅山地区水域风光类旅游资源分为 4 个亚类，8 个基本类型。

表 2-3 梅山地区水域风光类旅游资源调查

主类	亚类	基本类型	安化县景点名称	新化县景点名称	数量
B 水域风光	BA 河段	BAA 观光游憩河段	资水沿江风光带、蚩尤河十八拐	湄江风景名胜区、油溪河漂流景区	4
		BAB 暗河河段	乐安镇蚩尤河、青龙洞暗河、石燕洞暗河	梅山龙宫暗河	4
	BB 天然湖泊与池沼	BBA 观光游憩湖区	雪峰湖国家湿地公园、张家仙湖	苏溪湖度假休闲旅游区	3
		BBB 沼泽与湿地	雪峰湖国家湿地公园	龙湾国家湿地公园、奉家毛坪界浪坪高山湿地群、奉家竹湖村竹湖塘高山湿地群、奉家白沙坪烂塘塘高山湿地群	5
		BBC 潭池	张家仙湖、乐安镇天池、青龙潭、藏龙坝、清塘铺镇桃花潭、燕子潭、石门潭、大禾凼堰塘	天门美人潭、维山天池（仙女塘）、大熊山九龙池、大熊山川岩江八仙崖潭水、龙王潭	13
	BC 瀑布	BCA 悬瀑	洞天飞瀑、三形洞瀑布、柘溪镇白鹤瀑布	奉家(双林马脑石瀑布、向北村响鼓洞瀑布、毛坪界浪山坪瀑布、下团村三级瀑布、上团村上团瀑布、双林管区双林瀑布、姑娘河瀑布)、天门（美人瀑布、高田瀑布、青围溪水对冲瀑布、土坪白水洞瀑布)、西河粗石雾溪瀑布群、大熊山（田家垣瀑布、桐子冲瀑布、汪家冲瀑布、玉溪洞瀑布、布蒲坑瀑布、十里坪瀑布、八仙崖瀑布)、古台山（高岩洞瀑布、绊水洞瀑布、老司山瀑布、风车巷瀑布）	26
		BCB 跌水	—	玄溪河峡谷跌水群、天门跌水景观群	2
	BD 泉	BDA 冷泉	八角泉	奉家浪山坪冷泉、大熊山玉叠泉	3

2.2.1.3 生物景观

从表2-4可以看出梅山地区生物景观类旅游资源分为4个亚类，9个基本类型。

表2-4 梅山地区生物景观类旅游资源调查

主类	亚类	基本类型	安化县景点名称	新化县景点名称	数量
C 生物景观	CA 树木	CAA 林地	廖家坪林场、芙蓉林场、月形山林场、柘溪森林公园、洞市自然保护区、六步溪原始次森林、黄花溪林场、红豆杉群	古台山林地、大熊山林地、奉家山楠竹景观、奉家浪山坪林海、天门凉风竹海景观、科头竹海景观	14
		CAB 丛树	红豆杉群、桃花坞	奉家镇岩板村古树群、土坪村千年古树群、维山乡政府大院古树群、天门山坡古树群	6
		CAC 独树	小淹镇古杉树、大福镇金家寨古杉树	奉家镇石坑村姐妹树、大熊山寺银杏王、大熊山西泉寺银杏、楼下村千年古樟	6
	CB 草原与草地	CBA 草地	—	大熊山山顶草地景观、古台山山顶草地景观	2
	CC 花卉地	CCB 林间花卉	柘溪森林公园、雪峰湖国家湿地公园、六步溪自然保护区	大熊山十里杜鹃景观、吉庆厚皮岭李花景观、古台大尖岭野生杜鹃景观	3
	CD 野生动物栖息地	CDA 水生动物栖息地	雪峰湖国家湿地公园、六步溪自然保护区、烟溪生态保护区	龙湾国家湿地公园、古台山（中华肥螈、中华小鲵）栖息地	5
		CDB 陆生动物栖息地	六步溪自然保护区	大熊山（果子狸、毛冠鹿、野猪）栖息地、古台山野猪栖息地、奉家山野猪栖息地	4
		CDC 鸟类栖息地	大熊山、六步溪自然保护区、烟溪生态保护区、柘溪森林公园	大熊山、古台山	5
		CDD 蝶类栖息地	—	大熊山蝶类栖息地、古台山蝶类栖息地	2

2.2.1.4 天象与气候景观

从表2-5可以看出梅山地区天象与气候景观类旅游资源分为2个亚类，4个基本类型，单体旅游资源数量为14个。

2.2.1.5 遗址遗迹

从表2-6可以看出梅山地区遗址遗迹类旅游资源分为2个亚类，8个基本类型。

表2-5　梅山地区天象与气候景观类旅游资源调查

主类	亚类	基本类型	安化县景点名称	新化县景点名称	数量
D 天象与气候景观	DA 光现象	DAA 日月星辰观察地	大熊山日出与晚霞景观	大熊山日出与晚霞景观；古台山日出与晚霞景观	2
	DB 天气与气候现象	DBA 云雾多发区	大熊山、芙蓉山、大峰山、云台山	大熊山、古台山	5
		DBB 避暑气候地	大熊山、六步溪自然保护区、柘溪森林公园	大熊山、古台山、奉家山、天门山	6
		DBE 物候景观	大熊山垂直带谱物候景观	大熊山垂直带谱物候景观	1

表2-6　梅山地区遗址遗迹类旅游资源调查

主类	亚类	基本类型	安化县景点名称	新化县景点名称	数量
E 遗址遗迹	EA 史前人类活动场所	EAA 人类活动遗址	小淹镇青桑村等新石器文化遗址、大福镇月圆里、城埠坪遗址、仙溪镇大坪头遗址、蚩尤故里、江南镇渔塘湾遗址、江南镇衡公寨	观音洞、紫云洞新石器遗址	9
		EAD 原始聚落	江南镇边江村渔湾东周古村落	—	1
	EB 社会经济文化活动遗址遗迹	EBA 历史事件发生地	—	新化抗日万人堆	1
		EBB 军事遗址与古战场	马路口红军战场遗址	奉家上团村红二军团司令部旧址、金凤红二方面军驻扎地、洋溪抗日战场、明代天马山古战场遗址	5
		EBC 废弃寺庙	白云峰寺、蚩尤庙	天马山道观遗址	3
		EBD 废弃生产地	曹家坟山宋窑址、陶家园宋窑址、八仙台宋窑址、安化黑茶茶叶遗存（包括高马二溪古茶园、裕通永茶行等8处文物点）	古台山原始采金遗址	12
		EBE 交通遗迹	茶马古道遗存	新化县飞机场遗址、长丰古道、上梅古码头、游家古码头、小鹿码头、白溪码头、琅塘码头、油溪码头	9
		EBF 废城与聚落遗迹	羊角寨遗址、高城马帮山寨	奉家大桥村救崽界瑶人寨遗址、奉家石坑村长茅界瑶人寨遗址、新化县旧县城遗址、维山古寨	6

2.2.1.6 建筑与设施

从表2-7可以看出梅山地区建筑与设施类旅游资源分为7个亚类，29个基本类型。

表2-7 梅山地区建筑与设施类旅游资源调查

主类	亚类	基本类型	安化县景点名称	新化县景点名称	数量
F 建筑与设施	FA 综合人文旅游地	FAA 教学科研实验场所	安化一中、中国梅山文化园	上梅中学、新化县广播电视大学、洋溪白地村绿源农业生态园、中国少林东方武术馆、中国少林南北武术学校、新化县茶叶科学研究所	8
		FAB 康体游乐休闲度假地	茶马古道旅游度假区、秦汉桃源、仙鱼山庄、张家仙湖山庄、中国梅山文化园、柘溪镇大溶溪民俗村	奉家横江村紫鹊界漂流河段、天门龙虎洞漂流河段、油溪河峡谷、粗石雾溪峡谷、天门长丰村峡谷、半山水库度假村、五七生态农庄、天鹅岛水上乐园	14
		FAC 宗教与祭祀活动场所	梅城孔圣庙、武庙、朝阳庵、白云寺、紫云庵、蚩尤庵、洞市贺氏宗祠、江南镇钟灵寺	奉家岩板村中峒梅山寺、奉家镇青龙寺、古台山观音殿、古台山万寿庵、水车天玉寺、水车楼下村樟树寺、科头乡小南岳、科头乡余公庙、盂公娘娘殿、上梅仙姑寨、熊山古迹、天门天风寺、温塘神仙岭关圣殿、油溪青龙寺、荣华柏衣佛祖庙、洋溪辖公殿、洋溪南山寨庵堂、琅塘八仙庵、田坪天台寺、维山真武观、紫鹊界白旗峰寺、西云山寺	30
		FAD 园林游憩区域	烟溪镇公园、黄江公园、鲇鱼洲公园、柳岛公园、月形山公园	奉家蒙洱茶生态观光园、狮子山公园	7
		FAE 文化活动场所	中国梅山文化园	新化县文化馆、梨园春大剧院	3
		FAF 建设工程与生产地	白沙溪茶厂、辰山药场、唐溪茶场、长塘镇生态农业园、辰山梯田	紫鹊界梯田、古台山金矿、维山梯田、油溪河梯级电站、奉家岩板村梯田、奉家双林村梯田、天门长丰村梯田、大门土坪梯田、车田江石坎梯田、天门土坪村寒茶基地、天门金银花基地、维山天麻基地、维山小水果基地、紫鹊界金银花基地、金凤中药材基地、荣华白大村水果基地、荣华小鹿村蔬菜基地、桑梓华山村杨梅基地	23
		FAG 社会与商贸活动场所	洞市老街、唐家观老街、高城马帮风景区	新化上梅镇向东街老街、新化县旅游购物街	5

续表 2-7

主类	亚类	基本类型	安化县景点名称	新化县景点名称	数量
F 建筑与设施	FB 单体活动场馆	FBB 祭拜场馆	梅城孔圣庙、武庙、马路镇真武寺	文田村罗氏宗祠、水车杨氏宗祠、槎溪杨氏祠堂、温塘康氏宗祠、蚩尤屋场	8
		FBC 展示演示场馆	安化大剧院、梅山博物馆、中国黑茶博物馆	—	3
		FBD 体育健身场馆	安化县体育中心	新化县体育馆	2
		FBE 歌舞游乐场馆	各城镇游乐歌厅	各城镇游乐歌厅	2
	FC	FCB 佛塔	梅城北宝塔、联元塔、三星塔	新化北塔	4
		FCB 塔形建筑物	清塘铺镇乾元文澜塔、茶祖文化塔、小淹镇九黎塔、资水镇江宝塔	古台山电视发射塔	5
		FCC 楼阁	—	洋溪文昌阁	1
		FCK 建筑小品	乐安镇南大门、夕照亭、张公亭、渠江古茶亭、黄沙坪镇景观瞭望台	四都贞洁牌坊、水车白水村牛牯天茶亭、水车镇塘家河树坳茶亭、吉庆杨桥村白水亭	9
	FD 居住地与社区	FDA 传统与乡土建筑	梅城刘家大院、雷家宗祠、贺氏宗祠、乐安镇青风寨、唐家观村、江南镇洞市社区、江南镇梅山村、古楼乡新潭村樟水凼、南金乡将军村滑石寨、大溶溪村落、马路溪古村落、江南镇高城村、乐安镇尤溪村、安化茶厂早期建筑群	瑶人石屋、奉家板屋、水车镇正龙村、楼下村、奉家镇上团村、下团村	21
		FDB 特色街巷	东坪镇黄沙坪老街、洞市老街、唐家观老街、陈家观古街	上梅镇老街、洋溪老街	6
		FDD 名人故居与历史纪念建筑	陶澍尚书第	科头乡旧乡政府、了园、松山罗盛教故居、县城罗盛教纪念馆、陈天华故里、方鼎英故居	7
		FDE 书院	梅城镇中梅书院遗址	西团书院（琅塘白云完小）、文昌课社（新化县第五中学）	3
		FDG 特色店铺	黄沙坪裕通永茶行、源世昌钱庄、江南镇良佐茶行	—	3
		FDH 特色市场	黄沙坪古茶市	—	1

续表 2-7

主类	亚类	基本类型	安化县景点名称	新化县景点名称	数量
F 建筑与设施	FE 归葬地	FEA 陵区陵园	陶澍陵园、抗日英烈陵园桃林寺	狮子山烈士陵园	3
		FEB 墓（群）	株溪口元朝古墓、蚩尤墓、马路镇红军墓、郭家坟山墓、滴水洞墓群、水井冲墓群、龙形山墓群、清代烟溪镇碗半山墓	奉家墨溪村红军烈士墓、奉家下团村明清古墓群、文田镇谭人凤墓、剑塘墓群、周家台墓群、竹山岭古墓、虎形山墓群、维山乡的元代古墓	16
	FF 交通建筑	FFA 桥	风雨桥群（镇东桥、燕子桥、永锡桥、思贤桥、乐善桥等29座）	龙潭风雨桥、油溪石拱桥、塘下和合桥、永镇风雨桥、青龙桥风雨桥、又一桥风雨桥、胜利桥、天门长丰风雨桥	37
		FFC 码头	江南镇五福宫码头	上梅古码头、游家古码头、小鹿码头、白溪码头、琅塘码头、油溪码头	7
	FG 水工	FGA 水库观光游憩	柘溪水库、廖家坪水库、大峰山水库、红岩水库、长冲水库	车田江水库、梅花洞水库、半山水库、茅岭水库	9
		FGB 水井	—	水车镇定坤古井	1
		FGD 堤坝段落	柘溪大坝、廖家坪水电站、金塘冲电站	县城防洪大堤、车田江大坝	5
		FGE 灌区	辰山梯田	紫鹊界梯田	2

2.2.1.7 旅游商品

从表 2-8 可以看出梅山地区旅游商品类旅游资源分为 1 个亚类，5 个基本类型。

表 2-8 梅山地区旅游商品类旅游资源调查

主类	亚类	基本类型	安化县资源名称	新化县资源名称	数量
G 旅游商品	GA 地方旅游商品	GAA 菜品饮食	擂茶、柴火腊肉	三合汤、孟公豆腐皮、擂打鸭、雪花肉丸、吉祥三宝、魔芋、白溪豆腐、水车冻鱼、新化牛肉面、杯子糕、肚脐糕、叶子粑、摄粑、杨梅酒、猕猴桃酒、蚩尤古酒、桃林园米酒	19
		GAB 农林畜产品与制品	水井巷炒货、擂茶、黑茶、花砖茶、茯砖茶、银毫茶、蜂蜜、茶油、竹笋、柑橘、香菇	"熊山"牌金秋梨、紫鹊界紫米及黑米、笋衣、资水鸭霸王、新化腊肉、酱板鸭、新化竹荪、嫩蕨苗、神仙菜、黄金菜、小干笋丝、山胡椒油、水果红薯、保健红薯、大熊山金秋梨、米粉茄子皮、笋粑、糯米辣椒、米酒	30

续表 2–8

主类	亚类	基本类型	安化县资源名称	新化县资源名称	数量
G 旅游商品	GA 地方旅游商品	GAC 水产品与制品	柘溪水产品与制品	稻花香鱼、梅山火焙鱼、东岭田鱼、大井河鱼、三联洞娃娃鱼	6
		GAD 中草药材及制品	天麻、银杏、金银花、灵芝、百合	金银花、杜仲、太子参、玉竹、天麻、厚朴、百合、黄姜、白术	11
		GAE 传统手工产品与工艺品	梅山剪纸、梅山木雕、安化黑茶、土纸	梅山竹编、墨晶石雕、纸马、梅山木雕、竹工艺品	9

2.2.1.8　人文活动

从表 2–9 可以看出梅山地区人文活动类旅游资源分为 4 个亚类，14 个基本类型。

表 2–9　梅山地区人文活动类旅游资源调查

主类	亚类	基本类型	安化县资源名称	新化县资源名称	数量
H 人文活动	HA 人事记录	HAA 人物	陶澍、善卷、罗绕典、黄自元、龚智超、唐九红	罗盛教、陈天华、谭人凤、方鼎英、邹汉勋、成仿吾、刘稠福、邓显鹤、肖季陶	15
		HAB 事件	北宋破蛮峒、章惇开辟梅山	—	2
	HB 艺术	HBA 文艺团体	乐安镇羽毛球世界冠军摇篮	—	1
		HBB 文学艺术作品	《开梅山》《庆梅山》《打梅山》《资江滩歌》《鸣哇山歌》	《巫歌》《梅山爷爷》《敬茶仙》《资江滩歌》《赶山开统调》等	10
	HC 民间习俗	HCA 地方风俗与民间礼仪	梅山教、梅山枫树习俗、喂年饭、千两茶制作技艺	梅山教、梅山枫树习俗、椎牛祭	7
		HCB 民间节庆	摸秋、庆梅山	杨梅节	3
		HCC 民间演艺	梅山武术表演、梅山傩舞、梅山傩戏、布袋戏、梅山山歌八间锣鼓、开山舞、彩莲船、渔翁戏蚌、老汉背妻、踩高跷、舞龙、狮舞、祭祀舞、地花鼓	新化山歌、梅山武术表演、梅山傩舞、梅山傩戏、草龙舞、新化山歌、梅山竹子戏、舞龙	22
		HCD 民间健身活动与赛事	梅山武术、羽毛球	梅山武术	3
		HCE 宗教活动	敬梅山神、梅山巫术	搬开山、庆鼓堂、庆大愿	5
		HCG 饮食习俗	梅山十八碗、梅山擂茶	新化三大碗、十荤、十素、十饮	6

续表 2-9

主类	亚类	基本类型	安化县资源名称	新化县资源名称	数量
H 人文 活动	HD 现代 节庆	HAD 旅游节	—	梅山旅游文化艺术节	1
		HDB 文化节	安化黑茶文化节、安化山歌文化节、谷雨节	新化国际傩文化节	4
		HDC 商贸农事节	安化黑茶博览会	—	1
		HDD 体育节	—	梅山武术节	1

　　根据上述调查，将梅山地区旅游景观资源数量进行统计，见表 2-10。

表 2-10　梅山地区旅游景观资源数量统计

大类	主类	亚类	基本类型	单体
自然 旅游 资源	A 地文景观	4	14	128
	B 水域风光	4	8	61
	C 生物景观	4	9	50
	D 天象与气候景观	2	4	14
	合计	14	35	253
人文 旅游 资源	E 遗址遗迹	2	8	46
	F 建筑与设施	7	29	245
	G 旅游商品	1	5	75
	H 人文活动	4	14	81
	合计	14	56	449
	总计	28	91	702

　　结果表明，梅山地区旅游资源单体总数为 702 个，包括地文景观 128 个，水域风光 61 个，生物景观 50 个，天象与气候景观 14 个，遗址遗迹 46 个，建筑与设施 245 个，旅游商品 75 个，人文活动 81 个。整体来看，梅山地区旅游资源数量较多，类型较为齐全，覆盖了国家标准分类中全部 8 个主类，31 个亚类，155 个基本类型中的 100 个。资源单体中人文景观资源的总数占到了 63.96%，自然景观资源的总数占 36.04%，适合开展以人文景观为主的生态旅游项目。

2.2.2 梅山地区旅游景观资源特征

2.2.2.1 梅山地区旅游景观资源等级特征

梅山地区不仅旅游资源种类丰富，且品级优良，其中省级及以上旅游景观资源如表2-11所示。

表2-11 梅山地区省级及以上旅游景观资源调查

类型	数量（个）	安化县资源名称	新化县资源名称
中国传统村落	12	第一批（2012年）：东坪镇黄沙坪老街、马路镇马路溪村 第二批（2013年）：东坪镇唐家观村、江南镇洞市社区、江南镇梅山村、古楼乡新潭村樟水凼、南金乡将军村滑石寨 第四批（2016年）：南金乡九龙池村	第二批（2013年）：奉家镇上团村 第三批（2014年）：水车镇正龙村、奉家镇下团村 第四批（2016年）：水车镇楼下村
国家重要农业文化遗产	1	—	紫鹊界梯田
全国重点文物保护单位	4	安化风雨桥（含全县境内29座风雨桥）、陶澍陵园	新化北塔、红二军团长征司令部旧址
省级文物保护单位	35	安化黑茶茶业遗存（含8处文物点）、贺氏宗祠、刘家大院、高马二溪古茶园、唐溪古茶园、白茅溪古茶园、裕通永茶行、良佐茶栈、德和茶行、安化茶厂、白沙溪茶厂、株溪墓群（含已探明的6处墓室）、梓桐湾墓、江北墓、竹山野猪冲墓、竹山合葬墓、木孔土塔、文武庙建筑群	杨氏宗祠、龙潭桥、文昌塔、罗盛教故居、紫鹊界古梯田
省级旅游强县	2	第二批（2012年）	第一批（2011年）
省级特色旅游名镇	2	第一批（2011年）：江南镇	水车镇
省级特色旅游名村	4	第一批（2011年）：江南镇高城村 第二批（2013年）：乐安镇尤溪村	第一批（2011年）：奉家镇下团村 第二批（2013年）：水车镇正龙村
省级历史文化名村、历史文化街区	3	第四批（2013年）：东坪镇唐市街	第二批（2009年）：水车镇楼下村 第四批（2013年）：水车镇正龙村
湖南省"经典文化村镇"（2017年）	3	江南镇	水车镇正龙村；天门乡土坪村
省级五星乡村旅游景点	10	梅山文化生态园、湖南华莱叶子湾黑茶产业园、双公山居生态农业园、云上茶旅文化园	紫鹊界梯田、三联洞生态休闲庄、五七生态农庄、大熊山春姬峡旅游度假山庄、油溪桥生态农庄、奉家镇古桃花源

　　本书根据《旅游资源分类、调查与评价》（GB/T 18972—2003）的评价体系，对梅山地区150处具有代表性的旅游资源进行品质等级评价。首先将评价指标分为旅游资源要素价值、资源影响力价值和附加值三方面和八项评价指标，并采用价值组合因子赋分法较为准确地得出被评价单体的质量得分。然后根据得分按质量等级标准进行划分（表2-12）。

表 2-12　旅游资源单体评价分级标准

等级	分级标准
五级旅游资源	≥90 分
四级旅游资源	75~89 分
三级旅游资源	60~74 分
二级旅游资源	45~59 分
一级旅游资源	30~44 分
未获级旅游资源	≤29 分

　　评分后统计得到：梅山地区五级旅游资源单体17处、四级40处、三级93处。为了清晰地认识梅山地区高品质旅游资源，本书对五级至三级旅游资源进行列表（表2-13）。

　　从等级评价结果来看，梅山地区优良级旅游资源丰度好、品质高，既有自然景观，又具有独特人文资源，显示出梅山地区旅游开发的巨大潜力。在这150个旅游资源单体中，人文类旅游资源单体有77个，占优良级旅游资源单体数量的51.33%，反映出梅山地区深厚的文化底蕴。地文景观、生物景观等自然旅游资源单体73个，占优良级旅游资源单体数量的48.67%，这些旅游资源具有观赏性强、科学含量高的特点，体现梅山地区生态环境好、旅游资源原生性强。综合而言，梅山地区呈现以人文旅游资源为主、自然旅游资源为辅，自然与人文景观交互辉映的旅游资源结构特色。

　　根据旅游资源的评价得分，本书将五级旅游资源定为"特品级旅游资源"；四级、三级旅游资源定为"优良级旅游资源"；二级、一级旅游资源定为"普通级旅游资源"。并将其分成两个开发类别。

　　一类资源：该类资源品级较高，是梅山地区生态旅游开发的重点，也是提领整个区域旅游线路的节点。

　　二类资源：该类资源评分位于60~89分，开发潜力大，是梅山地区主要的组成景观。这些资源需要进行深入设计和提升，并进一步融入梅山文化元素，将成为梅山地区未来保护利用、重点开发的旅游资源。

表 2-13　梅山地区优良级及以上旅游资源

等级	新化县	安化县	数量
五级	大熊山国家森林公园、龙湾国家湿地公园、梅山龙宫、紫鹊界梯田、新化北塔、红二军团长征司令部旧址、水车镇正龙村、新化山歌、梅山傩戏、梅山武术	六步溪国家自然保护区、柘溪国家森林公园、茶马古道旅游区、雪峰湖国家湿地公园、梅山古国（以扶王山、蚩尤界、九关十八锁，梅山文化园等为东西南北要塞，以梅城镇为王城的古梅山核心区域）、安化风雨廊桥群、千两茶制作技艺	17
四级	古台山、狮子山、油溪河峡谷、渠江源景区、熊山寺、杨氏宗祠、龙潭桥、文昌塔、罗盛教故居、奉家镇上团村、奉家镇下团村、水车镇楼下村、天门乡土坪村、上梅古镇、梅山大峡谷、蚩尤文化园	云台山、芙蓉山、柘溪镇肖木村冰碛岩区、龙泉洞、张家仙湖、高城马帮山寨、安化黑茶茶业遗存（含高马二溪古茶园、唐溪古茶园、白茅溪古茶园、裕通永茶行、良佐茶栈、德和茶行、安化茶厂、白沙溪茶厂8处文物点）、中国梅山文化园、云上茶旅文化园、文武庙建筑群、中国黑茶博物馆、唐家观古镇、洞市老街、梅山古豪、黄沙坪古茶市、乐安镇尤溪村、马路镇马路溪村、古楼乡新潭村樟水凼、南金乡将军村滑石寨、扶王墓、安化特色茶叶（云台山大叶种、安化红、安化松针等工安化黑茶）、羽毛球世界冠军摇篮、安化名人文化（善卷、陶澍、黄自元、罗绕典、龚智超等）、陶澍陵园	40
三级	桐凤山、十指山、神仙岭、白溪紫云谷、青油洞、黎仙洞、奉家桃源洞、奉家向北村十节洞、白溪麒麟洞、云仙洞、雷打洞、桑梓镇云霄洞、奉家镇报木村三节洞瀑布群、天门南门村瀑布群、西河粗石雾溪瀑布群、大熊山瀑布群、古台山瀑布群、奉家岩板村古树群、土坪村千年古树群、维山乡政府大院古树群、天门大山村古树群、奉家镇石坑村姐妹树、大熊山寺银杏王、大熊山西泉寺银杏、楼下村千年古樟、新化抗日万人堆、荣华柏衣佛祖庙、槎溪镇杨家边村杨氏祠堂、文田村罗氏宗祠、温塘康氏宗祠、永镇风雨桥、坐石乡杨洪岩青龙桥风雨桥、又一桥风雨桥、上梅古码头、车田江水库、奉家横江村紫鹊界漂流河段、天门龙虎洞漂流河段、粗石雾溪峡谷、天门长丰村峡谷、半山水库度假村、三联洞生态休闲农庄、五七生态农庄、大熊山春姬峡旅游度假山庄、油溪桥生态农庄、奉家蒙洱茶生态观光园、国际傩文化节、新化三大碗	福寿山、乌云界、天井山、红岩谷地、沂溪谷地、柘溪谷地、羊角塘峰丛、关山峡谷、九关十八锁、鲤鱼坝古动物化石群溶洞、蚩尤界溶洞群、石燕洞、落水洞、五公洞、青云洞、鲶鱼洲、百里画廊、响水洞、大禾凼堰塘、洞天瀑布、芙蓉林场、田庄乡游马村千年红豆杉、世纪寿星（古杉树）、滔溪紫檀树、金家寨古杉、云台山云海、大溶溪民俗村、钟灵长、湖南华莱叶子湾黑茶产业园、双公山居生态农业园、真武寺、梅城双塔、三星塔、文澜塔、陶澍尚书第、贺氏宗祠、刘家大院、陈五芝花屋、黄花湾知青部落、株溪元代古墓群、五福宫码头、大峰山水库、柘溪水电站、安化现代节庆（黑茶文化节、梅山山歌节等）、梅山膳食（梅山擂茶、梅山十八碗等）	93

2.2.2.2 梅山地区旅游景观资源空间分布特征

根据旅游资源等级评价结果，将三至五级资源逐一进行坐标定位，并导入 ArcGIS 进行空间分布研究。从梅山地区高品质旅游资源空间分布可以得出，虽然区域内旅游资源种类丰富、数量众多，但是其空间分布较为分散，总体可以概括为如下两个空间分布特征。

（1）三带状分布特征

从旅游资源空间分布的整体格局看，受南北走向的雪峰山系和中部大熊山制约，梅山地区旅游资源基本呈北、中、南三个带状分布。以中部的大熊山主分水岭为界，北部安化境内高品质旅游资源主要沿资江呈带状分布。中部高品质旅游资源以大熊山为中心向四周中低海拔区呈放射状分布。南部高品质旅游资源则主要集中在西南部山地地区，东西走向呈"U"形带状分布。

（2）七点状集聚分布特征

为了更清晰直观地研究梅山地区旅游资源的分布情况，笔者把梅山地区所有的高品质旅游资源点导入 ArcGIS 进行定量分析，利用空间统计工具（spatial statistics tools）计算平均最邻近指数（average nearest neighbor），观察资源的聚集程度。通过测量每个资源点之间的距离，先计算平均距离，再测量平均距离与假定为随机分布距离的相似程度。如果该平均距离小于假设随机分布中的平均距离，则视为聚类分布，反之则视为分散分布。指数值用 Z Score 表示，Z Score 为负数且越小，其聚集程度越高。经统计计算得出梅山地区高品质旅游资源点的 Z Score 为 –8.035486，反映出其呈空间聚集分布特征。

从图 2-4 可以看出，在总体集聚分布状态下，空间又分异为七大集聚区。由东至西、从北往南依次为以梅山文化为核心的梅山古国旅游区、以茶马古道为重点的茶旅文化旅游区、以资江为纽带的水域风情旅游区、以云台山为中心的茶旅休闲旅游区、以大熊山为聚点的自然风景旅游区、以新化县城为焦点的人文历史旅游区，以紫鹊界为中心的民俗风情旅游区，每个集聚区都有各自的资源特色。

2.3 梅山地区生态旅游发展现状分析

2.3.1 梅山地区生态旅游发展的客观条件

2.3.1.1 国内外旅游者对生态旅游的需求

生态旅游是人类环境意识觉醒和环境保护运动发展后，以最大限度地减少对自然环境和社会文化造成负面影响为目的的旅游方式。这种先进文明的旅游方式越来越受到人们的青睐，逐渐成为 21 世纪的旅游主题。根据世界旅游组织估计，世界旅游业收入以每年增长 4%的速度发展，而生态旅游业收入以每年平均增长 20%~30%的速度发展。目前生态旅游收入已占世界旅游业总收入的 15%~20%，成为旅游业收入中增长最快的一部分。

国际生态旅游需求旺盛，中国的生态旅游也已发展成为一个高增值、高就业、高创汇、高效益的新型产业，在国民经济发展中占有越来越重要的地位。据国家林业局统计，2015 年，全国森林旅游游客量达到 10.5 亿人次，超过国内旅游人数的 26%，创造社会综合产值 7800 亿元。"十二五"时期，全国森林旅游游客量总数达到 40 亿人次，年增长率超过 15.5%，比国内旅游人数的年增长率高 1.8%。森林旅游是生态旅游中的一类，由此可以推算中国生态旅游市场需求之旺盛。

湖南省旅游资源非常丰富，虽然发展生态旅游较晚，但是近年来发展速度很快。2012 年，仅张家界市的森林旅游总产值就超过了 160 亿元，居全国首位。2016 年，湖南省旅游总收入达 4707.4 亿元，占全省 GDP 的 15%。全省总共接待外国游客 5.6 亿人次，人数创新高。目前，湖南生态旅游基本实现了由自发式向管理的规范式发展，由单纯的"农家乐"向多类型、综合性的"乡村游"转变，由粗放的外延式扩展向内涵式提升。

总之，生态旅游已成为 21 世纪一个重要的经济增长点，它是人类认识自然、重新审视和矫正自我行为的必然结果。发展生态旅游符合旅游业的发展趋势，符合旅游者的消费倾向，所以梅山地区应积极倡导和推动生态旅游产品的开发，吸引国内外的生态旅游者。

2.3.1.2 梅山地区发展生态旅游的特色和必要性

生态旅游作为经济发展和环境保护的桥梁，在区域可持续发展中具有重要的地位和作用。它不仅能有效拉动乡村经济增长，还可以促进乡村基础设施建设，改善村容村貌，保护文化遗产。

从资源禀赋来看，由于梅山地区大多属于偏远山区，经济发展相对滞后，但生态环境较好。梅山地区城镇化率不高，其中新化县和安化县城镇化率分别为 33.48%和 30.95%，人类活动对其破坏和污染较少，区域内拥有丰富多样的生物资源、独特的自然景观和保存完好的人文景观，为旅游业提供了优良的旅游资源。

梅山地区发展生态旅游是乡村多样化经济中不可缺少的一员。首先，发展乡村生态旅游可以开拓一条全新的多种经营之路，增加农民收入，是拉动乡村经济增长、促进乡村基础设施建设的有效途径。其次，发展旅游可以使梅山文化中的精华得以传承，许多被遗忘或消失的传统习俗在旅游开发过程中可以得到再生。再者，生态旅游的全面发展将增进地区间的交流、丰富人民群众的文化生活，有利于构建和谐社会。

由此可见，梅山地区发展生态旅游是兼顾发展经济和生态改良的重要手段，对梅山经济结构战略性调整具有长远意义。

2.3.2　梅山地区发展生态旅游的 SWOT 分析

SWOT 分析法即态势分析法。这种战略规划工具最早由哈佛大学商学院的安德鲁斯教授在《公司战略概念》一书中提出。20 世纪末，SWOT 分析被应用于旅游开发和规划上，成效显著。旅游 SWOT 分析是针对旅游开发的内部优势 S（strengths）、劣势 W（weaknesses）和外部环境变化所带来的机遇 O（opportunities）、威胁 T（threats）进行分析。通过对内外环境因素的系统分析，将其依照矩阵形式进行排列，并相互匹配，组合出多种战略组合，从组合中推导出相应的结论，为制定旅游区发展战略提供一个清晰的判断和直接的思路。本书运用 SWOT 分析法对梅山地区生态旅游发展现状进行分析，为后续发展战略的提出奠定基础。

2.3.2.1　优势分析

（1）生态优越，旅游开发意识较强

梅山地区由于深居内陆，具有优越的生态条件，光照充足，气候温和，雨水充沛，土质肥沃，溪河网布，不仅自然环境优美，还孕育了丰富的生物资源。安化县和新化县先后创建了国家级生态保护与建设示范区，并于 2016 年被纳入国家重点生态功能区，取得了"全国绿化模范县""中国黑茶之乡""湖南省林业十强县"等荣誉。安化县和新化县均为湖南省重点林区县，两县林地面积共875.08 万亩，其中安化县林地面积 589 万亩，森林蓄积量 1216 万立方米，森林覆盖率达 76.17%。广袤的山林让梅山地区成为湖南省生态资源最丰富的区域之一，可开展多种生态旅游。

近年来，梅山人深感旅游业对于社会发展的巨大推力，在旅游开发方面投入大量人力和资金，乡村生态旅游一派生机、欣欣向荣，旅游收入和游客数量日益增长（图 2-4），为梅山地区生态旅游发展奠定了良好的基础。新化县着力实施"旅游立县"战略，大力支持县域自然生态展示、民俗文化挖掘、旅游品牌打造，旅游业飞速发展。仅 2018 年"五一"小长假，新化县就接待国内外游客 33.76万余人次，实现旅游收入 2.51 亿元，同比增长 11.27% 和 21.26%。

（2）特色鲜明，梅山文化底蕴深厚

特色是旅游资源吸引游客的关键性因素，是旅游资源开发的灵魂，与省内其他地区相比，梅山的旅游特色在于其历史悠久、蕴含丰富内涵的梅山文化。梅山文化的历史源远流长，最早可以追溯到远古时期，历经数千年的洗礼，不断沉淀、融合，其质朴的乡土建筑、多彩的民俗活动、神秘的巫术祭祀、别致的民间

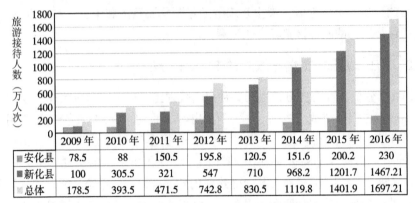

	2009年	2010年	2011年	2012年	2013年	2014年	2015年	2016年
■安化县	78.5	88	150.5	195.8	120.5	151.6	200.2	230
■新化县	100	305.5	321	547	710	968.2	1201.7	1467.21
□总体	178.5	393.5	471.5	742.8	830.5	1119.8	1401.9	1697.21

图 2-4　梅山地区 2009—2016 年旅游接待人数

工艺散发着独特魅力，成为生态旅游开发的资源宝库。

（3）资源丰富，旅游产品组合多元

被称为"湘中宝地"的梅山地区旅游资源丰富、类型多样。复杂多样的地表形态，美不胜收的气候现象，让人流连忘返；各种各样的植物种属相互交错生长，形成了多姿多彩的植被景观，为野生动物繁衍生息提供了良好的条件；悠远神秘的梅山文化与特殊的地理环境、优美的自然风光交织融合，丰富的旅游资源使梅山地区发展生态旅游具有得天独厚的优势。此外，区域内旅游产品呈现出多元结构，自然与人文、物质与非物质成分有机融合，彼此互为补充，交相辉映，共同构成梅山地区的旅游资源。

（4）辐射效应，旅游市场潜力巨大

梅山文化辐射面广，主要覆盖区域涉及益阳、邵阳、娄底等十多个县市，甚至波及东南亚地区，具有一定的文化影响力。近年来，梅山地区旅游业的发展保持了增长的势头。据统计，2016 年，新化、安化两县共接待游客 1697.21 万人次，旅游收入 118.53 亿元，占 GDP 总值的 28.25%。

梅山地区虽位于偏远山区，但是局部人口密集。目前，新化、安化两县现有常住总人口 205.24 万人，区域内多数居民有旅游需求。2016 年发布的《湖南省"十三五"旅游发展规划》中，梅山文化体验旅游区被列入湖南省重点建设的旅游精品区。梅山地区可以依托梅山文化的辐射效应，借助张家界、崀山等龙头景区的带动作用，完善旅游配套服务设施，全面整合益阳、娄底、邵阳三市的旅游资源，培育和开发生态体验旅游、研学旅游等新产品，打造新的旅游吸引物和增长极。

此外，梅山地区生态旅游客源市场潜力巨大。从地理位置来看，由于梅山地区处于湘中，可以通过加强对外交通和信息联系，向省内四周区域和外省拓展客源市场。就省内而言，至 2016 年，湖南全省城市化水平已达到 47.96%，长、株、潭城市群及娄底、邵阳等城市人口增长迅速，众多的城市游客为梅山地区发展生态旅游提供了广阔的潜在客源市场。就省外而论，北面的华中城市群，南面的珠三角洲城市群，东面的长三角洲城市群，其游客的经济实力、文化观念、旅游品位均处于较高水平，游客消费能力旺盛，且梅山地区与这些地区的旅游资源在自然风光和人文风情上差异甚大，这些来自大城市的居民向往着乡村生活的恬静与惬意，被梅山独特的民俗文化、古朴建筑所吸引，未来将成为梅山地区生态旅游的主要客源。

2.3.2.2 劣势分析

（1）交通闭塞，道路可进入性较差

交通是旅游业发展的关键，它不仅是展示旅游资源的重要渠道，也是旅游收入和创收的重要来源。吴必虎曾对城市居民的出游行为进行研究，发现 85% 以上的人出游集中在距出游地 500km 的空间范围内。因此，"可进入性"和"可达度"是旅游者完成旅途并产生经济效益的先决条件。梅山地区处于雪峰山和衡山山系环抱中，因地形地貌复杂，且被茂密的森林所覆盖，自古以来交通不便，道路交通基础差，加之公路修建成本高，等级较低，路面较窄，导致路况较差、行车较慢、可进入性和可达度均较差。这种情况成为阻碍梅山地区生态旅游发展的瓶颈。虽然交通条件近年来逐步得到改善，但仍然影响了外来车辆的进入，区域内有些干线和支线公路无法无缝对接景区，景点分散且景点之间距离相对较远，很大程度上制约了梅山地区整体旅游形象的塑造。

（2）资源分散，缺乏有效整合

梅山地区的旅游资源在空间分布上呈整体分散、局部集中的状态，导致旅游资源的空间开发不平衡。旅游资源的开发主要聚集在紫鹊界景区、大熊山国家森林公园、茶马古道旅游区等几个景区，北部和东部的旅游资源几乎处于未开发状态，且已开发的景区处于开发初期，配套设施不成熟，规模效应和品牌影响力还未形成，吸引力有待提高。区域内旅游资源缺乏有效的整合，各景区之间尚未形成有机联系。因多数高品位资源距具城远，而各景点之间又缺乏完善的道路连接系统，没能形成完整的旅游线路。这不仅提高了旅游成本，而且给游客出行带来不便，导致旅游者在景区逗留时间短，从而影响了旅游的经济效益。

（3）资金有限，设施建设相对滞后

新化、安化两县原以农业、林业为主，经济基础薄弱，虽然政府已投入大量资金完善基础设施建设，但相较于其他旅游区而言仍显滞后。除少数景区外，多数景点的配套设施建设还比较落后。标识系统缺失、餐饮住宿数量少、安全保障薄弱、娱乐康体设施缺乏、商业服务网点空白等问题突出。先进的服务体系如电子商务、咨询服务信息平台系统还没有建立起来，没有数字化的旅游动态查询、网上支付、网上预订及其他个性化信息服务，难以满足游客多元化的消费需求。

（4）人才短缺，服务管理水平偏低

由于梅山地区经济不发达，收入较低，旅游开发、规划、管理方面的人才相对匮乏，特别是专业性较强的生态旅游人才，在这客观上造成了梅山地区生态旅游从业人员工作经验不足，整体服务质量不高的状况。旅游业是一种服务行业，游客需要通过从业人员的讲解与沟通才能深入了解景区的自然景观和人文景观。只有具备丰富的知识储备和良好的沟通技巧的从业人员，才能让旅游者愉悦地进行旅游活动，从而提升旅游区的品牌形象。旅游质量的好坏与旅游从业人员素质的高低密切相关，直接影响旅游业的发展。另外，高素质旅游管理专业人才的匮乏导致许多地方和部门对生态旅游的性质和特点认识不足，缺乏长远的发展意识和现代经营管理意识，缺乏专业系统的培训和教育，更缺少对服务的管理和监督。旅游专业人才短缺在很大程度上制约了梅山地区生态旅游的发展。

2.3.2.3 机遇分析

（1）发展迅速，旅游市场需求递增

从国际国内旅游业发展环境看，全球已经进入"旅游时代"。国际旅游业发展进入快车道，将成为全球第一大产业。国内旅游业也处于旅游发展的黄金期，市场需求递增。据世界旅游组织预测，中国旅游业未来20年乃至35年仍将以平均每年10%以上的速度增长，到2020年中国旅游业将占整个东亚及亚太地区31%的市场份额，成为世界第一大旅游目的国。蓬勃发展的旅游业为梅山地区生态旅游的发展提供了大的背景条件，创造了良好的外部机遇。

（2）收入增加，经济结构日趋合理

根据国家统计局湖南调查总队发布的全省有关统计调查数据显示（表2-14）：2017年，湖南省全年居民人均可支配收入为23103元，比2016年增长

表2-14　2014—2017年湖南省全民收入消费一览

年份	全年居民人均可支配收入（元）	同比增长率（%）	农村居民人均可支配收入（元）	全年居民人均消费支出（元）
2014	17622	10.1	10060	9025
2015	19317	9.6	10993	9691
2016	21115	9.3	11930	10630
2017	23103	9.4	12936	11534

9.4%，全年居民人均消费支出 11534 元，比 2016 年增长约 8.5%。全年农村居民人均可支配收入 12936 元，比 2016 年增长约 8.4%。人们的出游动机、频率都将大大增强，这为发展乡村生态旅游提供了良好的客源环境。

旅游业的发展能够带动区域经济结构的调整和产业化的升级。近年来，湖南省政府不断进行经济结构调整，提出了建设旅游大省的奋斗目标，积极开发、整合旅游资源，举办各类旅游推介会，利用丰富的旅游资源转变经济发展方式。2016 年湖南省产业结构比为 11.5：42.2：46.3，第一、二、三产业对经济增长的贡献率分别为 4.8%、37.0% 和 58.2%，第三产业已成为国民经济的支柱产业。其中旅游业贡献巨大，"十二五"期间，旅游总收入相当于全省 GDP 的比例由8.97% 增长到 12.78%。经济结构的日趋合理，为梅山地区生态旅游更好更快地发展奠定了良好的基础。

（3）政府扶持，交通升级带动发展

国家提倡科学发展，强调生态文明，要建设全面协调的和谐社会，鼓励资源节约型、环境友好型经济发展。生态旅游作为生态经济的重要组成部分，不仅是国家和地方政府的大力支持和国家重点培育的新的经济增长点，也是湖南省各级政府重点扶持的绿色产业。2007 年，湖南省第九次党代会正式把旅游业确定为富民强省的支柱产业，各级政府高度重视旅游业的发展，认为旅游业是发展优势经济和特色经济的一个核心，把旅游业纳入国民经济和社会发展整体规划中，出台了一系列加快发展旅游业的政策和措施。来自政府的扶持，为梅山地区生态旅游的开发与发展创造了绝佳的机会。

政府在不断推出各项扶持政策的同时，还加速建设交通。随着沪昆高铁、娄怀高速、二广高速、银北高速、益溆高速、常吉高速安化连接线等一批重大基础设施项目投入运营或即将建成，使梅山地区的交通条件逐步完善。梅山地区与周边城市的时空距离进一步缩短，为生态旅游的发展提供了良好的便利条件，许多景点正在成长为新的旅游目的地。交通的升级，必将带来旅游业空间格局的大变化，带动周边区域的旅游、经济、社会全面发展。凭借政府政策的大力扶持和交通的日益便捷，梅山地区生态旅游将有更好的发展空间。

（4）区域协作，吸收借鉴成功经验

2009 年，益阳、娄底、邵阳等市县破除行政区划壁垒，共同签订了《湖南大梅山文化旅游协作区发展合作框架协议书》，力图整合梅山地区的旅游资源，促进区域旅游产业大融合，打造集休闲养生、民俗民事体验与旅游观光为一体的美丽乡村旅游目的地。

2.3.2.4　威胁分析

（1）竞争激烈，旅游需求弹性较大

当代的旅游市场需求总体呈现出差异化、复杂化和个性多样化的特征。旅游市场竞争激烈且旅游需求市场的弹性大。首先，人们对旅游目的地的选择和旅游需求的日益多元化。传统的旅游观光和简单、雷同的生态旅游产品已不能满足旅游者多样化的旅游需求。其次，旅游者消费易受到消费趋势、消费环境等多重因素的影响。再次，面对迅速的信息传播，如果缺乏柔性生产和快速反应的能力，就会在瞬息万变的市场竞争中落后。这些都是梅山地区生态旅游发展的潜在威胁。

（2）法规滞后，旅游发展风险重重

我国虽然有《风景名胜区管理条例》《中华人民共和国自然保护区条例》等法规准则，但缺少一部全国性的对旅游资源的开发、利用、保护具有示范性和指导作用的旅游业环境保护根本大法。生态旅游在我国兴起已有十几年，却没有一个法律条款提到"生态旅游"。对于旅游区和文化环境敏感保护地区有关的规划、管理等方面的法律法规不健全，或者根本没有建立。加之生态旅游开发本身就面临多种风险，如旅游者和旅游交通工具引起外来物种入侵的风险；旅游流量超过旅游地极限环境容量造成生物资源失衡、景观资源受破坏的风险；旅游开发建设前缺少科学的论证与规划导致文物古迹和传统建筑破损、非物质文化遗产流失的风险；宏观调控引发的经营风险等，从而造成对环境的严重破坏。

（3）宣传不足，被周边旅游形象遮蔽

对于发展旅游地而言，知名度是其前提条件之一，然而梅山文化至今还像是养在深闺人未识的农家女孩。由于的宣传力度不足，梅山地区生态旅游缺少鲜明的总体生态旅游形象。知名度不够，且还未形成具备较强吸引能力的招牌精品，导致旅游者在制定旅游线路时，未把它纳进旅行计划内，长此以往，不利于生态旅游向高层次和规模化发展。此外，旅游产生的"形象遮蔽"效应对梅山地区生态旅游也具有较大威胁。梅山周边地区同类型旅游产品因区域气候环境相同、地质地貌类似、景观资源类型类同而对其生态旅游形成竞争威胁。特别是与之毗邻的张家界国家森林公园、崀山国家地质公园等生态旅游景区，其景观资源与梅山地区相似，且生态旅游开发较早，知名度较高，在一定程度上制约了梅山地区生态旅游的发展。

（4）意识较弱，社区参与程度不高

随着生态旅游的快速发展，梅山地区在旅游产品开发建设过程中，仍然存在生态保护意识和社区参与意识较弱的问题。

因我国生态旅游发展时间较短，梅山地区的生态旅游发展正处在一个初级的发展阶段，缺乏经验，在实践过程中，由于社区居民没有得到足够的重视，缺少参与决策的机会和途径，经济利益得不到保障，加之缺乏资金和必备的旅游管理技能，在很大程度上降低了他们参与生态旅游开发的积极性。而社区居民如同其他旅游资源一样是生态旅游有机体中的重要组成部分，他们关系到整个生态系统的健康和稳定。所以，调动旅游地社区及居民积极参与保护和开发生态旅游资源是梅山地区生态旅游发展有待解决的重要问题。

2.3.3　梅山地区生态旅游市场现状分析

需求是市场的基础。对于任何旅游目的地来说，市场需求是资源开发的方向。旅游资源的开发必须考虑如何将其开发成受市场欢迎的产品。为了获得科学分析的依据，笔者于 2014 年 10 月份对梅山地区旅游的游客进行了抽样调查，本次发放问卷 400 份，回收问卷 350 份，回收率 87.5%，其中有效问卷 325 份，有效率 92.9%；又于 2015 年 8 月在长沙、株洲、湘潭、娄底、邵阳等地进行了一次抽样调查，共发放问卷 1000 份，回收 952 份，回收率达 95%，其中有效问卷 945 份，有效率达到 99.3%。这次市场分析依据调查所得的数据，分为人口学统计分析、空间结构分析和潜在游客心理因素分析，从统计数据来看，性别比例较平衡，年龄结构合理，比较科学地反映了客源市场的情况。

2.3.3.1　梅山地区生态旅游客源市场特征分析

（1）梅山地区客源市场的人口学特征

旅游者的性别、年龄、职业、文化程度、收入水平等人口学特征影响到旅游者的旅游能力和出游行为，不同的人口学特征反映出不同类型游客群体的出行决策行为及其对旅游地的感知特征和喜好偏向。研究梅山地区客源市场的人口学特征，对于有针对性地制订景观规划方案、开发旅游产品、提高旅游服务质量具有重要意义。

性别构成（图 2-5）：调查中发现，梅山地区旅游者之中男女性别比例比较均衡，在抽样调查中，男性 648 人，占样本总数 51%；女性 622 人，占 49%。

年龄构成（图 2-6）：年龄差别决定着旅游者的体力、生活阅历、旅游兴趣和消费水平等方面的差异。年龄不同，旅游需求也就不同，年龄与旅游活动的参与率之间存在着反比关系。梅山地区旅游者以中青年旅游者为主体，18~44 岁的占 80%。其中，19~24 岁的旅游者占 36%，25~44 岁的旅游者占 44%，45~64 岁的旅游者占 11%，18 岁以下的少年儿童和 65 岁以上的老年旅游者所占比例小，分别占 5% 和 4%。

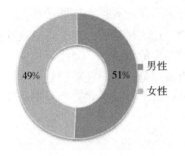

图2-5　梅山地区旅游者性别构成

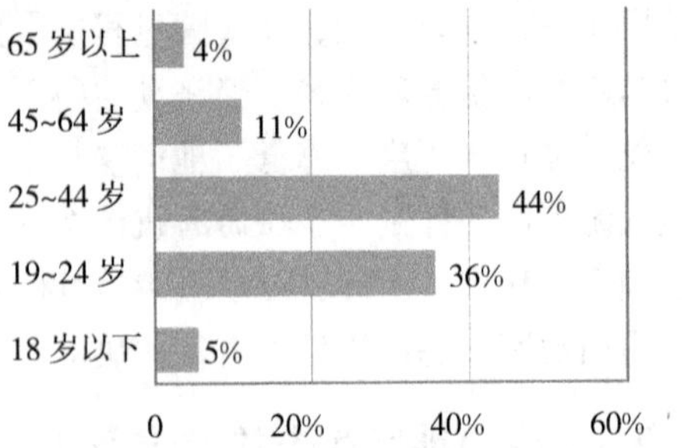

图2-6　梅山地区旅游者年龄构成

学历构成（图2-7）：中高学历者占主要比例，硕士研究生及以上学历的占4.1%，大专及本科学历的占46%，中专及高中学历的群体占40%，初中以及小学以下的旅游者所占的比例为9.9%。旅游者整体学历层次较高，在旅游中会寻求深层次的旅游体验，有利于梅山地区生态旅游资源的开发、管理、理论研究和实践。在开发旅游资源及产品设计时，应该注意增加文化品位和内涵。

职业构成（图2-8）：旅游者中以商务人员、企事业人员、专业技术人员三大类职业为主。从具体情况看来，商务人员所占比例最大，达到了28%，其次是企事业人员，占18%，然后是专业技术人员，占15%，政府职员和服务人员均占8%，教师达到了7%，工人、农民、离退休人员等其他群体比例较低。

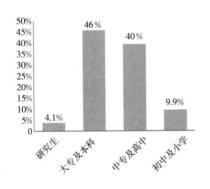

图2-7　梅山地区旅游者学历构成

图2-8　梅山地区旅游者职业构成

收入水平（图2-9）：这次抽样调查的旅游者之中，中等收入者比较多，月收入2000~3000元的旅游者占26.6%，3000~4000元的旅游者占37.2%，在4000~5000元的旅游者占15.7%，2000元以下收入的旅游者占9.4%，在5000元以上收入的旅游者占11.1%。收入水平与旅游者的学历和职业有着较大的关系。

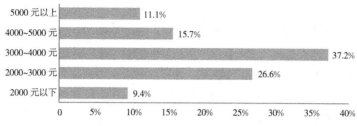

图2-9 梅山地区旅游者收入水平

(2) 梅山地区客源市场的空间结构特征

目前，梅山地区的旅游客源市场以省内近程客源市场为主体。其中娄底和益阳是梅山地区的主要客源地，分别占旅游者总量的20.3%、18.7%，其次是长沙的旅游者，占16.3%。由于区域经济与距离等多种因素的影响，其他地区所占比例较小。从省外客源市场的空间构成来看，以广东、广西、湖北等省份客源市场为主体，有较大发掘潜力。另外，还有一些来自江西、江浙沪、川渝、港澳台等地的旅游者。

(3) 梅山地区客源市场旅游者行为特征

出游目的（图2-10）：抽样调查数据表明，旅游者到梅山地区的主要目的是观光旅游和休闲度假，两者比例分别达到了38%和24%，占了旅游者总量的绝大多数，其次是探亲访友和运动健身，分别占15%和12%。会议、公务、商务等出游所占比例为7%，以科学考察等其他活动为目的的旅游者占4%。出游目的表现出较高的集中性。

出游时间结构（图2-11）：根据梅山地区现实旅游市场的实际情况，旅游者在梅山地区停留时间以1~3天为主，占绝大多数，且过夜的随机性强。"一日游"占14.8%，停留1~2天的占39.2%，停留2~3天的占37.1%，其他的所占比例比较小。

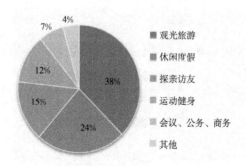

图2-10 梅山地区旅游者出游目的

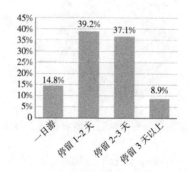

图2-11 梅山地区旅游者出游时间结构

出游季节（图 2-12）：旅游者普遍认为梅山地区适合旅游的季节集中在春夏秋三季。春季的旅游者最多，占总数的 45.7%，其次是秋季，占 33.8%，夏季来旅游的占 14.2%，选冬季的只有 6.3%。可见，梅山地区的适游季节较长。

出游方式（图 2-13）：梅山地区的旅游者之中，大多数是以家庭或亲友结伴的方式出游，这两项分别占到总人数的 39% 和 32%；其次是以单位或旅行社组织的团体出游，占到抽样调查样本的 21%；个人出游的只占 8%。

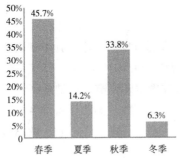

图 2-12　梅山地区旅游者出游季节

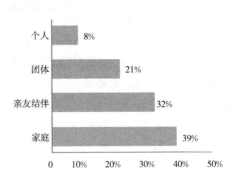

图 2-13　梅山地区旅游者出游方式

交通工具选择（图 2-14）：以选择自驾车的旅游者为主，占到 75%。这与家庭或结伴出游方式有着密切联系。以大巴或火车出游的分别占到了总数的 13%、7%；还有 5% 的旅游者选择拼车。

住宿选择（图 2-15）：调查的过夜旅游者当中，选择在宾馆酒店住宿的为主，占到了 35%，其次为农家乐或乡村客栈，占 26%，亲友家住宿占 18%，16% 的旅游者选择帐篷营地。

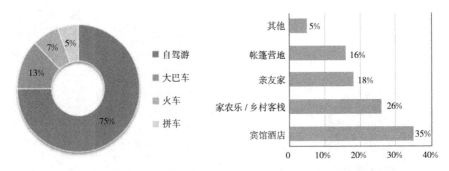

图 2-14　梅山地区旅游者交通工具选择　　图 2-15　梅山地区旅游者住宿选择

消费构成（图 2-16）：人均花费最多是餐饮，占 29%；住宿占 25%；长途交通占 20%；游览占 12%；娱乐占 9%；购物占 5%。数据显示，旅游基本消费占比较大，占到总消费的 74%。

信息渠道（图 2-17）：了解旅游者获取信息的渠道，能反映旅游业在市场营销方面的状况，以便于制定相应的营销策略。调查显示，梅山地区旅游者获取信息的主要渠道是通过网络媒介，占到 37%，这与旅游者多数为中青年游客有关。经亲友介绍的游客占到 26%，从电视广告中了解的占 19%，从旅游宣传手册中了解的占 12%，通过其他途径获取信息的占 6%。由此看来，加强网络、电视广告宣传是梅山地区扩大其旅游知名度的一种重要途径和方式。

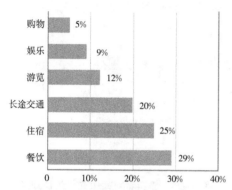

图 2-16　梅山地区旅游者消费构成　　图 2-17　梅山地区旅游者获取信息渠道

出游偏好（图 2-18）：调查旅游者的出游偏好对于梅山地区今后的旅游开发具有指导性作用。调查显示，30.2%的旅游者偏好山水型自然景观，29.3%的偏好文化型人文景观，乡村型田园景观、探险型野外项目、度假型游憩项目、休闲型体验项目、宗教型朝圣项目依次占 11.9%、9.5%、7.1%、4.8%、4.8%，都市型购物及游乐仅占 2.4%。

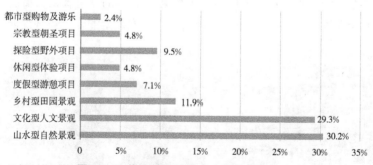

图 2-18　梅山地区旅游者出游偏好统计

2.3.3.2　梅山地区生态旅游旅游者感知分析

（1）对生态旅游和梅山文化的认知度

　　通过问卷调查发现（图2-19、图2-20）旅游者对生态旅游概念的认知程度和对梅山文化的了解程度整体偏低。62%的旅游者对生态旅游的理解较为模糊，只了解一点点梅山地区生态旅游的情况；21%的旅游者对生态旅游一点都不了解，比较了解和很了解的共计占17%。对于梅山文化，超过一半的旅游者不了解，只有21%旅游者熟知。大部分的旅游者在游览完与梅山文化相关的景区后，对梅山文化的认知度有所提高，但对梅山文化的发展脉络与深刻内涵仍缺乏清晰的感知和全面的理解，在旅游开发时应加强梅山文化的展示和宣传，通过增加动态体验活动环节，提高旅游项目的参与性，从而增强旅游者对梅山文化的认知。

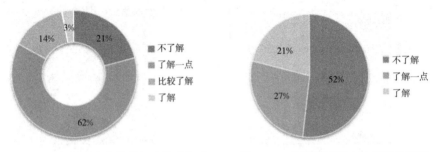

图 2-19　旅游者对生态旅游概念的认知度　　图 2-20　旅游者对梅山文化的认知度

　　大部分的旅游者具有表层的生态意识和一定的环境责任感，能够自我约束，但对生态旅游方面的认识较浅薄，旅游行为仍类似于大众旅游者。如在评价自身旅游活动是否属于生态旅游时（图2-21），只有一半的旅游者觉得自身的旅游活动属于生态旅游；24%的旅游者不清楚自身的旅游活动是否属于生态旅游，25%的旅游者则明确表示自身的旅游活动不属于生态旅游。此外，42%的旅游者认为到梅山主要是游览观光和休闲度假（图2-22）；12%的旅游者认为梅山的生态旅游和其他大众旅游无区别；27%的旅游者认为生态旅游能促进经济发展，能为当

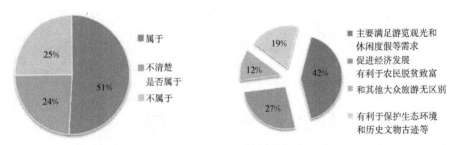

图 2-21　旅游者评价自身活动是否为　　图 2-22　旅游者对发展生态旅游目
　　　　　生态旅游　　　　　　　　　　　　　　的认知

地农民脱贫致富提供有利的条件和机会；19%的旅游者认为生态旅游不仅应满足游客游览的需求，还应有利于保护生态环境和历史文物古迹等，梅山地区旅游开发和管理应朝可持续方向发展。

（2）生态旅游评价分析

根据旅游者对梅山地区旅游资源印象调查图（图2-23）可知，43%的旅游者印象最深的是自然风景；36%的旅游者对文物古迹的印象最深；对民俗风情、宗教文化、科普探险印象深刻的分别占30%、28%、7%；6%的游客对特色食品等其他资源印象深刻。具体到对旅游景点的印象时（图2-24），62.3%的旅游者认为紫鹊界梯田给人印象最深；43.7%的旅游者认为大熊山森林公园及蚩尤文化旅游景区环境最好；41.6%的旅游者选茶马古道及高城马帮。这三个景点均得到了广大旅游者的喜爱和认可。

其他排名前十位的景点按印象深刻度依次为梅山龙宫（31.2%）、雪峰湖国家湿地公园（22.4%）、油溪河景区及漂流（21.2%）、奉家古桃花源（15.3%）、中国梅山文化园（12.5%）、茶文化及黑茶制作技艺（11.3%）、永锡桥等梅山地区风雨桥（10.1%）。十个景点中，人文景点六个，自然景点四个，知名度最高为紫鹊界梯田及正龙古村。

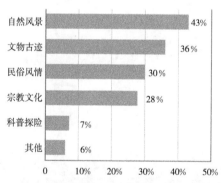

图2-23 旅游者对梅山地区旅游资源
印象调查

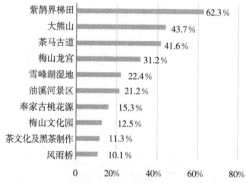

图2-24 旅游者对旅游景点的印象调查

从统计结果看，梅山地区自然旅游资源和梅山文化资源有较大知名度。在梅山地区生态旅游过程中，虽然其自然旅游资源景点质量较高，但多数旅游者对其人文旅游资源和景点有较深、较好的印象，人文旅游景点的美誉度、认可度较高。由此可针对人文旅游资源进一步挖掘其文化底蕴，增加多样文化体验项目等，从文化生态的角度扩大其生态旅游的影响力和知名度。

由梅山地区生态旅游环境评价图（图 2-25）显示：64%的旅游者认为梅山地区生态环境好；31%的旅游者认为旅游环境一般；5%的旅游者认为环境不好。大部分旅游者认为梅山环境较好。81%的旅游者同时认为仍有必要完善梅山地区生态旅游建设，特别是交通、住宿等基本配套设施建设，增加梅山文化宣传力度和旅游项目的参与性、体验性，提高人们的生态环境保护意识和文化传承意识，进行科学合理的旅游规划和管理。

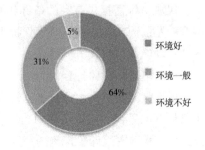

图 2-25 梅山地区生态旅游环境评价

3 梅山地区景观格局及动态变化分析

    景观生态学是一门服务于变化中的全球可持续性的综合科学，其研究方法注重新技术、新方法和多学科交叉理念的引入，而使用景观指数定量分析景观格局的特征与变化是景观生态学研究的重要方法之一。

    从生态旅游的角度来看，梅山地区的建设不仅需要满足旅游的需求，还需兼顾保护区域生态环境、维护生态系统健康发展、保障当地人们生活生产等其他需求。景观格局由一系列大小和形状各异、排列不同的景观要素组成，受自然和人文因素影响，同时也深深地影响并决定着各种生态过程斑块的大小、形状和连接度，进而影响到景观内物种的丰度、分布及种群的生存能力及抗干扰能力。

    景观格局分析不仅是揭示区域生态状况及空间变化特征的主要途径，也是研究景观功能和动态的基础。目前，景观生态学中常用的研究景观格局的方法是以遥感为数据源，通过 ENVI、ERDAS 等图像软件对遥感数据进行处理，获取景观类型图，再运用 ArcGIS、FRAGSTATS 等软件计算斑块数量、景观多样性、景观均匀度等各种景观指数，从而分析景观格局及其动态变化情况。

    景观指数是进行景观格局定量分析的基础，它高度浓缩了景观格局信息，反映景观的结构组成和空间配置特征。景观生态学有一套较成熟的景观格局测定、描述和统计的指数体系。可以将这一体系运用到梅山地区的景观格局分析在 ENVI 5.1 和 ArcGIS 10.1 软件的支持下，解译梅山地区的 TM 影像，并应用 FRAGSTATS 4.2 软件计算景观格局特征的多个指数，对近 20 年梅山地区的景观格局变化进行数量化分析，并通过 ArcGIS 的空间分析功能，计算景观类型土地利用转移矩阵，从而掌握梅山地区的景观生态特征，了解其景观动态变化，为梅山地区景观规划与设计提供依据。

3.1 研究数据的来源与处理

3.1.1 研究数据的来源

3.1.1.1 遥感影像来源

梅山核心区总面积为 8592km²，其中安化县面积 4950km²，下辖 29 个乡镇；新化县面积 3642km²，下辖 26 个乡镇。笔者从中科院遥感与数字地球科研所和地理空间数据云提供的数据中挑选了 1995、2005 和 2015 年安化、新化两县三个时期的遥感影像。每期均包括为 3 景的 Landsat TM 图像（P124R040；P124R041；P125R040）。所用数据获取季节均为秋季晴天获取的，无云雾影响。

3.1.1.2 基础地理数据来源

数字高程模型（digital elevation model, DEM）数据来源于地理空间数据云，分辨率为 30m；遥感影像资料数据来源于中国科学院遥感与数字地球研究所，分辨率为 30m；行政矢量、植被、土壤等数据均来源于国家科学数据共享工程——国家地球系统科学数据共享网（www.geodate.cn）；其他数据来源于课题组积累（表 3-1）。

表 3-1 基础数据一览

数据类型	数据与时间			用途
遥感影像资料 （Landsat）	年份及类型	轨道号	分辨率（m）	区域景观信息源
	1995TM	P124R040	30	
	2005TM	P124R041	30	
	2015TM	P125R040	30/15	
区域社会、 经济与文化资料	安化县志（1993 年）			
	新化县志（1996 年）			
	1995—2017 年安化县国民经济和社会发展统计公报			
	1995—2017 年新化县国民经济和社会发展统计公报			
	湖南省统计年鉴			
相关辅助资料	区域 DEM 图（30m 分辨率）			辅助解译与分析
	安化县土地利用现状图			
	新化县土地利用现状图			
	安化县土地利用总体规划（2006—2020 年）			
	新化县土地利用总体规划（2006—2020 年）			
	研究区已发表的研究成果			
	野外调研资料			

3.1.2 研究数据的处理

在应用所获取的研究区域遥感影像之前，需要对影像进行一些必要的处理。遥感影像的处理主要包括图像预处理、图像增强和图像分类三个环节。图像预处理是遥感影像处理中非常重要的环节，处理顺序依次为自定义坐标系、图像几何校正、图像融合、图像镶嵌、图像裁切等过程。经过预处理的图像，再进行图像增强，选择三个波段进行最优的假彩色波段组合，以提高分类精度。然后根据优化的遥感影像图进行图像分类。首先是建立解译标志，进行初步的分类判读；接着根据对象特征选择合适的分类方法进行分类；再对分类后的图像进行精度检查；最后进行更改分类颜色、分类统计、分类结果矢量化等分类后处理工作。

3.1.2.1 TM 影像的几何校正

由于从网站上获取的遥感影像只经过系统几何纠正和辐射纠正等预处理，不能满足应用要求，所以必须进行几何精校正。2015 年的 ETM 数据分辨率及图像质量最好，因此 1995 年、2005 年的影像以校正后的 2015 年数据为标准进行图对图（image-image）精校正。研究中利用 ENVI5.1 遥感图像处理软件，选取容易识别的道路、河流的分岔点作为控制点。由于本研究区域较大，所以选用了 100 个控制点（GCP），以提高影像校正精度。选好的 100 个控制点的总均方根误差（RMS）控制在 0.48 个像元内，满足 TM 影像的精度要求。在几何精校正的过程中，采用二次多项式采样，这样能在较好地解决数据精度问题的同时，又避免了数据量过大的问题。

3.1.2.2 图像融合

图像融合是将低空间分辨率的多光谱或高光谱数据与高分辨率的单波段图像采样生成一幅高分率多光谱图像的遥感图像处理技术，使得处理后的图像既有较高的空间分辨率，又具有多光谱特征。众多学者在融合方法上进行大量有益的尝试，取得了较好的融合效果，提出了一些经典的算法，如 HSV 变换法、Brovey 变换法、乘积运算法（CN）、主成分变换法（PC）、正交化法（GS）等。

为充分利用 2015 年的 ETM 数据的第 8 波段数据（15m 分辨率），本书采用的是 GS 数据融合方法。此种方法通过统计分析对参与融合的各波段进行最佳匹配，避免了传统融合方法某些波段信息过度集中和新型高空间分辨率全色波段长范围扩展所带来的光谱响应范围不一致问题，能保持融合前后图像信息的一致性。因此，研究中将 2015 年遥感数据 1-7 波段的合成图与第 8 波段进行融合，得到空间分辨率提高的融合影像，即空间分辨率提高的多光谱影像。

3.1.2.3 TM 影像的镶嵌和裁剪

因研究区由 3 景遥感图像所覆盖，需要图像镶嵌，即将 3 景图像拼接起来形成一幅覆盖全区的较大图像。研究区三期 3 景图经过辐射校正、几何校正和图像融合后，利用 ENVI 5.1 图像处理软件的的 Mosaic images 命令拼接 3 景图像，为了保证输出影像的亮度值和对比度较为均一，研究中采用了直方图匹配法，效果较为理想。拼接完成后，利用经矢量化并配准了的安化和新化两县行政区划边界图，运行软件的掩膜处理功能从遥感数据中得到研究区域的三期的 TM 遥感影像图。

3.1.2.4 图像解译分类

遥感解译的关键是要构建一个合理的景观类型体系，建立各景观相应的解译标志。研究中，景观的识别主要采用的是人机交互式解译方式。其中 1995 年的遥感数据采用了以计算机自动分类为主，人工修改为辅的方式，结合了梅山地区土地利用覆被与地貌类型的特殊性，并在 ENVI 软件下，采用 5、4、3 波段组合建立研究区 TM 影像的解译标志，构建了适合本区与研究目标的决策树（decision tree）专家分类系统与景观分类模型，将区域景观类型划分成 6 种主要景观类型：林地、耕地、草地、建筑用地、水域、未利用地。

3.1.2.5 图件的矢量化及制图方法

建立解译标志后，参考已有的两县土地利用图，运用 ENVI 软件，结合实地调研分析，修改完善得到 1995 年、2005 年和 2015 年三期的景观类型分布图。该数据遥感判读的精度大于 95%，符合研究标准。然后将研究区的河流水系分布、道路等图件进行矢量化，都统一采用 Gauss Kruger 投影、北京 54 大地坐标。各种图件的叠加分析在 ArcGIS 10.1 进行，并利用 ArcMap 进行制图，输出图件，为下面的景观格局分析提供研究数据。

解译结果转换为矢量格式数据后，可利用 ArcGIS 和 FRAGSTATS 4.2 等景观分析软件，并应用空间分析模块进行空间分析与计算，能得到所需要的各种景观格局指数。

由得到的三期梅山地区景观类型分布图可以了解到，梅山地区近 20 年来整体景观格局的变化不大，但经过多年的乡镇建设，伴随乡村交通的日益便捷和经济的发展，城镇建筑用地面积明显增加，发生显著变化的是新化县城周边的平原地区。

3.2 梅山地区景观构成要素

景观由景观要素组成，而景观要素指基本的、相对均质的景观生态单元。景观格局的基本组成要素包括斑块（patch）、廊道（corridor）、基质（matrix）以及要素的空间配置形式。景观格局是由斑块、廊道、基质按一定的空间配置形式构成的。

3.2.1　基本要素

3.2.1.1　斑块

斑块指在外观上与周围环境有着显著差异的非线性地表区域，相对于广阔的背景基质而言，可以将其看作为点。它是组成景观最基本的元素，反映着景观生态系统的多样性。不同斑块的起源和变化过程不同，随着它们的大小、形状、类型、异质性以及边界特征的变化，对物质、能量、物种分布和流动产生不同作用。斑块具有空间的非连续性和内部均质性的特点。Forman Gordron 按起源和成因把常见的景观斑块分为残留斑块、干扰斑块、环境资源斑块和人为引入斑块 4 种类型。从旅游角度来看，斑块既可以是各种自然保护区、森林公园、湿地等自然旅游景区，也可以是历史建筑、传统村落等人文旅游景点。

3.2.1.2　廊道

廊道指不同于两侧基质的狭长地带，可看作是一个线状或带状的斑块，它表示土地利用系统之间的联系。廊道是景观的重要结构成分，它起到连接和分割景观的作用，其结构特征对于景观美学特征、景观生态过程和功能都有重要作用，在景观规划设计中常常是不可或缺的成分。根据形成原因，廊道可以分为干扰、残留、环境资源型、再生型和人为引入型五种类型。根据其景观类型和功能，又可分为森林廊道、河流廊道、道路廊道等。依据廊道的宽度可以分为线状廊道与带状廊道。梅山地区主要的线状廊道包括公路、铁路、堤坝、沟渠等；带状廊道主要为河流和高速公路带。从旅游层面来看，廊道主要表现为旅游区之间的林带、道路及其两边带状的绿化植被、河流等自然要素。按范围可以分为区间廊、区内廊和斑内廊三种类型。区间廊指旅游地与外部客源地及其他旅游地之间的各种交通路线与通道。区内廊指旅游地中各景区的联络通道。斑内廊指景区内联系各个景点的参观路线。

3.2.1.3　基质

基质指景观中的背景地域，是景观中面积最大、连通性最好、在景观功能上起着重要作用的景观要素，它代表了该景观或区域的最主要的土地利用方式。基质是策划旅游区整体形象和划分各种功能区的基础。对基质的研究有助于对景点斑块的选择和布局，有利于保护旅游区的生态系统特色。梅山地区为多山的林区，林地为区域内的基质。

3.2.2　要素的空间配置形式

从布局形态上看，景观格局可以分为点格局、线格局、网格局。点格局是指斑块呈点状分布形式。点格局中斑块大小与斑块之间的距离有着显著差异。线格局是指景观要素呈线形分布。网格局是由点状斑块和线状廊道共同组成的综合体。从景观要素的空间分布关系上看可以分为均匀型、平行型、聚集型以及特定组合分布格局等。

梅山地区村落和城镇呈聚集型点状格局。山地中的村落常常被群山环绕，规则布局的大片农田则聚集于山谷或村落中央较为平缓的河道冲击平原。大大小小的村落散布于青山绿水之中，宛如一团团织锦镶嵌在浓绿的山坳之中。

道路与河流则为线状格局，沿河流、溪流、公路的两侧房屋和耕地也呈线状分布。

网格局由廊道、节点和网眼组成，廊道之间常常相互交叉形成网状格局。梅山地区的各类廊道如同一张网，联系着各个景观单元。而生态敏感度高且对景观稳定性影响较大的单元为生态网络的节点。成片的生态功能分区则是网眼。通过不断地提升廊道的连接度和连通性，增加生态节点的边缘效应，强化生态系统功能，梅山地区的生态网络将更加完善。在此基础上，梅山人也将编织出多姿多彩、特色鲜明的旅游网络。

3.3 梅山地区景观格局指数的选取与分析

景观空间格局的分析一般是先选取表征景观格局的指标，然后对指标进行计算，最后分析比较，得出对一个区域景观格局的评判。研究景观空间异质性的形成原因需要进行量化分析，而景观格局指数是反映景观结构、空间配置特征的量化指标，因此，景观格局指数可以满足量化分析的需要。

通过对景观格局指数的计算和分析，研究者可以更好地解释与理解景观功能，理清景观结构与过程的关系，从而把握景观格局变化的规律和发展方向。

本书采用了 FRAGSTATS 4.2 来分析梅山地区的景观格局。FRAGSTATS 4.2 是由美国研究团队开发的一个能计算 59 个景观指数的电脑软件。FRAGSTATS 4.2 从景观整体多样性、景观类型的空间分布和斑块特征三方面将这些指数分为景观水平、景观类型水平和斑块水平三个层次，多数指数之间具有高度的相关性，只是关注点不同。在选择和解译景观指数之前，研究者根据各个指数的生态意义，针对研究目的和对象特征进行全面系统的分析，在此基础上挑选适宜的景观指数。

土地利用的变化是导致景观结构发生变化的主要原因。本书根据研究区的特点，在已解译好的 1995 年、2005 年和 2015 年三个时段景观类型矢量图基础上，结合实地调研情况及其他图件，试图通过对比，分析梅山地区 20 年间景观格局指数的变化和土地利用情况，以期揭示其生态环境状况及景观空间变异特征。

参照国内学者的研究进展，本书从景观水平和景观类型水平两个层次出发，挑选了斑块数量、大小，斑块密度、形状，景观的蔓延、散布、连接性和多样性及均匀性等 28 个指数，设计了相应的指标体系，建立了斑块的属性和面积等数据库，来研究梅山地区景观结构和空间变化，探讨景观格局的时空变异（常用景观格局指数及其生态意义见附表）。

3.3.1　梅山地区整体景观格局指数的选取与分析

3.3.1.1　梅山地区整体景观格局指数的选取

在研究梅山地区整体景观格局特征时选取了斑块数量（*NP*）、斑块密度（*PD*）、最大斑块面积（*LPI*）、边界密度（*ED*）等 4 个景观指标（表 3-2）。

表 3-2　本书选取的整体景观格局特征指数及其生态意义

指数	生态意义
斑块数量（*NP*）	反映景观的异质性程度，其值的大小与景观的破碎度呈正相关性，在相同面积的区域内，斑块数量越多，景观破碎度越高；反之，破碎度越低
斑块密度（*PD*）	反映景观的完整性和破碎化程度，密度越大，破碎化程度愈大，越容易转化为其他类型景观
最大斑块指数（*LPI*）	是某类景观中的最大斑块占整个景观面积的比例，它有助于确定景观的规模或优势类型等
边缘密度（*ED*）	是指单位面积上斑块周长，由景观中所有斑块边界总长度除以斑块总面积。它反映了斑块形状的简单程度。边缘密度越小，单位面积上边缘长度的数量越小，形状越简单。反之，形状越复杂

上述指标的计算公式如下。

①斑块数量（*NP*）。

$$NP=N \tag{3.1}$$

公式中：N 是景观中斑块总数。它的取值范围是 $NP \geq 1$。

②斑块密度（*PD*）。

$$PD=N/A \times 1000 \times 100 \tag{3.2}$$

公式中：N 为景观中斑块总数，A 为总的景观面积（本书中 A 均为此意）。它的单位是个 $/100hm^2$。

③最大斑块指数（*LPI*）。

$$LPI=\max\ (a_{ij})\ /A \times 100 \tag{3.3}$$

公式中：a_{ij} 为第 i 类景观要素的第 j 个斑块的面积（本书中 a_{ij} 均为此意）。

④边缘密度（*ED*）。

$$ED=E/A \times 1000 \tag{3.4}$$

公式中：*E* 为景观的总边缘长度。

在研究梅山地区整体景观格局多样性时选用了香农多样性指数（*SHDI*）、香农均匀度（*SHEI*）、蔓延度指数（*CONTAG*）等 9 个指标（表 3-3）。

表 3-3　本书选取的整体景观格局多样性–最邻近平均距离指数及其生态意义

指　数	生态意义
香农多样性指数（*SHDI*）	反映景观要素的多少和各景观要素所占比例的变化，即景观的异质性，对稀缺斑块类型敏感性较强。多样性指数增大，说明斑块类型增加或各斑块类型在景观中呈均衡化趋势分布
辛普森多样性指数（*SIDI*）	
修正辛普森 *n* 多样性指数（*MSIDI*）	
香农均匀度指数（*SHEI*）	表示景观镶嵌体中不同景观类型在其数目或面积方面的均匀程度。均匀度值较小时优势度一般较高
辛普森均匀度指数（*SIEI*）	
修正辛普森均匀度指数（*MSIEI*）	
蔓延度指数（*CONTAG*）	反映景观不同嵌块类型的聚集和延展程度，高蔓延度表明景观中存在连接性较好的某种优势嵌块类型
散布与并列指数（*IJI*）	表示景观水平上计算各个斑块类型间的总体散布与并列状况
欧几里德最邻近平均距离（*ENN-MN*）	等于最近同类型相邻斑块的平均距离，是斑块边缘栅格中心之间的距离

上述指标的计算公式如下。

①香农多样性指数（*SHDI*）。

$$SHDI = -\sum_{i=1}^{m} (P_i \times \ln P_i) \tag{3.5}$$

式中：P_i 为 *i* 类景观占整体景观的比例，*m* 为景观中景观类型的数目（本书中 P_i 和 *m* 均为此公式中表达的意义）。

②辛普森多样性指数（*SIDI*）。

$$SIDI = 1 - \sum_{i=1}^{m} P_i^2 \tag{3.6}$$

③修正辛普森多样性指数（*MSIDI*）。

$$MSIDI = -\ln \sum_{i=1}^{m} P_i^2 \tag{3.7}$$

④香农均匀度指数（*SHEI*）。

$$SHEI = -\sum_{i=1}^{m} (P_i \times \ln P_i) \ /\ln m \tag{3.8}$$

⑤辛普森均匀度指数（*SIEI*）。

$$SIEI=\frac{1-\sum_{i=1}^{m}P_i^2}{1-1/m} \tag{3.9}$$

⑥修正辛普森均匀度指数（*MSIEI*）。

$$MSIEI=-\ln\sum_{i=1}^{m}P_i^2/\ln m \tag{3.10}$$

⑦蔓延度指数（*CONTAG*）。

$$CONTAG=\left\{1+\sum_{i=1}^{m}\sum_{k=1}^{m}\left[P_i\left(g_{ik}/\sum_{k=1}^{m}g_{ik}\right)\right]\times\left[\ln P_i\left(g_{ik}/\sum_{k=1}^{m}g_{ik}\right)\right]/2\ln m\right\}\times100 \tag{3.11}$$

公式中：g_{ik} 为以二进制方式计数的景观类型 i 和 k 之间邻近的像元数目。

⑧散布与并列指标（*IJI*）。

$$IJI=-\sum_{k=1}^{m}\left[\left(e_{ik}/\sum_{k=1}^{m}e_{ik}\right)\ln\left(e_{ik}/\sum_{k=1}^{m}e_{ik}\right)\right]/\ln(m-1)\times100 \tag{3.12}$$

公式中：e_{ik} 为景观中景观类型 i 和 k 之间的总边界长度。

⑨欧几里德最邻近平均距离（*ENN-MN*）。

$$ENN=h_{ij} \tag{3.13}$$

公式中：h_{ij} 为 i 类型中心到最邻近相同类型中心的平均距离。

3.3.1.2 梅山地区整体景观格局指数的分析

通过计算，得出三个时段的梅山地区整体景观格局特征指数（表3-4）。从中可以看出景观格局变化有如下特点。

表3-4　梅山地区整体景观格局特征指数

时间（年）	斑块数量（*NP*）	斑块密度（*PD*）	最大斑块指数（*LPI*）	边界密度（*ED*）
1995	4364	0.2790	18.3894hm²	12.3475
2005	4476	0.2861	18.3831hm²	12.3538
2015	4965	0.3274	18.3610hm²	12.7153

（1）景观破碎化程度增大

由表3-4可以看出，研究区矢量化的景观类型斑块数1995年为4364个，而2015年为4965个，20年间斑块数量增加了601个。斑块密度和边界密度也分别增加了0.0484和0.3678。最大斑块面积减小了0.0284hm²。这些数据表明，1995年至2015年间，随着社会和经济的快速发展，梅山地区土地开发利用程度不断加大，整体景观的破碎化程度增大。

（2）景观结构的复杂性增加

通过对景观多样性指标、均匀度、散布与并列指标、蔓延度指标和最邻近距离的计算，结果表明梅山地区的景观多样性、均匀度和散布与并列指标指数较低，蔓延度较高（表 3-5）。

表 3-5　梅山地区整体景观格局多样性–最邻近平均距离指数

中文名称	景观指数	范围	单位	1995 值	2005 值	2015 值
香农多样性指数	SHDI	$[0, +\infty)$	–	0.6993	0.7017	0.7112
辛普森多样性指数	SIDI	$[0, 1)$	–	0.3819	0.3823	0.3841
修正辛普森多样性指数	MSIDI	$[0, +\infty)$	–	0.4810	0.4818	0.4847
香农均匀度指数	SHEI	$[0, 1]$	–	0.3903	0.3916	0.3969
辛普森均匀度指数	SIEI	$[0, 1]$	–	0.4582	0.4588	0.4610
修正辛普森均匀度指数	MSIEI	$[0, 1]$	–	0.2685	0.2689	0.2705
蔓延度指数	CONTAG	$(0, 100]$	%	76.12	76.05	75.65
散布与并列指数	IJI	$(0, 100]$	%	31.96	32.30	35.27
欧几里德最邻近平均距离	ENN-MN	$(0, +\infty)$	m	459.6945	452.07	407.75

经过 20 年的自然演替和人为干扰，梅山地区景观香农均匀度指数从 0.3903 上升为 0.3969，香农多样性指数由 0.6993 变为 0.7112，景观的均匀度和多样性缓慢上升，说明景观中某一类或某几类元素的优势度降低，各类景观要素在空间分布上逐年趋于均匀，景观结构的复杂性增加。

（3）景观聚集性趋势下降

从散布与并列指数看，1995 年至 2015 年一直在 30% 左右，反映梅山地区的各种生态系统受到山区垂直地带性的作用影响较为明显，其分布多呈环状。蔓延度指数 1995 年至 2015 年处于较高聚集水平，但有小幅下降，表明梅山地区景观中存在连接性较好的一种优势嵌块类型。蔓延度指数的下降和最邻近平均距离的减小反映出梅山地区景观空间连接性呈现下降趋势、优势景观类型所占比重呈现下降态势。欧几里德最邻近平均距离 1995 年至 2015 年减小了近 52m，表明随着土地利用程度的增加景观类型间的最邻近距离在不断缩小。

3.3.2　研究区景观类型水平指数的选取与分析

3.3.2.1　研究区景观类型水平指数的选取

研究选用了景观类型总面积（CA）、景观类型百分比（PLAND）、斑块数量

（NP）、斑块密度（PD）、最大斑块指数（LPI）、景观形状指数（LSI）、总边缘长度（TE）、边缘密度（ED）、平均分维数（FRAC-MN）、平均形状指数（SHAPE-MN）等15个指标（表3-6）以分析不同景观类型的特征。

表 3-6　本书选取的景观类型水平指数及其生态意义

指数	生态意义
景观类型总面积（CA）	是度量景观格局空间特征的基本组分和计算其他指数的基础，面积大小能够反映出斑块间物种、能量和养分等信息流的差异
景观类型百分比（PLAND）	某一景观类型的总面积占整个景观面积的百分比
斑块数量（NP）	景观中斑块总数。反映景观的异质性程度，其值的大小与景观的破碎度呈正相关性，在相同面积的区域内，斑块数量越多，景观破碎度越高；反之，破碎度越低
斑块密度（PD）	反映景观的完整性和破碎化程度，密度越大，破碎化程度愈大
最大斑块指数（LPI）	为某种景观中的最大斑块占整个景观面积的比例，用来简单测验景观优势度的指标
景观形状指数（LSI）	指形状的复杂程度，形状指数越大，表示景观中不同斑块类型的集合程度越低
总边缘长度（TE）	表征景观类型破碎化程度的主要指标之一
边缘密度（ED）	单位面积上斑块周长，表示斑块形状的简单程度。密度越小，形状越简单
平均分维数（FRAC-MN）	表示景观斑块形状的平均复杂程度和人为活动对景观格局的干扰强度。分维数低，表明斑块形状简单，人为干扰大
平均面积（AREA-MN）	景观中某类斑块的平均面积，反映了该景观要素斑块规模的平均水平。斑块的平均面积大，说明连接性好
平均形状指数（SHAPE-MN）	是通过计算某一斑块形状与相同面积的圆或正方形之间的偏离程度来测量起伏形状的复杂程度
斑块凝聚指数（COHESION）	反映景观中不同斑块类型的非随机性或聚集程度。指数值越大，说明景观由少数团聚的大斑块组成
标准化景观形状指数（NLSI）	是经过极值标准化后的景观形状指标，能提供聚集度和离散度方面的信息
景观破碎度（FN）	景观类型破碎度是指景观要素被分割的破碎程度。破碎度越大，表示景观结构越复杂，人类活动干扰性越大
欧几里德最邻近平均距离（ENN-MN）	等于最近同类型相邻斑块的平均距离，是斑块边缘栅格中心之间的距离

表中指标的计算公式如下。

①景观类型总面积（CA）。

$$CA = \sum_{j=1}^{n} a_{ij} \times 1/10000 \tag{3.14}$$

②景观类型百分比（$PLAND$）。

$$PLAND = \sum_{j=1}^{n} a_{ij} / A \times 100 \tag{3.15}$$

③斑块数量（NP）。

$$NP = n_i \tag{3.16}$$

公式中：n_i 为景观类型 i 所包含的斑块数目。它的取值范围是 $NP \geq 1$。

④斑块密度（PD）。

$$PD = n_i / A \times 1000 \times 100 \tag{3.17}$$

公式中：n_i 为景观类型 i 所包含的斑块数目（本书中 n_i 均为此意），它的单位是个 $/100hm^2$。

⑤最大斑块指数（LPI）。

$$LPI = \max \ (a_{ij}) \ /A \times 100 \tag{3.18}$$

⑥景观形状指数（LSI）。

$$LSI = e_i / \mathrm{mine}_i \tag{3.19}$$

公式中：e_i 为类型 i 边缘总长度或周长；mine_i 为 e_i 的最小可能值。

⑦总边缘长度（TE）。

$$TE = \sum_{k=1}^{m} e_{ik} \tag{3.20}$$

公式中：e_{ik} 表示 i 类斑块第 k 个斑块的周长（本书中 e_{ik} 均为此意）；m 为景观中斑块的类型数。

⑧边缘密度（ED）。

$$ED = \sum_{k=1}^{m} e_{ik} / A_i \times 1000 \tag{3.21}$$

公式中：A_i 为第 i 类斑块的总面积（本书中 A_i 均为此意）。它的单位是 m/hm^2。

⑨平均分维数（$FRAC-MN$）。

$$FRAC = 2\ln \ (0.25p_{ij}) \ / \ (\ln a_{ij}) \tag{3.22}$$

公式中：p_{ij} 为第 i 类型中第 j 个斑块的周长（本书中 p_{ij} 均为此意）。

⑩平均面积（$AREA-MN$）。

$$AREA = \sum_{j=1}^{n} a_{ij} / n_i \tag{3.23}$$

⑪平均形状指数（$SHAPE-MN$）。

$$SHAPE = p_{ij} / \min p_{ij} \qquad (3.24)$$

⑫斑块凝聚指数（$COHESION$）。

$$COHESION = \left[1 - \sum_{j=1}^{n} p_{ij} / \sum_{j=1}^{n} p_{ij} \sqrt{a_{ij}} \right] \left[1 - 1/\sqrt{A} \right]^{-1} \times 100 \qquad (3.25)$$

⑬景观破碎度（FN）。

$$FN = N_i / A_i \qquad (3.26)$$

公式中：N_i 为 i 类景观的斑块数量；A_i 为 i 类景观的总面积。

⑭标准化景观形状指数（$NLSI$）。

$$NLSI = \frac{e_i - \min e_i}{\max e_i - \min e_i} \qquad (3.27)$$

公式中：e_i 为类型 i 的边缘总长度或周长；$\min e_i$ 为 e_i 的最小可能值；$\max e_i$ 为 e_i 的最大可能值。

⑮欧几里德最邻近平均距离（$ENN-SD$）。

$$ENN = h_{ij} \qquad (3.28)$$

公式中：h_{ij} 为从斑块 ij 到它最近的同类型斑块之间的距离，这一距离是斑块边缘与栅格中心之间的距离。

3.3.2.2 梅山地区景观类型指数的分析

运用 FRAGSTAIS 4.2 计算得出梅山地区景观类型多个景观指数（表 3-7）。

表 3-7 梅山地区景观类型水平指数

景观指数	单位	时间	林地	耕地	水域	建筑用地	草地	未利用地
景观类型总面积（CA）	ha	1995 年	653358.51	172667.43	17021.97	6917.49	9985.50	4.32
		2005 年	653200.11	172234.53	17118.63	7428.78	9968.85	4.32
		2015 年	652650.03	170316.90	16956.36	10189.4	9838.17	4.32
景观类型百分比（$PLAND$）	%	1995 年	75.9759	20.0786	1.9794	0.8044	1.1612	0.0005
		2005 年	75.9575	20.0282	1.9906	0.8639	1.1592	0.0005
		2015 年	75.8935	19.8051	1.9718	1.1849	1.1440	0.0005
斑块数量（NP）	个	1995 年	920	2288	147	785	223	1
		2005 年	937	2375	152	777	234	1
		2015 年	1061	2581	205	852	265	1
斑块密度（PD）	个 /100ha	1995 年	0.0588	0.1463	0.0094	0.0502	0.0143	0.0001
		2005 年	0.0599	0.1518	0.0097	0.0497	0.0150	0.0001
		2015 年	0.0678	0.1650	0.0131	0.0545	0.0169	0.0001

续表 3-7

景观指数	单位	时间	林地	耕地	水域	建筑用地	草地	未利用地
最大斑块指数 (LPI)	%	1995 年	18.3894	2.4465	0.9499	0.0246	0.0286	0.0003
		2005 年	18.3831	2.4403	0.9549	0.0263	0.0286	0.0003
		2015 年	18.3610	2.0754	0.9426	0.0433	0.0286	0.0003
景观形状指数 (LSI)	无	1995 年	56.4802	102.5301	33.5529	38.2414	27.1919	1.3571
		2005 年	56.4019	102.6108	33.5097	38.4104	27.2523	1.3571
		2015 年	57.2618	104.5233	33.9287	47.9525	27.7931	1.3571
总边缘长度 (TE)	m	1995 年	17618250	16977360	1730880	1270800	1032690	1140
		2005 年	17592570	16966560	1734780	1322190	1033620	1140
		2015 年	17859870	17190720	1748580	1932900	1048710	1140
边缘密度 (ED)	m/ha	1995 年	11.2625	10.8528	1.1065	0.8124	0.6601	0.0007
		2005 年	11.2461	10.8459	1.1090	0.8452	0.6607	0.0007
		2015 年	11.4170	10.9892	1.1178	1.2356	0.6704	0.0007
平均面积 (AREA-MN)	ha	1995 年	710.1723	75.4665	115.7957	8.8121	44.7780	4.3200
		2005 年	697.1186	72.5198	112.6226	9.5608	42.6019	4.3200
		2015 年	615.1273	65.9887	82.7140	11.9594	37.1252	4.3200
平均分维数 (FRAC-MN)	无	1995 年	1.0791	1.1005	1.0894	1.0599	1.0946	1.0592
		2005 年	1.0782	1.0978	1.0872	1.0609	1.0923	1.0592
		2015 年	1.0744	1.0943	1.0757	1.0731	1.0874	1.0592
平均形状指数 (SHAPE-MN)	无	1995 年	1.7681	1.9794	1.9311	1.3899	1.8594	1.3571
		2005 年	1.7572	1.9466	1.9014	1.4036	1.8291	1.3571
		2015 年	1.6994	1.9030	1.7177	1.5786	1.7674	1.3571
斑块凝聚指数 (COHESION)	无	1995 年	99.9524	99.5293	99.7131	92.2427	96.4862	85.5939
		2005 年	99.9524	99.5290	99.7138	92.9356	96.4818	85.5939
		2015 年	99.9521	99.4786	99.7087	95.2351	96.3824	85.5939
景观破碎度 (FN)	无	1995 年	0.00140	0.01325	0.00864	0.10753	0.02233	0.23148
		2005 年	0.00143	0.01379	0.00888	0.10459	0.02347	0.23148
		2015 年	0.00163	0.01515	0.01268	0.08362	0.02694	0.23148
标准化景观形状指数 (NLSI)	无	1995 年	0.0206	0.0734	0.0750	0.1349	0.0790	0.0610
		2005 年	0.0206	0.0735	0.0748	0.1308	0.0792	0.0610
		2015 年	0.0209	0.0753	0.0761	0.1400	0.0814	0.0610
欧几里德最邻近平均距离 (ENN-MN)	m	1995 年	87.7297	261.2248	2211.332	1005.34	2436.15	—
		2005 年	87.3261	256.5419	2235.209	1004.89	2402.75	—
		2015 年	82.7779	249.7371	2074.093	889.959	2251.41	—

（1）景观斑块特征分析

景观斑块特征能反映各景观要素的复杂性、破碎化程度以及受干扰情况。景观斑块特征可以通过景观类型面积、景观类型百分比、斑块数量、斑块密度、最大斑块指数和斑块的平均面积等指数进行分析。面积指数是描述景观类型最为有用的信息，许多指标都是基于它计算的。从景观类型面积来看，林地占绝大多数，为梅山地区的景观基质。1995 年景观类型面积占整体景观前 3 位的是林地、耕地、水域，20 年间一直以这三类景观为优势景观，共占总面积的 95% 以上，这种特征决定了梅山地区以林农渔业生产为主的特点。从景观类型的斑块面积变化幅度看，建筑用地的变化率最大，从 6917.49hm^2 增加到 10189.4hm^2，增加了 3271.91hm^2，这是因为随着社会的发展，城镇建设规模在扩大，建筑用地的需求日益增加。

从不同景观类型的斑块面积占比看，20 年间林地一直是景观类型面积中占比最高的，且面积比例只下降了 0.1%，这与梅山地区森林茂密、自然环境保护较好的实际切合。但随着人类干扰强度的增加，林地景观破碎度不断增加。耕地面积比例由 1995 年的 20.08% 下降到 19.81%。耕地面积由于受城镇建设、农业科技的快速发展及大量农民外出务工的影响而减少。水域面积和占比 2005 年前有所增加，但随后又减少了，反映了 2005 年前随着水库面积的增加和水产养殖业的发展，部分耕地转化为水域。2005 年后水域面积不断下降与大幅度利用水资源有关。建筑用地占比是所有景观类型中唯一不断上升的，说明梅山地区近 20 年来绝大多数的景观类型土地利用转换是因为城镇建设的需求而改变。

随着景观类型斑块数的增加，各景观类型边缘长度（TE）和边缘密度（ED）也随之增加。边缘密度指数值越大，类型被边界分割程度越高。边缘长度和边缘密度的增大，也反映了梅山地区景观类型破碎化程度不断增大。

斑块密度、斑块面积、斑块数量共同反映了景观的破碎化程度，在景观破碎度分析中具有举足轻重的作用。斑块密度越大，表示单位面积上的斑块数越多，即破碎化程度越高。1995 年、2005 年和 2015 年各景观类型斑块密度由大到小的顺序均为耕地、林地、建筑用地、草地、水域、未利用地。

从最大斑块指数（LPI）来看，20 年间，梅山地区各景观类型中历年最大的均为林地，耕地为第二，说明林地占有绝对的比例和较好的连通性。建筑用地的最大斑块指数呈现出增大趋势，说明城镇用地在不断扩增的同时也将分散的居住区连成一片。

从 1995 年到 2015 年，景观类型中各斑块的平均面积（AREA-MN）变大的类型只有建筑用地，从平均 8.8121hm^2 增加到 11.9594hm^2，表明建筑用地逐渐集中连片。平均面积变小的类型有林地、耕地、水域、草地。这个现象说明了这些类型的斑块已经由原来的大斑块分解为若干小斑块，破碎度在增大。平均面积指数未改变的是未利用地。

（2）景观形状指数

1995 年各景观类型平均形状指数由大到小的顺序为耕地、水域、草地、林地、建筑用地、未利用地，而 2015 年由大到小为耕地、草地、水域、林地、建筑用地、未利用地。20 年间，景观平均形状指数最大的一直是耕地，这应与当地多山的地形有关，当地人在陡坡上开垦了大量田，使其形状较不规则；而蜿蜒的河流和崎岖的山地也使得水域和林地的形状不规则。从 1995 至 2015 年除未利用地外，梅山地区各类景观的形状指数均趋于增大的趋势，说明人类的开发建设使得景观形状呈现不规则发展的态势，也说明了景观受到人类的干扰越来越强烈，分布越来越离散。

景观分维数是描述斑块几何形状复杂程度的非整型维数值。反映了人类活动对景观的影响强度，其值介于 1~2，值愈接近 1，则斑块形状就愈简单，表明受人类干扰的程度愈小；其值愈接近 2，则斑块形状愈复杂，受人类活动干扰程度愈大。梅山地区所有景观类型斑块的平均分维数都接近于 1，表示景观类型斑块的几何形状较为简单，整体受人为干扰较小，生态环境保持较好。各类景观中耕地的分维数最高，表明此类景观的形状最为复杂，同时也说明此类景观受人类活动的干扰最为强烈，完全是人类活动的产物。除建筑用地的分维数有所上升，其他类型的分维数都呈下降趋势，表明人们的建筑活动对环境的干扰逐渐增大。

（3）景观凝聚指数分析

景观凝聚指数可以直观地反映相应的景观类型的自然连通性。梅山地区所有的景观类型的凝聚指数都非常高，成聚集、丛生分布状态。从时间维度上看，凝聚指数（COHENSION）的增大反映了景观类型内斑块更加趋向于聚集分布。各类景观除建筑用地的凝聚指数增大，动态变化表现为聚集，其他的均为下降趋势。这是由于梅山地区土地不断地开发利用，使得其他用地的凝聚指数不断减小，分布逐渐分散。

（4）景观破碎度分析

通过对景观破碎度（FN）的分析，发现近 20 年梅山地区各种景观类型的破碎化程度都比较低，景观异质性低，说明梅山地区生态环境的改变较小，生态系统较为稳定。除建筑用地和未利用地外，其他类型景观的破碎化程度有小幅增大。破碎度增大最明显的三个景观类型是草地、水域、耕地，分别由 1995 年的 0.02233、0.00864、0.01325 增大到 0.02694、0.01268、0.01515，说明人类对环境的改造主要集中在这三类用地。对草地的不合理开垦，导致其景观破碎化指数的升高；拦坝蓄水是造成水域景观破碎度提高的原因之一；而随着城镇及道路建设的加速发展，耕地被割裂的程度越来越大，破碎度也逐渐增大。建筑用地的破碎度指数有所下降，表明梅山地区由于城镇用地的扩张，城镇和居民点越来越被集中规划建设，城镇近郊小块的居民点和建设用地逐步连接成片，建筑用地越来越整块化。综合 15 项景观类型水平指数分析，可以得出以下结论。

①景观整体连接性好，景观破碎化程度低。梅山地区以林农渔业生产为主，林地所占面积和比例最大，为景观基质，其斑块规模都较大，基本连接成片，保持较为完整。由于地形和交通的制约，区内生态环境保护较好，各种景观类型的破碎化程度都比较低，景观整体连接性好。

②景观有破碎化趋势，景观敏感度较高。梅山地区各景观类型所占比例差异大，林地、耕地面积比例占绝对优势。20 年间，除建筑用地景观面积大幅增加外，其他对生态系统起重要调节作用的林地、草地和水域等景观类型的面积却不断减小，景观斑块数量总体呈增加趋势。景观多样性和均匀度呈递增趋势、优势度降低。这些现象反映了梅山地区景观整体结构逐步在向均衡化的方向发展。除建筑用地外，其余景观类型空间由聚集转向分散分布，有破碎化趋势。生态环境易受人为干扰，表现出较高敏感度。因此，梅山地区的自然环境和景观结构特征应进行详细的景观生态保护规划，以实现生态环境与社会经济的和谐发展。

③各斑块形状呈规则化发展趋势，人类干扰强度较弱。梅山地区各种景观类型的平均斑块形状指数均较低且变化不大，说明景观形状简单、人类干扰强度较小。耕地在所有景观类型中的形状指数最大，形状最复杂。除建筑用地外，其他景观类型的形状指数均为下降趋势，其中水域的形状指数 20 年间下降了 0.2134，变化最大。这表明随着城镇建设力度的增强，建筑用地的形状越来越复杂，其他景观类型的斑块形状则呈简单、集中、规则化趋势发展。

3.4 梅山地区景观格局演变及驱动力分析

3.4.1 梅山地区景观格局演变分析

3.4.1.1 梅山地区景观类型变化分析

目前研究景观演变过程的方法主要是景观空间转移矩阵法。景观转移矩阵通过分析景观面积变化和景观斑块的空间变化等景观格局变化过程中的细节特点，全面、具体地反映了区域景观结构特征与景观类型变化方向。因此，论文中将各期遥感影像解译结果栅格化，利用软件按时序选择 1995 年和 2015 年两期影像的解译结果进行变化检测，通过 ArcGIS 10 软件的空间分析功能，求得梅山地区 1995 年至 2015 年景观类型面积和概率转移矩阵（表 3-8、表 3-9），以便直观地、分阶段地揭示梅山地区景观近二十年来的格局变化与发展趋势。

表 3-8　梅山地区 1995—2015 年景观类型面积转移矩阵（hm²）

2015 年	1995 年					
	耕地	林地	草地	水域	建筑用地	未利用地
耕地		178.65	0.00	46.62	2.61	0
林地	57.41		132.84	105.84	11.70	0
草地	2.16	1.62		33.12	0	0
水域	120.33	66.87	15.39		0.54	0
建筑用地	1815.57	92.07	36.00	83.16		0
未利用地	0	0	0	0	0	0
合计	1995.47	339.21	184.23	268.74	14.85	0

表 3-9　梅山地区 1995—2015 年景观类型转移概率矩阵（%）

2015 年	1995 年					
	耕地	林地	草地	水域	建筑用地	未利用地
耕地	98.840	0.303	0.000	0.274	0.038	0
林地	0.030	99.425	1.330	0.622	0.169	0
草地	0.001	0.002	98.155	0.195	0.000	0
水域	0.069	0.113	0.154	98.42	0.008	0
建筑用地	1.060	0.157	0.361	0.489	99.785	0
未利用地	0	0	0	0	0	100
合计	100	100	100	100	100	100

在景观类型面积转移矩阵和景观类型转移概率矩阵表中，行代表的是 1995 年的景观类型，列代表的是 2015 年的景观类型。由表 3-9 可知，除未利用地外，其他景观类型土地利用都有所转移，耕地是景观类型转化的主要来源。20 年间，耕地的流出量近 2000hm²，主要流向建筑用地、水域和林地，其中转向建筑用地的最多，达到 1815.57hm²，反映了随着人口的增长和城镇化建设力度的加大，城镇用地和建筑工业用地对良田的侵占。此外，耕地内部出现明显的双向转换，既有大量优质的耕地被征为建设用地和水域，同时，又有林地和水域被开垦为耕

地，但转出的耕地远大于转入的耕地，使得耕地的面积快速减少。

其次是林地向耕地和建筑用地的转移。经济的持续发展造成了人们对耕地及居住用地的开发利用率不断地提高，因此，人们砍伐森林扩展空间以满足日益增长的用地需求。而林地的补充主要来自草地和水域的转换。1995 年至 2015 年有132.84hm² 草地转换成林地，这是因为人们植树造林意识的增强，加之原来分布在草地林地交错带的分散而破碎的草地斑块转化为林地，使得草地成为林地最大的补充。

水域是梅山地区转出面积第三的景观类型。水域主要转化成了林地、建筑用地和耕地。20 年间，由于许多沼泽湿地因农田开垦排灌系统的疏导而演替为灌木丛以及森林，一部分水域转为林地；另外一部分水域面积发生转移的原因是人们利用条件较好的低洼水地开垦耕地和建设城镇。20 年间，因城镇化建设力度逐年加大，建筑用地不断扩张，建筑用地向其他景观类型转移很少，不足15hm²。

依据转移概率矩阵（表 3-9）可知，梅山地区各景观类型变化比例较小，景观趋向于相对稳定状态。

3.4.1.2　梅山地区植被指数变化分析

植被是人类重要的环境和物质资源，也是陆地生态系统的主要组成部分。植被根据生态系统中水、气等状况，调控植被内部与外部的物质能量交换。植被状况的好坏直接反映了自然资源潜在的生产力水平。良好的林木、草地、园地植被可以发挥较好的生态效益。区域景观结构是否良好、功能是否健康，植被是其中重要的度量指标。植被指数是对地表植被覆盖和生长情况的一种反映。通过植被指数的计算和分析，可以评价植被的覆盖度、长势和季相动态变化等情况。

植被覆盖度能够直观地反映地表植被的丰富度，是显示生态系统变化的重要指标。遥感技术的发展为植被覆盖度的测量提供了一个新的发展方向，尤其是为大范围地区的植被覆盖度监测提供了可能。由于不同植被对不同波长光的吸收率不同，光线照射在植物上时，近红外波段的光大部分被植物反射，而可见光波段的光则大部分被植物吸收。通过对近红外和红波段反射率的线性或非线性组合，我们可以消除地物光谱产生的影响，得到植被指数。目前，归一化植被指数 *NDVI*（normalized difference vegetation index）因在一定程度上有助于减少太阳高度角、大气状态等带来的误差，能够精确地反映植被绿度、光合作用强度、繁茂程度及其季节和年际变化，已被广泛用来定性和定量分析植被覆盖度及其生长活力。归一化植被指数 *NDVI* 的定义是：

$$NDVI = \frac{IR - R}{IR + R} \tag{3.29}$$

公式中，*IR* 为近红外波段，*R* 代表红波段。

梅山地区归一化植被指数图制图过程：在 ENVI 5.1 软件 Interpreter 菜单下 Spectral inhancement 模块选择 Indices 然后输入经几何校正和投影转换好的影像的文件名，选择 *NDVI* 计算功能，命名输出文件名和路径，点击运行就得到了 *NDVI* 的灰度图。然后在 Modeler 模块下用模块编辑器（modeler maker）进行图像模块编辑，根据野外调查的植被特点，制定相应的分类标准，运行得到 *NDVI* 的密度分割图。打开分割好的 *NDVI* 分布图，在 Viewer 中的属性中添加面积统计列。最后，通过 ArcMAP 调整各类型的颜色，制图输出得到梅山地区归一化植被指数图。

通过对 1995 年 8 月和 2015 年 6 月两幅遥感影像归一化植被指数的计算和分析，发现近 20 年来梅山地区的植被覆盖不论在面积上还是覆盖程度上都没有发生显著变化，但近些年植被中高覆盖度区域面积有所减少，植被整体覆盖度呈下降趋势。

从植被覆盖度的分级情况看（表 3–10），变化最剧烈的主要集中在中高覆盖度和中覆盖度这两个等级。梅山地区中高覆盖度和高覆盖度地区主要分布在中部、北部和西部的几个国家森林公园和自然保护区的林地。中高、高覆盖度的主要是自然植被，覆盖度在 80% 以上。高覆盖度的土地面积由 1995 年的 2220.28km² 减少到 2015 年的 1860.4km²，减少的面积绝大部分转变为中覆盖度，少部分转变为中低覆盖度和低覆盖度，突出反映了高覆盖度森林区受到了不合理的人类活动干扰。中覆盖度、中低覆盖度和低覆盖度的面积有所增加，主要为人工植被，其中中覆盖度比例从占研究区总面积的 22.10% 增加到 27.31%，这一方面是由于土地开发利用带来耕地、园地的增加，另一方面是耕地转变为建筑用地，降低了植被覆盖度。

表 3–10　梅山地区植被覆盖度的面积变化

植被覆盖度	NDVI 值	1995 年		2015 年	
		面积（km²）	%	面积（km²）	%
低覆盖度	0～0.2	305.38	3.56	380.50	4.43
中低覆盖度	0.2～0.4	510.25	5.94	839.16	9.77
中覆盖度	0.4～0.6	1897.12	22.10	2345.68	27.31
中高覆盖度	0.6～0.8	3655.16	42.55	3163.37	36.83
高覆盖度	0.8～1	2220.28	25.85	1860.40	21.66

3.4.2 梅山地区景观格局演变驱动力分析

在景观格局动态变化研究中驱动力研究一直占据着重要的位置。对景观格局动态变化的驱动力进行分析，不仅可以揭示景观格局变化的原因、基本过程、内部机制，而且可以预测未来研究区景观格局变化方向，并制定相应的管理对策。分析梅山地区景观格局的变化及其驱动力，其目的是约束人们的行为，使景观格局的变化朝有利于整个区域生态系统持续生产和环境优美的方向发展。

景观格局的形成和演化受自然和人文两方面因素的影响。自然因素包括气候、水文、土壤等引起景观类型变化的内在驱动因素，它们相对比较稳定，发挥累积性效应。而人口、政治、经济等人文因素则可对景观格局变化产生直接影响。人文因素相对活跃，是短时间尺度内塑造景观格局变化的外在因素。

梅山地区景观格局变化的原因是多方面的。气候变化、地壳运动、流水和风力作用等自然驱动决定了梅山地区景观的基本特征和地貌类型。梅山地区的经济政策、技术发展水平以及文化观念都不断影响着景观格局的变化。近二十年梅山地区景观格局变化的驱动力因素来自四个方面。

（1）人口增加与城镇化水平提高

20 年间梅山地区的人口不断增加。安化、新化两县 1995 年的人口约 217.22 万人，2005 年人口约为 226.96 万人，2015 年人口增加到 238.31 万人。随着人口数量的不断增加，耕地和建筑用地的需求也逐渐增加。梅山地区建筑用地面积增加了 3200 多公顷，林地面积减少，林地向中部和南部的耕地和城镇用地转移。此外，随着经济的发展和城镇化进程加快，人们对各类型景观的干扰强度也随之加大，因此，城镇化水平提高也是影响梅山地区景观格局变化的主要因素。由于对居民点用地及其他建设用地的需求，一些河流、林地被开发利用，且居民点零散镶嵌景观基质中，使景观破碎度不断增大。

（2）产业结构调整

最近 20 年来，第三产业和第二产业在国民经济结构中的比重显著增加，第一产业产业比重降低。一方面，工业和建筑用地侵占了部分良田和林地，并带来了环境污染，这是对梅山地区的生态环境系统造成压力的主要因素；另一方面，第三产业发展迅速，使一部分的劳动力转向旅游业、交通运输等快速发展产业。加之农业结构调整，农业产业化进程加快，茶叶、水果、油料等经济作物的产量不断攀升，导致粮食的种植比例下降，粮食种植中水稻的种植面积减少。此外，不同土地利用类型分布的数量、比例调整，使景观类型的分布更均匀化。

（3）政策驱动

政府的相关政策对景观格局分布演变有一定的影响。生态旅游、计划生育、退耕还林、封山育林、经济发展布局、科教兴国等方针政策在一定程度上有利于梅山地区景观格局向可持续发展方向变化。

（4）生态意识增强

梅山文化崇尚自然，相信万物有灵，人与自然自古以来一直和谐相处，加之近些年随着人类生活方式的变化和对自然景观的重新认识，生态意识和可持续发展观念逐步深入人心。梅山局部地区和部分乡镇进行了一定的规划和管理，逐步建立了大熊山、柘溪等森林公园、六步溪自然保护区和雪峰湖、龙湾国家湿地公园，对环境进行保护并对原生植被进行恢复重建，使区内的森林植被得到了较好的保护，水源涵养与水土保育功能增强。

总之，景观格局的形成和变化是各种自然和人为驱动力共同作用的结果。梅山地区山地景观梯度特征明显，对景观内部的物质和能量循环流动起主导作用，而其文化影响区域变化的主要驱动力是人为活动。

4 梅山地区景观生态适宜性评价分析

景观生态评价是景观生态分析和景观生态规划研究的理论核心，其目的是认知景观生态格局，了解人类行为与景观环境的相容性，进行景观生态格局的合理规划、整治与建设。而游憩景观的生态适宜性评价目的是实现资源的可持续利用，它是旅游资源开发、景观生态规划设计、生态资源管理与环境保护的基础。对梅山地区景观进行生态适宜性评价，是建立景观资源合理利用的重要途径，有助于提高景观生态规划设计方案的科学性和可行性，从而推动梅山地区景观生态和旅游开发的可持续发展。

4.1 梅山地区景观生态适宜性评价体系的构建

4.1.1 评价体系构建的基础

4.1.1.1 评价体系构建原则

由于景观资源构成要素的多元性、景观空间的多维性和评价对象的复杂性，要实现对梅山地区景观生态适宜性的评价，构建科学、合理、可操作的评价体系尤为重要。评价体系的构建应遵循以下原则。

（1）全面系统性原则

景观生态适宜性评价系统是一个由多个子系统构成的复合系统，各个评价因子之间不仅在纵向上存在着不同评价层次之间的包含关系，在横向上有着不同侧面之间的相互关系。因此，在选取因子时，应全面、系统地考虑区域的景观特征和影响因素，围绕研究对象的客观属性和评价目标，根据研究系统的结构分出层次，构建"目标层—评价层—因子层"的结构，建立相互联系、逻辑严密、互为补充又相互独立的评价因子体系。

（2）客观科学性原则

在选取梅山地区景观生态适宜性评价指标的过程中，研究者应根据自然环境和生态系统特征以及人类活动对景观的影响，站在客观实际的角度，系统、全面地评价自然因素和人类行为对景观生态系统的作用以及这些影响因子对区域发展可能带来制约因素，科学准确地了解并评判每个因子的影响范围和程度，区分出与评价目标有着直接且重要联系的各因子，以确保评价结果的客观科学性。

（3）定量可行性原则

选取可量化的评价因子是评价梅山地区景观生态适宜性很重要的任务。定量可行性原则要求选用的指标必须具有可操作性。指标体系要以现实统计数据作为基础，充分考虑数据的可获得性和指标量化的难易度，方便获取，并易于使用。在分析时，应尽可能减少主观成分，采用科学的方法、统一的评价标准，对区域进行定量定性相结合的综合分析与评价。

（4）动态保护性原则

要使旅游景观资源可持续利用，资源的保护就必须加强。景观和旅游资源系统均具有较强的地域性和动态性特征，其自然环境系统、社会经济系统的内部结构在不断地发展变化。作为反映系统特征的评价体系必须充分考虑动态变化的特点，在保护的前提下挑选与生态旅游环境系统保持高度的动态一致，且能较好地描述、刻画与量度其现状和未来发展的评价指标。

4.1.1.2 评价体系构建方法

（1）层次分析法

层次分析法（analytic hierarchy process，AHP）是由美国运筹学家塞蒂（T. L. Saaty）于 20 世纪 70 年代中期提出的一种定性与定量分析相结合的系统化、层次化多目标决策方法。它按照评价者对复杂系统的思维规律，将与评价有关的因子按隶属关系从高到低分解成若干层次。根据同一层次因子重要性相互比较的结果，决定层次各因子的先后顺序，以此作为决策的依据。层次分析法因理论较为成熟，思路简单，过程条理化、数量化，便于计算，且可以减少主观因素对评价结果产生的影响，增加结果的科学客观性，目前是景观生态评价中使用最广泛的模型。

（2）德尔菲法

德尔菲法（Delphi method）又称专家调查法，是利用匿名形式进行的集体思想交流过程。它按照规定的程序，将要咨询的问题征得专家的意见之后，进行整理、归纳、统计，并匿名反馈给其他专家。专家在评判过程中，彼此互不影响，各自独立自由地作出自己的判断。经过多轮反复征询、修改、反馈，最后汇总成专家基本一致的看法，作为评判的结果。这种方法能取各家之长，避各家之短，形成的评判结果准确性高。

本研究选择了 10 位从事梅山文化、环境保护、景观生态学、城市规划、环境设计、旅游学科研究领域的专家和梅山地区旅游景观开发管理的具体工作者作为梅山地区景观生态适宜性评价咨询专家，搜集他们对本章中各个评价指标重要性的判断意见，形成 10 份专家判断材料。

4.1.2　梅山地区景观生态适宜性评价体系的构架

游憩景观生态适宜性评价是在景观生态与游憩行为之间进行的综合评价。传统的景观生态适宜性评价主要从景观资源环境特征、人地作用关系特征和景观潜在利用方式三方面对景观的自然度、旷奥度、美景度、敏感度、相容度、可达度、可居度进行"七度"综合评价（图 4-1、表 4-1）。

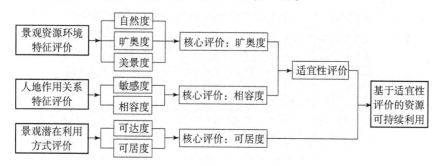

图 4-1　景观适宜性评价体系

表 4-1　游憩景观生态适宜性评价指标

景观生态适宜性评价三方面	评价指标	指标说明
景观资源环境特征	自然度	自然度是指景观资源及其所处生态环境自然属性的保留程度。游憩景观生态适宜性在于保护景观自然性和原生性不被破坏
	旷奥度	旷奥度是从空间和视觉上对景观开阔性和幽密性的评价。旷景观使人心情舒畅，适宜安排一些动态的、游览范围较大的游憩活动和设置旅游集散地及公共活动设施；而奥景观较为幽闭，适宜安排干扰性小、相对静态的游憩内容
	美景度	美景度是指人们可以体验到的景观优美和宜人程度。美景度越高，其旅游吸引力越大
人地作用关系特征	敏感度	敏感度是指景观生态环境的单一性和脆弱性。敏感度较高的景观环境具有较强的限制性
	相容度	景观相容度意义在于筛选一系列相容度较高的游憩活动，有的活动对某类景观的破坏性较大，而对其他景观破坏性较小
景观潜在利用方式	可达度	可达度是对景观可达性能力的评价，可达度高利于游憩活动开展，但不利于景观生态保护
	可居度	可居度是衡量人流在特定的景观环境中能够停留的时间长短。有的景观环境不适宜进行长时间停留，更不宜居住；而有的景观环境则需要居住下来才能够体验

（1）景观资源环境特征评价

景观资源环境特征评价是游憩景观生态适宜性评价的基础环节，包括景观自然度、旷奥度和美景度三方面评价，其中景观的旷奥度是评价核心。景观的旷奥度不仅受地形破碎度和封闭度的影响，还反映区域植被的郁闭度和森林化特征。不同的景观旷奥度特征对应不同的游憩行为的适宜性是不同的。景观资源环境特征评价既是对景观生态特征的认知评价，又是针对景观开发为向导的价值评价。

（2）人地作用关系特征评价

人地关系是人类永恒的论题。人以其所处的地为生存的基础，要主动认识，并自觉地依照地的规律去利用和改变地，以达到使地更好地为人类服务的目的，这就是人和地的客观关系。人地关系中的敏感度和相容度则体现了生态环境与人的利用方式之间的特征关系。

（3）景观潜在利用方式评价

景观潜在利用方式评价是合理利用区域景观资源，建立协调景观体系的重要环节。景观的可达度和可居度是决定景观开发利用方式和反映景观适宜性的重要评价因素。

围绕景观这三方面的七度能较为全面地对景观生态适宜性进行评价。本书因研究区域的特性，所作的景观生态评价相对侧重于景观资源环境特征、人地作用关系特征及人文景观资源的利用，而可居度评价主要针对人类的聚居能力、聚居条件及居住的社会环境、经济条件等人居环境适宜性进行评价。可居度评价对梅山地区游憩型景观生态规划的影响相对较小，因此在此次研究中排除了可居度评价。

梅山地区的传统村落是具有一定代表性和典型性的人文景观，不仅是梅山文化的重要物质载体，也是梅山地区生态旅游的关键吸引点。旅游者在古村落中游览能更直观地感受和体验梅山文化的特色。对传统村落的整体人文生态系统开展研究和评价，有助于进一步认识和挖掘梅山地区人文景观资源的价值与功能，有效指导旅游开发和旅游实践活动。所以，研究中将传统村落的整体人文生态系统纳入综合评价系统。

由此本书通过对自然度、旷奥度、美景度、敏感度、相容度、可达度及传统村落整体人文生态系统的综合评价，建立起梅山地区景观生态适宜性评价体系（图 4-2），并将其分为总目标层、子目标层、评价层和因子层四个层次。

总目标层——建立整体评价体系，对梅山地区景观生态适宜性进行综合评价。

子目标层——根据景观资源环境特征、人地作用关系特征、景观潜在利用方式和整体人文生态系统四个评价子目标建立评价子系统。

评价层——包括反映各子目标层具体内容的评价指标：景观的自然度、旷奥度、美景度、敏感度、相容度、可达度及传统村落整体人文生态系统。

因子层——将评价层的各个指标拆分成能进行具体测算的多个因子。

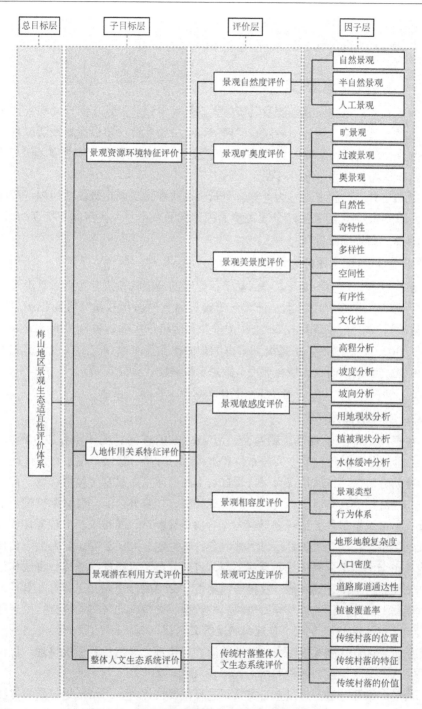

图4-2 梅山地区景观生态适宜性评价指标体系

4.2 梅山地区景观资源环境特征评价

4.2.1 梅山地区景观自然度评价

景观自然度是指景观资源及其所处生态环境自然属性的保留程度和人类活动对景观的干扰程度。通过对景观自然度的量化分析和评价可以清晰地认识自然景观斑块保留的格局特征和人工化程度，是度量景观生态系统自然状态的重要依据。

4.2.1.1 景观自然度评价的内容

自然度评价的主要内容为计算自然景观斑块和人工景观斑块的面积占区域景观总面积的比例。随着自然景观斑块面积比例的减小，人类活动干扰度的增大，景观自然度会逐渐降低。

4.2.1.2 景观自然度评价的方法

根据景观的原生程度及人类活动干扰程度的高低将景观分为自然景观、半自然景观和人工景观三个级别。计算各等级自然度的面积在研究区面积所占比例 A_1、A、A_3。然后，采用德尔菲法，按重要程度将依次确定各自然度等级的权重值 W_1、W_2、W_3。最后，将各级别所占面积的比例值乘以相应的权重值，三个级别的乘积之和就为研究区域自然度 N。景观自然度计算公式如下。

$$N=A_1 \times W_1+A_2 \times W_2 \times A_3 \times W_3 \tag{4.1}$$

4.2.1.3 景观自然度评价

根据梅山地区景观斑块属性，运用 ArcGIS 的查询、统计和叠加分析功能，对梅山地区景观类型及其空间分布位置进行综合分析，最终确定了梅山地区景观自然度划分依据。自然景观为保持着自然本底的原生态景观，包括林地、自然保留地和河流等受人类活动影响较小的景观类型，如森林公园、自然保护区、湿地公园。半自然景观是受到一定程度人为活动干扰影响，同时表现出较多自然属性的景观类型，主要为人工林和自然林混合的疏林地。人工景观是受人类活动直接影响、完全不同于自然基质的景观类型，包括分布于农区的经济林、耕地和分布于平原地区的城镇建筑用地、农村居民用地、交通用地、人工砌筑的水库等。

依据上述分类标准以及原始斑块属性数据，对梅山地区的景观自然度进行分级归类，在 ArcGIS 中生成了景观自然度等级图。

把研究区自然度等级图中的属性数据进行整理，导出后并再次整理计算，得到研究区各景观类型的面积和所占比例表（表4-2）。

通过专家评分法，对以上三类景观进行重要性评分，对结果进行数学方法分析，从而构建景观自然度 AHP 判断矩阵，并对各因子层层排序，得出自然景观、

表 4–2 自然度等级

自然度分级	景观类型	景观类型面积（km²）		所占比例（%）	
		单类景观面积	分级面积	单类所占比例	分级比例
自然景观	林地	6200.25	6330.63	72.28	73.80
	河流	130.38		1.52	
半自然景观	疏林地	402.31	402.31	4.69	4.69
人工景观	城镇用地	247.05	1845.18	2.88	21.51
	农村居民用地	261.68		3.05	
	耕地	909.27		10.60	
	道路广场	112.37		1.31	
	园地	314.81		3.67	

半自然景观、人工景观的权重值依次为 0.542、0.288、0.17。最后对随机一致性进行检验，得出一致性比率为 0.4%，符合要求。

结合表 4-2 中各类型景观所占面积比例值、景观自然度指标权重赋值和公式 4.1，得到研究区的自然度：$N=0.542 \times 0.738+0.288 \times 0.0469+0.17 \times 0.2151=0.45$，由此可以看出梅山地区的自然度较高。为降低旅游活动对梅山地区自然景观的干扰与破坏，应根据自然度等级划分相应的保护区域，在自然度高的区域严格限制建设生产活动，在半自然和人工景观区域合理开展旅游活动。

4.2.2 梅山地区景观旷奥度评价

4.2.2.1 景观旷奥度评价的内容

景观旷奥度评价是从空间和视觉上对景观开阔性和幽密性的评价，是游憩型景观生态适宜性评价的基础。从空间大小、视域收放、视距远近和向心与向外四方面评判景观的旷奥程度，空间尺度大、视域开阔、视距深远的外向型景观为旷景观，奥景观则相反。旷景观使人心情舒畅，适宜安排一些动态的、游览范围较大的游憩活动，也可设置旅游集散地及公共活动设施。而奥景观较为幽闭，适宜安排干扰性小、相对静态的游憩内容。奥景观区域一般为生态敏感度高的区域，因此，应严格限定游客数量和设施建设规模，避免人类活动对生态环境的破坏和生物生存的干扰。

4.2.2.2 景观旷奥度评价的方法

梅山地区大部分区域被茂密的植被所覆盖，景观的旷奥度主要由植被的郁闭度和地形的破碎度所决定的。通过构建量化模型和计算旷奥度指数来分析梅山地区景观旷奥度。景观旷奥度指数 K 计算公式如下。

$$K=F \times S_f / S_v \tag{4.2}$$

公式 4.2 中：S_f 表示研究区的地表面积，S_v 表示研究区的垂直投影面积，F 为研究区的林地覆盖率。

根据计算得出景观旷奥度结果，按照数值的高低分为三个等级。一级景观区域为数值最高的奥景观；二级景观区域为过渡景观；三级景观区域为数值较低的旷景观。将分析结果导入 ArcGIS 中，统计各级景观面积所占的比例，将得到的分析结果运用于后续的景观生态适宜性评价。

4.2.2.3 景观旷奥度评价结果与分析

在 DEM 图的基础上，应用 ArcMap 三维空间分析工具中的表面分析下的坡度和投影功能，得到梅山地区的坡度图和投影面积，并根据坡度图计算梅山地区地表面积。计算时 30m × 30m 为测定单元，得投影面积：S_v=8592.13km²，地表面积：S_f=31309.29km²。此外，再结合研究区的植物现状并通过遥感解译计算得出梅山地区林地覆盖率及其分布图。梅山地区林地覆盖率为：F=0.719。根据公式 5.9 可以得出梅山地区景观的旷奥度指数 K=2.62。梅山地区旷奥度值较高，表示区域内的奥景观和过渡景观面积较大，景观的幽闭性强，旷景观分布较少。根据旷奥度值的高低，将梅山地区分为三个级别的景观区域：一级为奥景观区，二级为过渡景观区，三级为旷景观区。运用 ArcMap 的叠加分析和重分类工具，计算出每个级别的景观面积（表 4-3），并得到旷奥景观分布图。

表 4-3　旷奥度统计表

旷奥度分级	面积（km²）	所占比例（%）
奥景观（一级）	3242.00	≈37.73
过渡景观（二级）	4031.29	≈46.91
旷景观（三级）	1318.84	≈15.34
总计	8592.13	—

4.2.3　梅山地区景观美景度评价

游憩景观是以土地资源及其覆盖物共同组成的景观综合体，它为人们提供视觉和精神享受，也是资源体系中具有宜人价值的特殊类型。美景度可解释为人们观看景观时体验到优美和宜人的程度。景观美景度是衡量景观质量的重要指标，也是旅游景观规划的重要依据。植被覆盖度高、水域特征明显、视觉观赏性强和视野穿透性高的景观可以直接为人类所利用，成为一种重要的资源。

景观的生态美学与视觉多样性原理是景观美景度评价的理论基础与重要依据。可以将自然景观与人文景观合二为一，通过巧妙的安排与组合，调整景观格局，改变生态过程，构建一个丰富多彩、舒适宜人、和谐共生的生态体系，充分发挥景观资源的观赏价值和生态效益。

4.2.3.1　美景度评价的内容

景观美景度评价的内容为从视觉和生态美学的角度研究区域景观特征，探索影响景观美景度的主要景观要素，并对这些要素进行量化分析评价。因此，应根据景观客体特征，选择具有典型代表意义的因素来进行梅山地区景观美景度评价。

4.2.3.2　美景度评价的方法

梅山地区景观美景度评价方法采用层次分析法和加权叠加法。评价步骤为，首先选择评价因子，并根据各个指标的重要性对其定性定量分级；接着，建立评价模型，确定各个因子的权重值；然后，对各指标进行分级评分，将评价结果进行加权求和，导入 ArcGIS 进行和重分类，生成各指标相应的分级区域分布图；最后，将各指标分级图进行叠加，得到最终的美景度评价结果。分数值越高表示景观的视觉观赏和生态美学价值越高。

梅山地区的景观类型丰富多样，既有森林、村落、河流等自然风光，又有文物建筑、历史遗迹等人文景观。建立梅山地区景观美景度评价的指标体系时应全面考虑景观的特点。并且，要重视评价因子的选择，因为选择评价因子是建立评价体系最重要和最困难的环节。这些因子要能从各个方面反映出与景观美学质量相关的典型表现特征。

4.2.3.3　景观美景度评价因子分析

（1）评价指标的选择与赋值

通过参照一般的审美标准和前人对于景观美景度评价的研究成果，结合研究区的实际情况，以梅山地区景观美景度评价作为目标层，选取自然性、奇特性、有序性、空间性、多样性和文化性作为准则层，在其下的指标层设置 16 项细分指标，采用层次分析法，建立美景度评价指标体系（表4-4）。

①自然性从反映出人们偏爱植被覆盖率高的心理特征和人类活动对景观的干扰程度。

植被覆盖率（C1）：从视觉观赏的角度，植被覆盖率越高，视觉效果越好，美学观赏价值越高，越能营造出幽静怡然、勃勃生机之感。反之，则美景度越低。

人类活动干扰度（C2）：景观最重要的表象是反映现阶段人类对自然环境的干扰。受人类活动干扰越小、自然度越高的景观美景度越高。通过人为干扰指数

表4-4 美景度评价指标体系

目标层 (A)	准则层 (B)	指标层 (C)	指标说明
美景度评价	自然性 (B1)	植被覆盖率 (C1)	原生性植被占景观总面积的百分比
		人类活动干扰度 (C2)	人类活动对景观的干扰程度,人类干扰越强,植被天然性程度就越低
	奇特性 (B2)	地形地貌奇特度 (C3)	指地形地貌的罕见和复杂程度。以坡度的大小、海拔的高低等变化来衡量。地形地貌变化较大视觉敏感性更强,更具吸引力
		景观稀有性 (C4)	指有突出特点、独特风格、较为罕见的景观资源。按照其重要性或稀有程度差别定性分级,或按被破坏以后可能恢复的时间分级
		景观知名度 (C5)	指旅游者群体对该旅游地景观的了解、识别与记忆的程度。景观资源点的等级越高,知名度越高
	多样性 (B3)	景观多样性 (C6)	景观类型的多样性与物种多样性呈正态分布。多样性指数越高,美景度越高
		景观丰富度 (C7)	指景观类型丰富度指数,用乡村景观类型数量占所有类型总数的百分比来衡量。指数值越大,景观类型和物种越丰富
	空间性 (B4)	景点密度 (C8)	指研究区内优良级景观资源点的密集程度。资源点越多、等级越高,美景度越高
		景观空间开阔度 (C9)	指森林、田园风光、草地、空地等景观的开阔性程度。景观视线越开阔,越能舒缓心情,激发美感
	有序性 (B5)	景观破碎度 (C10)	是指景观被分割的破碎程度,反映景观格局的复杂性和人类活动对景观的干扰程度
		景观均匀度 (C11)	表示研究区域整体景观中不同景观类型在其数目或面积方面的均匀程度。SHDI值越大,表明景观各组成成分分配越均匀。美学上适度均匀而不是绝对均匀为最佳
	文化性 (B6)	景观悠久性 (C12)	指景观的历史悠久程度,年代越久远,文化特征性越高
		景观典型性 (C13)	景观是否具有典型的地域、特定历史背景或民族特色,有很高的综合研究价值
		景观完整性 (C14)	完整性是世界遗产领域非常重要的原则。完整性包括物质形态上的完整和非物质的文化概念上的完整
		景观协调性 (C15)	景观与周边优美的自然山水环境是否保有和谐共生的关系
		景观乡土性 (C16)	物质文化景观是否具有典型的地域性或民族性特色,非物质文化活动是否能较好表现地方精神、地方情结、乡土意境

（V）来判断人类对景观的干扰程度。干扰值的高低可以清晰地反映区域开发程度的高低，数值越高表示人类干扰程度越大，其计算公式如下。

$$V = \frac{(P_1 + P_2)}{(P_3 + P_4)} \tag{4.3}$$

公式 4.3 中，V 指人为干扰指数；P_1 为人工景观，包括城镇建设用地、农村居民区用地和道路广场用地等；P_2 指耕地、园地等农业景观；P_3 主要指自然疏林地和经济林地等半自然景观；P_4 指河流、林地等自然景观。

②奇特性依据景观资源的美学、生态学、地理学特征对人类的观景的重要性及影响知名程度，具体指包括地形地貌奇特度、景观稀有性和景观知名度。

地形地貌奇特度（C3）：用海拔的高低和坡度的大小等量化值来评判，海拔越高、坡度越陡，视觉空间感越强，美景度越高。梅山地区地形起伏大，研究区内最低海拔 57m，最高海拔 1622m，最大相对高差有 1565m。根据海拔差值和地形分类标准，将高程分为：小于 200m、200~500m、500~800m、800~1100m、1100米以上五个等级。根据坡度陡峭程度将研究区分为小于 15°、15°~25°、25°~35°、35°~45°、大于 45°五个等级区域。

景观稀有性（C4）：景观外貌形态及其所代表的自然过程的稀有性是重要的景观特征。景观的稀有性包括稀少的自然风景和珍稀动、植物资源和在特有的社会文化背景下形成的特色人文景观。可根据景观资源点的重要性和可能恢复的时间尺度对景观的稀有性进行评价。

景观知名度（C5）：景观知名度的高低与美景度呈正相关性，景观知名度高说明旅游者对该旅游地景观的了解、识别与记忆的程度高，观景综合感官效果好。根据第二章评价分析后得到的梅山地区优良级旅游资源（表 2-13）和安化、新化两县各级文物保护单位汇总整理各级旅游资源点（表 4-5），将其导入 ArcGIS 中，对其进行知名度影响辐射范围分析，资源点等级越高，分布越密集、距离越近，其知名度越高。

③景观多样性一方面指视觉上的多样化，另一方面是指结构和功能方面的复杂性。具体指标有景观多样性和景观丰富度。

景观多样性（C6）：景观类型多样性与视觉观赏多样性为正相关关系，景观斑块、景观类型、景观格局越丰富，旅游者可观、可感的内容越丰富。

景观丰富度（C7）：景观丰富度指数 PR（patch richness）是反映景观要素以及空间复杂性的关键指标之一。研究发现景观丰富度对于那些生存需要多种生境条件的生物来说尤其重要。景观类型越丰富，景观结构越复杂，景观中所包含的物种越丰富。为了便于分级比较，使用了相对斑块丰富度 RPR（relative patch richness）作为景观丰富的评价指标。相对斑块丰富度的计算公式如下。

表4-5 安化、新化各级旅游景观资源调查

资源级别	名　称	数量
国际级	紫鹊界梯田	1
国家级	安化风雨桥(30座)、陶澍陵园、新化北塔、红二军团长征司令部旧址、东坪镇黄沙坪老街、马路镇马路溪村、东坪镇唐家观村、江南镇洞市社区、江南镇梅山村、古楼乡新潭村樟水凼、南金乡将军村滑石寨、南金乡九龙池村、奉家镇上团村、水车镇正龙村、奉家镇下团村、水车镇楼下村	45
省级	木孔土塔、文庙、武庙建筑群、株溪墓、贺氏宗祠、刘家大院、安化茶厂早期建筑群、高马二溪古茶园、唐溪古茶园、白茅溪古茶园、裕通永茶行、良佐茶栈、德和茶行、梓桐湾墓、江北墓、竹山野猪冲墓、竹山合葬墓、杨氏宗祠、龙潭桥、文昌塔、罗盛教故居、乐安镇尤溪村、梅山文化生态园、湖南华莱叶子湾黑茶产业园、双公山居生态农业园、云上茶旅文化园、三联洞生态休闲农庄、五七生态农庄、大熊山春姬峡旅游度假山庄、油溪桥生态农庄	30
市级	青桑村遗址、王全墓、雷家宗祠、培英堂、安常古道茶亭、三星塔、乾元塔、大福石拱桥、黄江学校"工字楼"、五福宫码头、"向阳飞渡"渡漕、青山机械厂旧址、柘溪电站大坝、湖南坡红军战场遗址、司徒古驿道、罗氏宗祠、谭人凤墓	17
县级	大坪头遗址、桅子湾遗址、曹家坟山窑址、罗绕典墓、东江墓群、郭家坟山墓群、陶家园窑址、茅坪墓群、滴水洞墓群、水井冲墓群、渔塘湾遗址、龙形山墓群、八仙台窑址、文澜塔、安常古道茶亭、联合塔、三星塔、乾元塔、老安文字塔、新开大丘遗址、云台山"即武当"寺、广化寺、谌家大院古民居、将军府古民居、永兴茶亭、柑子坡茶亭、东长亭、西马陈氏宗祠、陶氏宗祠、"清白堂"古民居建筑、"三怡堂"古民居建筑、"聚星堂"古民居建筑、梅峒古村建筑群、江溪土家族民居建筑群、张家院子民居建筑群、安宁古道、上尧冲青石古道、印心石屋摩崖、龙凤石门框、安师楼、刘氏宗祠、新化县故城遗址、杨勋墓、邓显鹤故居	44

$$RPR = M/M_{max} \times 100 \qquad (4.4)$$

公式中，M 为景观要素数目，M_{max} 为最大可能的景观类型。

④空间性反映区域内景点空间密集程度和景观视线的开敞程度。

景观密度（C8）：景点密度值等于旅游地上景点辐射面积与该旅游地总面积之比。景点的密集程度表明资源的空间分布状况，资源点越集中，说明景观的观赏内容越丰富，旅游价值越高。根据已经调查整理出的梅山地区优良级旅游资源点进行密度分析。

景观空间开阔度（C9）：指观景视线的开敞程度。景观视觉反映的是一个三维视野空间，如果视觉的开阔度和通透性被周边地形地貌严重影响或遮挡，则会影响景观视觉质量，从而影响观景者的感受和体验。视线越开阔，空间层次越丰

富，景观审美舒适度越高，从而更易舒缓心情、缓解压力。

⑤有序性反映景观要素组合关系和人类管理景观的水平，包括景观破碎度和景观均匀度两个方面。适量有序而不要太规整可使得景观生动，少量的无序因素反而是有益的。

景观破碎度（C10）和景观均匀度（C11）在前文第三章（表3-3、表3-6）中已经详细阐述。景观破碎化是由于自然或人为干扰导致景观趋向于复杂和不连续，也是生物多样性丧失的重要原因之一，景观破碎度越高，美景度越低。

⑥文化性反映的是文化遗产景观的悠久性、典型性、完整性、协调性和乡土性（C12~C16）。笔者认为在文化景观资源丰富的梅山地区，文化性指标在景观美景度评价中占有重要地位。

传统村落记载了区域历史发展的过程，具有重要的历史、艺术、文化价值，是反映梅山地区文化特征最核心、最直接的景观要素。将在本章第五节中针对梅山地区主要的传统村落进行详细分析，并对其悠久性、典型性、完整性、协调性和乡土性进行评价，评价结果亦可作为美景度文化性评价的依据。

（2）确定美景度评价标准

根据梅山地区的实际情况和各指标因子的性质及表现形式，在参考国家有关标准和前人研究成果的基础上，采用了定性与定量相结合的方法度量，将所有指标因子分为5个等级，均采用5分制计分法，由低至高分别赋分1、2、3、4、5（表4-6）。

（3）确定指标权重集

根据专家们的评判意见，通过计算分别得到指标层和准则层的权重值。

首先，通过两两对比评价来计算各准则层的权重集，得到自然性权重集 B_1=（0.562，0.438）；奇特性权重集 B_2=（0.411，0.249，0.340）；多样性权重集 B_3=（0.324，0.676）；空间性权重集 B_4=（0.533，0.465）；有序性权重集 B_5=（0.623，0.375）；文化性权重集 B_6=（0.198，0.087，0.184，0.123，0.408）。

然后，列出准则层自然性、奇特性、多样性、有序性和文化性的评判矩阵，并得到准则层权重赋值。准则层权重集 B=（0.239，0.162，0.145，0.124，0.098，0.232），随机一致性比率 CR 为 0.9%，满足一致性检验。

最后，将指标层权重值乘以准则层权重值依次得到单项评价因子的综合权重值，分别为植被覆盖率（0.134）、人类活动干扰度（0.105）、地形地貌奇特度（0.067）、景观稀有性（0.04）、景观知名度（0.055）、景观多样性（0.045）、景观丰富度（0.098）、景点密度（0.066）、景观空间开阔度（0.058）、景观破碎度（0.061）、景观均匀度（0.036）、景观悠久性（0.046）、景观典型性（0.02）、景观完整性（0.043）、景观协调性（0.029）、景观乡土性（0.095）。

表 4-6　美景度分级标准

指标层		赋分				
		V1（差）1	V2（较差）2	V3（一般）3	V4（美）4	V5（很美）5
植被覆盖率		0~0.2	0.2~0.4	0.4~0.6	0.6~0.8	0.8~1
人类活动干扰度		大	较大	中等	较小	小
地形地貌奇特度	高程	<200m	200~500m	500~800m	800~1100m	>1100m
	坡度	<15°	15°~25°	25°~35°	35°~45°	>45°
景观稀有性		一般	较突出	突出	奇特	异常奇特
景观知名度		县级	市级	省级	国家级	国际级
景观多样性		0~0.2	0.2~0.4	0.4~0.6	0.6~0.8	0.8~1
景观丰富度		<10%	10%~40%	40%~70%	70%~90%	>90%
景点密度		低	较低	中等	较高	高
景观空间开阔度		幽闭	较幽闭	一般	较开阔	开阔
景观破碎度		>0.8	0.6~0.8	0.5~0.6	0.2~0.5	<0.2
景观均匀度		<0.2	0.2~0.3	0.3~0.4 0.9~1.0	0.4~0.6 0.7~0.9	0.6~0.7
景观悠久性		20 世纪 80 年代以后	20 世纪 50~70 年代	民国	明清时期	明清以前
景观典型性		灾害易损形	大众性	有特色	特色鲜明	时代的典型代表
景观完整性		破损严重	有少量破损	形态发生少量变化	基本保持原状	完整无缺协调统一
景观协调性		与周边环境不协调	与周边环境基本协调	与周边环境协调	与周边环境比较协调	与周边环境十分协调
景观乡土性		不反映当地地域特色、风俗习惯等	反映一点当地地域特色、风俗习惯等	一般反映当地地域特色、风俗习惯等	比较能反映当地地域特色、风俗习惯等	充分反映当地地域特色、风俗习惯等

（4）单因子分析

①植被覆盖率。根据研究区内的植被现状，按照植被覆盖率的高低将研究区划分为 5 个区域，并统计植被覆盖率分区面积（表 4-7）。

分析显示，高覆盖率区为中部大熊山林场和北部六步溪自然保护区、柘溪森林公园，这些区域海拔较高，被银杏树、马尾松、楠竹等高大乔木所覆盖。中高覆盖率区主要为东部芙蓉山林场和西南部古台山、奉家山山区，区域内的植物主要为樟树、枫树等针阔叶混交林。中覆盖率区主要为安化中部和新化东北部山

表 4-7 植被覆盖率分区面积统计

植被覆盖率分区	面积（km²）	所占比例（%）
高覆盖率区	2103.48	24.48
中高覆盖率区	2550.97	29.69
中覆盖率区	2312.01	26.91
中低覆盖率区	1201.24	13.98
低覆盖率区	424.43	4.94
总计	8592.13	100

区，这些区域的植被主要为人工林及园地中灌木。中低覆盖率区为新化中部和安化东南部的丘陵地区，该区域主要为农田、集镇和村庄。低覆盖率区为两县县城周边、资江及沿岸平原地区，这些地区主要是水域和城镇建筑用地，仅有少量植物覆盖。

②人类活动干扰度。根据公式 4.3，将各类用地导入 GIS 中进行地图代数运算，得到梅山地区景观受干扰度指数分布图，再按干扰度指数高低重分类为干扰度大、干扰度较大、干扰度中等、干扰度较小和干扰度小五个等级分区，并统计出各区的景观面积（表 4-8）。

表 4-8 人类活动干扰度分区面积统计

人类活动干扰度分区	面积（km²）	所占比例（%）
干扰度大区	620.94	7.23
干扰度较大区	909.27	10.58
干扰度中等区	328.98	3.83
干扰度较小区	402.31	4.68
干扰度小区	6330.63	73.68
总计	8592.13	100

分析结果显示，干扰度大的区域主要集中在南部以新化县城为核心的城镇，面积约 620.94km²，占总面积的 7.23%。因梅山大部分区域为林地和河流，干扰度较小和干扰度小的区域有 6732.94km²，占总面积的 78.36%。

③地形地貌奇特度。高程。将获取的梅山地区 DEM 高程数据导入 GIS 中分析，发现海拔小于 200m 的区域主要分布在新化县的横阳平原、洋溪平原、圳上平原和安化东北部资江水域平原，面积为 1617.21km²，占总面积的 16.2%；

200~500m，主要为丘陵及山体的边缘地带的低岗地，面积为 4665.87km²，占总面积的 54.3%；500~800m，属于低山地区，面积为 1873.2km²，占总面积的 21.8%；800~1100m，为中山地区，面积为 429.63km²，占总面积的 5.5%；1100m 以上的山峰主要有安化县境内的雪峰山支脉上的芙蓉山、两县交界处的大熊山的九龙池（1622m）、新化县境内属于雪峰山主脉的古台山（1512m）—风车巷（1585m）山脉等，面积为 189.04km²，占总面积的 2.2%。

坡度。梅山地区坡度在 15° 以下的区域占总面积的 48%，面积为 4124.53km²，主要分布在河流、水库的周围和城镇四周；资江水域沿线地带和局部丘陵的坡度相对较缓，一般在 15°~25° 之间，面积为 2672.35km²，占总面积的 31.1%；坡度在 25°~35° 之间的陆坡主要集中在中部的大熊山、北部的云台山、东部的芙蓉山及西南部的奉家山、古台山地区，面积为 1409.21km²，占总面积的 16.4%；35°~45° 之间的陆坡面积为 335.12km²，占总面积的 3.9%；坡度大于 45° 的陡坡集中于大熊山九龙池附近，面积为 42.96km²。

根据高程和坡度在地形地貌奇特性中的重要性程度，通过专家打分确定其相应的权重为高程（0.72）、坡度（0.28）。将得到的高程和坡度分析图导入 GIS 中并赋予相应的权重进行叠加分析，生成了梅山地区地形地貌奇特度分析图。分析显示，奇特度高和较高的区域主要集中在大熊山、奉家山、古台山、芙蓉山和六步溪自然保护区等高山地带，占研究区总面积的 22.22%（表 4-9）。

表 4-9　地形地貌奇特度分区面积统计

地形地貌奇特度分区	面积（km²）	所占比例（%）
奇特度高区	392.66	≈4.56
奇特度较高区	1517.37	≈17.66
奇特度中等区	1556.89	≈18.12
奇特度较低区	4020.26	≈46.79
奇特度低区	1104.95	≈12.86
总计	8592.13	—

④景观的稀有性。梅山地区的珍稀动、植物资源蕴藏在各个自然保护区、森林公园和湿地公园之中，而特色人文景观集中于传统村落中，因而，将这些资源点进行整理，并导入 GIS 进行分析，得到梅山地区景观稀有性分析图。分析数据显示，景观稀有性异常奇特的区域主要集中在六步溪自然保护区、大熊山国家森林公园、资江水域、古台山森林公园（表 4-10），约占研究区总面积的 32%。

表 4-10 梅山地区景观稀有性分区面积统计

景观稀有性分区	面积（km²）	所占比例（%）
异常奇特区	2721.13	≈31.67
奇特区	2398.92	≈27.92
稀有性突出区	1613.60	≈18.78
稀有性较突出区	1281.09	≈14.91
稀有性一般区	577.39	≈6.72
总计	8592.13	—

⑤景观知名度。将研究整理得到的 149 处各级景观资源点（表 4-5）按等级的分层导入 GIS 中进行影响力辐射范围分析，再从国际级至县级将相应分值赋予各图层进行叠加分析，重分类后，生成梅山地区景观知名度分析图。结果表明，知名度较高和高的区域主要集中在西南部紫鹊界景区、资江水域，景观面积约 3330.31km²（表 4-11），占研究区总面积的 38.76%。

表 4-11 梅山地区景观知名度分区面积统计

景观知名度分区	面积（km²）	所占比例（%）
知名度高区	1140.18	≈13.27
知名度较高区	2190.13	≈25.49
知名度中等区	3103.48	≈36.12
知名度较低区	1673.75	≈19.48
知名度低区	484.59	≈5.64
总计	8592.13	—

⑥景观丰富度。根据公式 4.4，运用 FRAGSTAIS 4.2 计算得出梅山地区相对斑块丰富度为 28.57%，根据表 4-6 美景度分级标准，属于较差级。

⑦景观多样性。基于前文对辛普森多样性指数的分析和计算，得到梅山地区的辛普森多样性指数为 0.3841，这是因为梅山地区 75% 以上的地区均为林地，景观类型相对单调，根据表 4-6 美景度分级标准，属于较差级。

⑧景点密度。将 150 处梅山地区优良级景观资源点导入 ArcGIS 中，借助空间分析工具进行点密度分析，将景点密度值转化为单元栅格的量级，再进行重分类，从而得到梅山地区景点密度分析图。

分析结果表明，梅山地区景点成聚集状态，景点集中于茶马古道至大熊山一带、以梅城镇和新化县城为中心的文化景点区、安化资江东坪至小淹镇沿岸以及西南部紫鹊界——奉家山区域，高密度区占景观总面积的22.51%（表4-12）。

表4-12 梅山地区景点密度分区面积统计

景点密度分区	面积（km²）	所占比例（%）
低密度区	347.12	≈4.04
较低密度区	977.78	≈11.38
中等密度区	2367.13	≈27.55
较高密度区	2966.01	≈34.52
高密度区	1934.09	≈22.51
总计	8592.13	——

⑨景观空间开阔度。因梅山大部分地区被茂密的森林所覆盖，所以其景观空间的开敞程度较低，景观视线开阔的区域约为567.94km²，只占到研究区面积的6.61%。景观较幽闭和幽闭区占景观总面积的41.79%，面积约为3590.65km²。

⑩景观破碎度和景观均匀度是景观整体水平指数。表3-7中显示，梅山地区各类景观除未利用地外，景观破碎度均小于0.2，依据表4-6美景度分级标准，属于很美级。表3-5中辛普森均匀度指数为0.4610，依据表4-6美景度分级标准，属于美级。因此，在后面的美景度综合评价叠加运算中，只需以整体研究区作为栅格图层赋予相应的分值再乘以其指标权重值即可。

4.2.3.5 景观美景度评价结果与分析

利用GIS中地图代数运算功能，将得到的所有单因子的等级评价分析图分别赋予相应的综合权重值，然后进行叠加分析，得到梅山地区美景度综合评价图。由分析结果可知，梅山地区美景度值在1.739至4.106，没有小于1的很差级评价区域。因此，按美景度值的高低依次划分为很美级、较美级、一般级、较差级4个等级，生成梅山地区景观美景度分布图。

较美级视觉资源区主要集中分布在大熊山、奉家山、古台山、云台山等海拔较高地区及资江沿岸，面积3305.71km²，占研究区总面积的37.32%；一般级视觉资源主要分布在梅山中南部地区的仙溪、江南、古楼、田坪、坐石、温塘、水车、科头等乡镇，面积5309.94km²，占研究区总面积的61.8%；很美级视觉资源面积0.85km²，较差级视觉资源面积约74.75km²，占研究区面积的0.87%。很美级视觉资源和较美级景观视觉资源占研究区总面积的37.33%。

4.3 梅山地区人地作用关系特征评价

人地关系作为地球表层一种新的运行机制而存在。吴传均院士认为，人地之间的关系，第一是人对地具有依赖性，地是人赖以生存的物质基础和空间场所，地理环境经常影响人类活动的地域特性，制约着人类社会活动的深度、广度和速度。第二是在人地关系中人属于主动地位，人具有能动功能，人是地的主人，地理环境是可被人类认识、利用、改变、保护的对象。

4.3.1 梅山地区景观敏感度评价

景观敏感度是自然环境或人类活动产生的变化所引起的景观生态系统敏感的、可认知的、持续的且复杂的响应。景观敏感度评价可以从生态敏感度、视觉醒目度等方面进行评价。国内外许多学者都从景观的可视性、醒目度和景观认知等方面切入，对景观视觉敏感度进行了评价。生态敏感度是生态因子的敏感性程度，指在不损失或不降低环境质量的情况下，生态因子对外界压力或变化的适应能力。通过对景观生态敏感度的评价研究，了解区域生态系统的结构特点及其关键功能区，从而进行科学合理的规划，调整人类活动方式和范围，对敏感度较强的地区采取严格的保护措施，对敏感度较弱的地区则集中开发利用，以实现生态系统的可持续发展和资源的优化利用。

4.3.1.1 景观生态敏感度评价的内容

景观生态敏感度评价包括基础数据及资料文献的收集、评价指标体系的建立和评价结果的分析与建议等方面的内容，其中最核心的工作就是构建评价体系。这需要根据生态敏感度的内涵和研究对象的客观情况，选取适当地、能够最大程度地反映区域生态环境状况的指标，构建一套全面、系统、综合的评价体系。

4.3.1.2 景观生态敏感度评价的方法

梅山地区景观生态敏感度评价方法与前文景观美景度评价的方法相似。首先，选取评价因子并按照各因子对生态敏感度的重要性程度划分等级。接着，分别对各个单因子进行分析，建立各个因子重要性对比矩阵，并计算得出各因子权重值。然后，将权重值赋予各评价因子，导入 ArcGIS 中进行加权叠加分析，得到景观生态敏感度评价结果，以结果的高低表示敏感度的强弱程度，分数越高表示生态敏感度则越强。最后，对评价结果进行分类，分类后分级，生成各等级敏感度区域分布图，即最终的景观生态敏感度评价分析图。

4.3.1.3 景观生态敏感度评价因子分析

（1）生态因子的选择与分级

通过选择高程、坡度、坡向、植被、用地现状和水体6种最直观、最具代表性的生态因子作为评价分析指标，并结合层次分析法，运用 ArcGIS 软件计算划分出各因子的敏感度等级。根据综合分析评价结果，可以确定生态环境影响最敏感的区域和最具有保护价值的景观资源，为梅山地区生态功能区规划、景观资源保护规划、生态旅游规划等提供决策基础。

①高程。高程是影响气温、湿度和光照度等植被生长和分布的重要因素。海拔由低至高则温度渐低、相对湿度渐大、光照渐强、紫外线含量增加，生物群落表现出明显的垂直地带性分布规律。物种多样性与海拔高度呈负相关，随着海拔高度的升高，群落物种多样性逐渐降低，生态系统敏感度增强，这些影响在以山地为主的梅山地区更为明显。但从观赏角度来看，随着海拔的升高，人们的视野更加开阔，观景效果更好。

②坡度。坡度陡缓对山地生态系统稳定性和防治水土流失有较大影响，特别是植物的生长。由于植物需光、需水的不同，坡度对不同植物有着不同的影响。坡度的缓急决定了土壤的厚度，缓坡土层较厚，陡坡土层较薄。坡度越大，水土流失的概率越大，植物的多样性也会随坡度的增大而减少。15°以下的坡度，有利于植物的生长发育；坡度大于25°时，乔木较难生长；大于45°的坡为险坡，植被生长差，生态敏感度高。梅山地区坡度在0°~74°之间，根据坡度对生态环境的影响程度，将坡度分为五个等级，分别是0°~15°、15°~25°、25°~35°、35°~45°、45°以上。因此，陡坡越多，生态承受能力越弱，敏感度越高。

③坡向。坡向是水平方向的地形因子，表示地形坡面的朝向，它与植被分布、种类数量相关性较高。坡向影响植物接受太阳辐射的强度和时间。通常情况下，南坡所接受的光照要比北坡充分，平均温度也较高，所以，南坡一般为喜阳植物，北坡为喜阴植物，且南坡的植被种类比北坡更为丰富。从生态角度上看，区域内的物种种类越丰富，整体生态环境的自我修复能力也就越强。因此，南坡的生态适宜度要高于北坡。另外，根据坡向的敏感度要求，将坡向从北至南分为五个等级。

④植被因子。植被是生态系统中最重要的元素，它扮演着多重角色。它是能量运输者，通过光合作用将能量源源不断地转化并输入生态系统中，从而保证了生态系统中能量流动的过程；它是动物保护者，为动物提供食物，遮挡风雨；它是化妆美容师，在春夏秋冬为大地披上多姿多彩的外衣。但它也非常敏感，容易受到人类活动的干扰。植物种类越丰富，群落结构越复杂，景观受人为影响就越

小，抗外界干扰能力、生态系统的平衡能力则越强，生态承受能力也越强。因植物适于生长的生境条件有明显的区域特点，不同的植被类型其生态敏感度不同，本书采用植被因子中的植被类型指标进行评价，根据植物群落分布的生境条件按敏感度分为建成地与裸地、农业植被、疏林草地与园地、密林与自然保留地、水体与湿地五个级别。

⑤用地现状。用地现状的生态敏感度，体现于人们在此类用地空间内进行开发活动对生态载体的影响程度，具有特定的时间和空间属性。人工痕迹高的用地类型生态敏感度低，而自然属性强的用地类型生态敏感度则高。因此，应针对不同的用地类型，采用相应的生态保护措施和生态规划方案。

⑥水体因子。水为生命之源，它不仅是动植物生存生长和人类生产生活的必要元素，还在改善区域景观质量，调节区域温度与湿度等方面发挥着重要作用。水体是极为脆弱的生态因子，极易受到人为干扰，需要进行重点保护。梅山地区水系较为发达，河网密布，主要的水体为资江及其支流和散布于区内的各个水库，它们是构成梅山地区山水景观格局的重要部分，也是宝贵的旅游资源。因此，水域的保护与合理利用，对梅山地区自然环境的保护、历史文脉的延续与社会经济的可持续发展至关重要。

景观到水体的距离是评判其生态敏感度的一个条件。距离水体越近，水体越容易受到干扰和破坏，因此生态敏感度就越高。以 100m、200m、500m、1000m 为分界值，由近到远将研究区划成五个等级水体缓冲区，具体为距离水体 0~100m、100~200m、200~500m、500~1000m、1000m 以外。

在选择地形、植被、用地现状和水体因子后，分级并量化各单因子的原始数据，对各级别分别赋予相应的值，值越大表示敏感度越高。各生态因子等级及其评价值如下（表 4-13）。

接着，依据各因子的重要程度，运用成对比较法构建景观生态敏感度 AHP 评价模型，并计算得出各因子的权重值。

结果显示，梅山地区景观生态敏感度指标高程、坡度、坡向、植被、用地现状、水体缓冲区权重值依次为 0.091、0.114、0.072、0.326、0.185、0.212，随机一致性比率为 0.7%，满足　致性检验。

（2）单因子分析

在确定好评价因子及其敏感度权重值后，对单个因子进行详细分析，并制作相应的单因子生态敏感性图。

①高程分析。前文美景度指标分析中已经将梅山地区高程分为 5 个级别。

②坡度分析。前文美景度指标分析中已经将梅山地区坡度分为 5 个级别。

③坡向分析。研究区正北坡面积为 1085.4km²，占总面积的 12.7%；东北和西

表 4-13　景观生态敏感度单因子等级划分

编号	生态因子	属性分级	评价值
1	高程	<200m	1
		200~500m	2
		500~800m	3
		800~1100m	4
		>1100m	5
2	坡度	0°~15°	1
		15°~25°	2
		25°~35°	3
		35°~45°	4
		>45°	5
3	坡向	正北坡	1
		东北、西北坡	2
		正东、正西坡	3
		东南、西南坡	4
		正南坡	5
4	植被类型	建成地与裸地	1
		农业植被	2
		疏林草地、园地	3
		密林、自然保留地	4
		水体与湿地	5
5	用地现状	建筑用地	1
		耕地、园地	2
		林地	3
		水体	4
6	水体缓冲区	距离水体>1000m	1
		距离水体500~1000m	2
		距离水体200~500m	3
		距离水体100~200m	4
		距离水体0~100m	5

北坡面积为 2102.5km²，占总面积的 24.5%；正东和正西坡面积为 2141.5km²，占总面积的 25%；东南和西南坡面积为 2140.7km²，占总面积的 25%；正南坡面积为 1101.6km²，占总面积的 12.8%；其余地方即为平地，面积为 7.4km²，占总面积的 8.6%。

④植被类型分析。依据植被种类对生态环境的敏感程度，将梅山地区植被类型分成五类，主要为建成地和裸地面积 621.1km²，占总面积的 7.24%，主要包括城镇及村庄的建设用地和水库边裸露的滩涂；农田面积为 909.27km²，占总面积的 10.6%；疏林草地和园地面积为 717.12km²，占总面积的 8.36%，主要分布在山地与城镇村庄的交界处；密林地、自然保留地面积为 6200.25km²，占总面积的 72.28%，主要分布在研究区中部、北部、东南及西南的各个森林公园及自然保护区内；水体及湿地的面积为 130.38km²，占总面积的 1.52%。

⑤用地现状分析。梅山地区的建筑用地面积达 621.1km²，占研究区总面积的 7.24%，集中在新化和安化两县县城及各城镇中心区。耕地和园地面积为 1224.08km²，占总面积的 14.3%，主要集中在以新化县城为中心的平原或低岗地、安化县东北部羊角塘镇附近的平原及缓坡地带、梅城镇西南的平原或丘陵区域。林地占到整个区域的绝大部分，面积达 6602.81km²，占总面积的 81.9%，主要分布于中部的大熊山、西部的雪峰山主脉云台山、古台山以及东部的芙蓉山等林区。水体及湿地面积达 130.38km²，占总面积的 1.52%，主要为资江水域及散布于各处的水库。

⑥水体缓冲区分析。研究区内的水体主要分为两个部分，一是资江及其支流河水和周边的湿地，二是零星散布于区内的各个水库，如车田江水库、红岩水库、廖家坪水库等。但由于研究区面积较大，水体所占面积相对较小，因此，区域内大多数地区敏感度不高。

4.3.1.4 景观生态敏感度评价结果与分析

在详细分析各因子敏感度基础上，运用 ArcGIS 软件的地图代数工具，结合景观生态敏感度各指标因子的权重进行分析计算，得出梅山地区景观生态敏感度综合评价值 E，生成了景观生态敏感度分析图。

计算得出 E 最大为 4.247，最小为 0.437，即评价值在 0.437~4.247 间变化。将评价值依据敏感程度重分类为四个等级，分别是 $0.437 \leq E < 1.3895$ 为不敏感区；$1.3895 \leq E < 2.342$ 为弱敏感区；$2.342 \leq E < 3.2945$ 为敏感区；$3.2945 \leq E < 4.247$ 为极敏感区。

梅山地区的整体敏感度较高。敏感区域主要分布在资江流域的河流及湿地、水库、大熊山、芙蓉山、雪峰山及周边自然保留地等区域。不敏感区主要为地势比较平坦、植被景观较为单一的农田和城镇等人类活动强度大的区域。由此可知，人类活动是影响生态适宜度的关键因素。因此，在景观生态规划时应根据不同的敏感度级别进行合理规划。

（1）不敏感区

主要为现有的建设用地，分布于新化县中部县城和其周边地区、道路及各城镇建成区，面积为294.37km²，占总面积的3.4%。区域内地势平缓，人口稠密，交通较便捷，经济发展水平相对较高，与大部分人类活动均相容，适宜作为集中开发建设发展区。

（2）弱敏感区

主要集中于新化县中部和安化县东北部的平原和低山地区，面积为3551.20km²，占总面积的41.4%。这些地区植被以农田和园地为主，包括部分疏林地，动植物种类和人类活动相对丰富，具备一定的抗干扰能力。该区应以"在保护中开发，在开发中保护"为指导原则进行适度旅游开发，提高生态系统的多样性和稳定性，避免对生态环境的破坏。

（3）敏感区

梅山地区近一半区域为敏感区，面积为4587.78km²，占总面积的53.5%。主要包括山地密林，分布于中部的大熊山、东部的芙蓉山、西部雪峰山等山区。这些区域是较为脆弱的生态环境区，易遭受人为的干扰，从而造成生态系统的扰动与不稳定，生态恢复较难，此类区域可以作为控制发展区，局部范围可进行生态旅游开发。

（4）极敏感区

主要集中在资江水域和散布于各地的水库，面积为144.71km²，占总面积的1.7%。区域内生态系统的敏感性较高，极易受到人为破坏，而且一旦破坏会给自然环境造成严重损害，需要较长时间甚至不能恢复原貌，此类区域应作为重点保护区域，并需有效控制水质，将保护区土地划为生态用地，严格控制土地的使用和人类活动。

4.3.2 梅山地区景观相容度评价

景观是由地域自然环境和人文地理特征叠加而成，具有结构和功能的综合体现特征。在景观综合体中，人类行为与景观环境之间存在相容与冲突两种关系。景观记录着人类对自然的作用，景观面貌的变化反映着人类活动对景观生态系统的影响。当人类对自然环境的干扰超过了景观的容量限度，人类行为与环境发生严重冲突，会导致景观视觉质量和生态质量下降，甚至破坏生态环境的平衡。因此，对景观相容度进行评价的主要目的是分析人类行为对景观生态系统所造成破坏的程度，并根据评价结果调整人类活动的方式及范围，从而降低损失，这样能促使生态环境和旅游资源得到更合理的保护与开发。

4.3.2.1　景观相容度评价的内容

梅山地区的景观相容度评价主要是从人类干扰行为与景观环境容量之间的匹配程度、人类行为对景观的破坏性和建设性三方面来进行评定的。

行为与景观环境容量之间的匹配程度即梅山地区景观生态系统承受人类行为干扰的程度及旅游资源的开发程度。不同的景观类型对于各种人类行为的环境容量不同，不同的人类行为对不同类型景观的影响程度也不相同。行为对景观的破坏性为人类行为对生态环境和景观质量造成的破坏程度。行为对景观的建设性则是指相容度较高的人类行为在改善生态环境、保持景观多样性、提高景观可达性、保护遗产景观方面的积极作用。对景观类型与行为进行相容度评价，核心在于景观保护与产业发展之间建立协调和可持续发展的均衡模式。例如，原生态的林地景观和湿地景观生态敏感度高，对于农业生产、水上运动的相容度较低，只适宜科学考察、养生康体等人数少、相对静态的旅游活动；农耕景观和休闲景观对动态的、活动比较集中的人类行为相容度则较高，人类活动在这些景观中起到了丰富视觉感官的作用。

4.3.2.2　景观相容度评价的方法

首先，根据梅山地区的景观现状，对区域内的景观类型进行分类。然后，调查统计区域内的人类行为，并计算分析人类行为在整体行为体系中所占权重。最后，构建相容度评价模型对景观类型与行为之间的关系进行评价，从而得到各景观类型与人类行为的相容度。

4.3.2.3　景观相容度评价

景观相容度的具体评价分析过程有五个方面，分别为归纳景观类型、统计人类干扰行为、建立人类行为重要度评价矩阵并计算赋值、构建景观与行为相容度评价模型。

（1）归纳景观类型

根据梅山地区景观的功能与特征划分出农耕景观、林地景观、水域景观、休闲景观、遗产景观和村镇居民点六种景观类型。

（2）统计人类干扰行为

景观相容度的评价是建立在对各种人类行为可能性评估的基础上。通过实地调查和资料收集，总结出梅山地区人类干扰行为包括农业生产、加工制造、公共服务、建设活动、社会活动和游憩行为六大行为体系。具体包括36种行为类型：

养殖、耕种农田、种植经济作物、采矿、开山采石、伐木为薪、机械加工、农产品加工、建筑材料生产、竹制品加工、餐饮服务、零售服务、住宿服务、娱乐服务、公共交通服务、居民住宅建设、大型工厂建设、乡村公园建设、交通道路建设、公共设施建设、体育运动、节庆活动、宗教活动、农产品交易、观景、骑马、野营、采摘、登山探险、摄影采风、科普教育、游乐活动、水上活动、民俗体验、自行车越野、古聚落旅游。

(3) 建立人类行为重要度评价矩阵并计算赋值

通过专家对六类干扰行为之间的重要程度进行评分，形成比较评价矩阵。然后，计算得出各行为在行为体系中的权重值，并通过了一致性检验。经过计算得出农业生产、加工制造、公共服务、建设活动、社会活动和游憩行为的权重分别为 0.135、0.156、0.12、0.152、0.135、0.302。

(4) 构建景观与行为相容度评价模型

在选取合适的景观类型和人类行为后，构建景观与行为相容度评价模型，相关计算公式如下。

$$C_{ij} = \frac{B_{ij}}{9J} \tag{4.5}$$

公式 4.5 中，B_{ij} 为单项行为对景观的相容度值，C_{ij} 为某一种行为对某一景观类型的相容度，J 为单项行为的数量。

$$C_i = \sum_{j=3,7,5,4,5,12} \frac{B_{ij}}{9J} \tag{4.6}$$

公式 4.6 中，C_i 为某一种行为对某一类景观类型的相容度。

$$C_x = \sum_{i=1} C_i/6 \tag{4.7}$$

$$C = \sum_{j=3,7,5,4,5,12} P_j C_i \tag{4.8}$$

公式 4.8 中，C 为一组行为对单类景观类型的相容度，P_i 为某一种行为在行为体系中的权重值。

通过公式，计算出每种景观类型对综合行为类型的相容度（表4-14）。在行为—景观相容度评价表中，判断值为 0、1、3、5、7、9，分别是指景观类型与行为类型之间的不相容、几乎不相容、弱相容、中等相容、相容性较强和完全相容 6 个等级。

4.3.2.4 景观相容度评价结果与分析

从梅山地区人类行为与景观生态适宜性的分析评价中得出以下三种情况。

表 4-14 梅山地区人类行为—景观相容度评价

景观行为	景观类型 单项行为	林地景观	农耕景观	水域景观	休闲景观	遗产景观	居民村镇
农业生产 (权重 0.135)	养殖	0	3	1	0	0	9
	耕种农田	0	9	0	0	5	0
	种植经济作物	0	9	1	3	5	0
	农业生产行为相容度	0	77.78%	7.41%	11.11%	37.04%	33.33%
加工制造 (权重 0.156)	采矿	0	0	0	0	0	0
	开山采石	0	0	0	0	0	0
	伐木为薪	0	0	0	0	0	0
	机械加工	0	0	0	0	0	0
	农产品加工	0	0	0	1	1	5
	竹制品加工	0	0	0	3	3	5
	建筑材料生产	0	0	0	0	0	0
	加工制造行为相容度	0	0	0	6.35%	6.35%	15.87%
公共服务 (权重 0.12)	餐饮服务	0	3	1	7	1	9
	零售服务	0	3	0	7	3	9
	住宿服务	0	0	0	7	3	9
	娱乐服务	0	1	0	7	1	9
	公共交通服务	0	3	3	7	1	9
	公共服务行为相容度	0	22.22%	11.11%	77.78%	20%	100%
建设活动 (权重 0.152)	交通道路建设	0	3	0	5	1	9
	公共设施建设	0	3	0	3	1	9
	居民住宅建设	0	0	0	3	0	9
	大型工厂建设	0	0	0	0	0	9
	乡村公园建设	3	3	3	5	3	9
	基础设施建设相容度	6.67%	20%	6.67%	35.56%	11.11%	100%
社会活动 (权重 0.135)	体育运动	3	3	3	3	1	9
	节庆活动	0	3	1	3	3	9
	宗教活动	0	1	0	3	7	9
	农产品交易	0	0	0	3	1	9
	社会活动行为相容度	8.33%	19.44%	11.11%	33.33%	33.33%	100%

续表 4-14

景观行为 \ 景观类型 / 单项行为	林地景观	农耕景观	水域景观	休闲景观	遗产景观	居民村镇
观景	9	5	5	5	9	3
骑马	3	0	0	5	3	5
野营	3	0	0	5	3	3
采摘	0	5	0	5	0	0
登山探险	5	1	0	3	3	3
摄影采风	9	9	9	9	9	9
科普教育	5	3	1	5	1	3
游乐活动	0	0	1	5	1	5
水上活动	0	0	9	7	0	0
民俗体验	3	3	3	5	5	9
自行车越野	0	0	0	3	0	5
古聚落旅游	0	0	0	5	7	5
游憩行为相容度	34.26%	24.07%	25.93%	57.41%	37.96%	46.3%
景观类型的相容度	12.48%	26.1%	12.68%	39.07%	26.04%	61.65%

注：游憩行为（权重 0.302）

（1）梅山地区人类行为与景观整体相容度较低

梅山地区景观相容度图清楚地反映出梅山地区景观类型与人类行为的相容度情况，分别为完全不相容的占 43.5%，几乎不相容的占 9.7%，弱相容的占 19.5%，中等相容的占 11.1%，相容性较强的占 3.7%，完全相容的占 12.5%（图 4-3）。

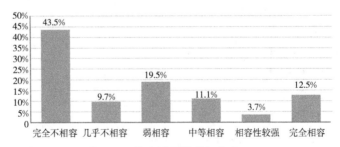

图 4-3　梅山地区景观相容度

（2）不同的行为类型适宜不同的景观类型

根据公式 4.8 计算得出农业生产在整体景观生态环境中的相容度 $C_{X1}=27.78\%$；加工制造的相容度 $C_{X2}=4.76\%$；公共服务的相容度 $C_{X3}=38.52\%$；建设活动的相容度 $C_{X4}=30\%$；社会活动的相容度 $C_{X5}=34.62\%$；游憩行为的相容度 $C_{X6}=37.66\%$（图

4-4）。

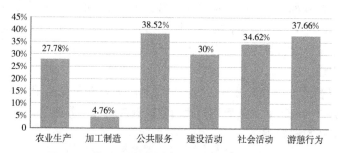

图 4-4 梅山地区单类行为与整体景观相容度

加工制造行为在梅山地区整体相容度最低，除与村镇居民点具有较高的适宜性外，几乎与其他类型的景观环境都不相宜。梅山地区人文景观特色较为鲜明，社会活动的整体相容度较高，适宜在休闲景观、村镇居民点、遗产保护景观中开展各类社会活动。梅山地区蕴藏着丰富的旅游景观资源，加之政府也较为重视旅游开发，现状的游憩行为与整体的生态环境比较相容，但存在局限性。休闲景观、村镇居民点具有较高的适宜性，适合旅游开发。而水域景观由于生态的敏感性非常强，因此，游憩行为的相容度较低，不适宜进行旅游开发和规划游憩行为，是景观生态保护的核心。

（3）规划保护和开发的重点

对于景观类型而言，一种景观有可能同时容纳多种人类行为，这种景观对多种人类行为的适宜性也反映出该种景观与人类行为体系之间的相互关系。景观类型与人类行为相容度的高低反映了某种景观对人类活动的承载程度。根据公式 4.8 计算出梅山地区整个行为体系对林地景观的相容度 C_1=12.48%；对农耕景观的相容度 C_2=26.10%；对水域景观的相容度 C_3=12.68%；对休闲景观的相容度 C_4=39.07%；对遗产保护景观的相容度 C_5=26.04%；对村镇居民点的相容度 C_6=61.65%（图 4-5）。

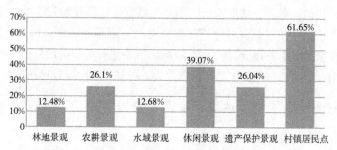

图 4-5 梅山地区一组行为与单类景观相容度

由此可知，林地景观对不同行为的相容度最低，是需要重点、全面保护的景观类型。农耕景观、遗产保护景观和休闲景观适宜性较好，是具有较强行为选择性的景观。所有景观类型中，村镇居民点相容度最高，因此，梅山地区的旅游景观规划应尽量结合村镇居民点进行集中开发，同时注意有效控制行为范围，保护景观的原生性。

将相容度评价结果作为各个景观类型对应的属性导入运用 ArcGIS 中，按相容度高低分为四级区域，从而得到梅山地区景观相容度分析图，为后续的景观生态适宜性评价奠定基础。

4.4 梅山地区景观潜在利用方式评价

4.4.1 梅山地区景观可达度评价的内容

景观可达度是景观生态适宜性评价的重要指标。从旅游学的角度看，景观可达度是指从空间任意一点克服空间阻力到达旅游地的相对或绝对难易程度，也指人们利用空间点资源的便利程度。景观可达度可以从空间可达度、时间可达度、信息可达度和心理可达度等方面来衡量。空间可达度受到空间距离、廊道连通度、地形地貌、人口密度和道路状况等因素影响。时间可达度包括景观适游期、出行时间等。信息可达度包括景观认知度、通信便捷度、旅游信息的丰富和准确程度等。心理上的可达度由旅游者对景点的感知距离、出行费用等衡量。景观可达度的评价结果可为梅山地区景观空间优化利用提供支撑，也为合理地进行规划设计提供决策参考。

4.4.2 梅山地区景观可达度评价的方法

梅山地区景观可达度的具体评价步骤和方法与景观生态敏感度评价的具体评价步骤和方法相似。首先，选取评价因子并按照重要性程度划分等级；接着，分别对各个单因子进行评价，建立各个因子重要性对比矩阵，并计算得出各因子权重值；然后，将权重值赋予各评价因子，导入 ArcGIS 中进行加权叠加分析，得到景观可达度评价结果；最后，对评价结果进行重分类，得到最终的景观可达度评价分析图。

4.4.3 梅山地区景观可达度评价因子分析

（1）评价因子的选择与权重计算

景观可达度受多种因素影响，选取梅山地区景观可达度评价因子时，应在实地调查和反复比较的基础上，结合研究重点和客观条件，挑选出最具代表性、最直观的影响因素。为方便量化分析和可视化表达，从空间上来分析影响梅山地区景观可达度的四个阻力因素，即地形地貌复杂度、人口密度、道路通达度和植被覆盖率。

①地形地貌复杂度。梅山地区高低起伏、连绵不断的高山是影响景观可达度最大的因素。复杂多变的地形地貌阻碍着人流、物流、信息流的运输与传递。可以从地势的起伏、坡度的大小、海拔的高低三个方面来衡量区域的景观可达度。地势起伏度越大、坡度越大、海拔越高表示地形地貌越复杂，景观可达度越低。

②人口密度。人口密度是单位面积土地上居住的人口数。它是表示区域人口密集程度的指标。人口密度与景观可达度呈正相关性。人口密度大的地区，表示人流越集中，道路越密集，交通联系更便捷，景观连通度越高，越容易到达。

③道路通达度。道路的通达度是指区域内的道路网格的密集程度和道路状况。道路网络越密集，区域内人类活动越频繁，开发建设程度越高，道路状况越好，需要克服的交通阻力越小，耗费的交通时间和费用也越少，景观可达度就越高。

④植被覆盖率。植被覆盖率是指植物垂直投影面积与该地域总面积之比。植被覆盖率高的区域，往往是人类足迹较少踏入的地带，这些地方森林茂密，郁闭度高，视线被树木所遮挡，视野范围小，交通状况较差，景观的空间可达度和视觉可达性均较低。

选取好评价因子后，将各个因子按照景观可达度的高低划分为相应等级，再赋予各自的评价值（表 4-15）作为后续景观可达度分级和地图叠加分析的数据参考。

根据各评价因子对于景观可达度影响的重要程度，运用层次分析法构建成比较矩阵，在专家评价意见的基础上，计算得出各指标的权重值。结果显示，各因子权重值分别为地形地貌复杂度（0.158）、人口密度（0.256）、道路通达度（0.456）、植被覆盖率（0.13）。

（2）单因子分析

①地形地貌复杂度。地形地貌复杂度反映的是地表崎岖程度。通过实地调查结合 DEM 数据，将梅山地区地势的起伏、坡度的大小、海拔的高低等因素导入 ArcGIS 进行综合叠加分析，依据地形地貌的复杂程度由高到低划分为 4 个区域（表 4-16）。

高复杂度区域主要有三处，一处为大熊山海拔最高的山体部分，另外两处分别为西部的云台山和东部的芙蓉山。这些区域地势起伏大，海拔较高，坡度较大，面积达 1634.88km²。

表 4-15　景观可达度单因子等级划分

编号	评价因子	属性分级	评价值
1	地形地貌复杂程度	复杂度高	1
		复杂度较高	2
		复杂度一般	3
		复杂度低	4
2	人口密度	人口稀少区	1
		人口较少区	2
		人口密集区	3
3	道路通达度	通达度低	1
		通达度较低	2
		通达度高	3
4	植被覆盖率	高覆盖率	1
		中高覆盖率	2
		中覆盖率	3
		中低覆盖率	4
		低覆盖率	5

表 4-16　梅山地区地形地貌复杂度分区面积统计

地形地貌复杂度分区	面积（km²）	所占比例（%）
高复杂度区	1634.88	19.03
较高复杂度区	3158.61	36.76
一般复杂度区	2982.63	34.71
低复杂度区	816.68	9.50
总计	8592.13	100

较高复杂度区域主要为安化县北部山区，面积达 3158.61km²；

一般复杂度区域主要部分在新化县东部的圳上、吉庆、温塘及田坪镇，另一部分大致从安化县东北部羊角塘镇至东坪镇一带区域。区域内人较为稠密，地势较为平缓，面积为 2982.63km²；

复杂度较低的区域主要分布于两类区域，一是围绕在新化县城城镇建设区及四周地势平坦的耕地，二是资江及沿线的河滩、坡地，面积约 816.68km²。

②人口密度。梅山核心区的新化、安化两县至 2016 年底常住人口共 205.24 万人，其中新化县 113.86 万人，安化县 91.38 万人。在梅山地区地理底图和前期收集的新化县和安化县各镇的行政区划面积及人口数量数据的基础上，结合实地考察情况，在 ArcGIS 中制作得出梅山地区的人口密度图，并根据人口密度的稠密情况将梅山地区划分为三个等级区域，进而得到人口密度分区面积统计数据（表 4-17）。

表 4-17 梅山地区人口密度分区面积统计

人口密度分区	平均人口密度（人 /km²）	面积（km²）	所占比例（%）
人口稀少区	180	6729.38	78.32
人口较少区	430	1834.53	21.35
人口密集区	800	28.22	0.33
总计	–	8592.13	100

人口稀少区为安化县大多数地区和新化县西部，主要包括地形变化大、交通不发达的大熊山、古台山、芙蓉山等区域。该区域面积为 6729.38km²，平均人口密度约 180 人 /km²。人口较少区主要为新化县中部平原地区的曹家镇、炉观镇、西河镇、孟公镇等乡镇，占地面积为 1834.53km²，平均人口密度约 430 人 /km²。人口密集区主要为新化县上梅镇、洋溪镇和安化县东坪镇、梅城镇等经济和交通较发达的几个乡镇。面积约为 28.22km²，平均人口密度约 800 人 /km²。

③道路通达度。通过实地调研梅山地区的道路情况，结合卫星现状图，发现区域内绝大多数道路的通达度均较低，且分布极不均衡。根据道路的密集程度和道路状况将梅山地区道路通达度划分为三个等级，分别为通达度低的区域、通达度较低的区域和通达度高的区域。

通达度低的区域：面积约 3911.03km²，主要为中部大熊山、西南部古台山和东部芙蓉山区，这些区域海拔高，坡度陡，有少数山间林场工作道路，路况和连通性较差，车辆行驶阻力大，极少数县道能供机动车通行。

通达度较低的区域：面积约 4203.4km²，区域内道路较少，主要由县道联系，多数道路都只能勉强双向通行，且路况较差。

通达度高的区域：面积约 478.37km²，主要为资江沿岸各镇、二广高速所经沿线各镇以及新化县城至琅塘镇一带的乡镇，区域内的二广、娄怀高速，国道 207，省道 217、225、308 皆为梅山地区对内联系、对外交流的主干道，路网密集且宽阔平整，连通性较好。

④植被覆盖率。在前文美景度评价中，已将植被覆盖率从低至高划分为 5 级区域。

4.4.4 梅山地区景观可达度评价结果与分析

在各个单因子评价结果基础上，建立起景观可达度的评价模型，运用 ArcGIS 的加权叠加功能，把地形地貌复杂度、人口密度、道路通达度、植被覆盖率四个单因子进行叠加，并依次计算得出的权重值。

经计算，梅山地区景观可达度值在 1~3.34 之间，整体可达度较低。根据可达度数值的高低，将研究区划分为四个级别的区域，从低到高依次为可达度极低区（1~1.59）、可达度较低区（1.59~2.18）、可达度较高区（2.18~2.77）和可达度极高区（2.77~3.34）。

（1）可达度极低区

主要分布在中部大熊山、东部的芙蓉山、西南部的古台山和北部的山区，面积为 3734.14km²，占总面积的 43.46%。这些区域主要为地形复杂的山区，植被茂密，道路稀少且狭窄，机动车难以通行。建议在不破坏研究区生态环境的情况下适当开通新的道路。

（2）可达度较低区

该区域面积为 3580.34km²，占总面积的 41.67%。分布于大熊山周边丘陵地带和芙蓉山附近的坡地，植被覆盖率较高，区内仅有少数县道可以通行，道路崎岖，路况较差，景观可达度较低。为了提高道路的连通性和便捷性，建议修缮和扩宽原有道路。

（3）可达度较高区

主要为新化东部和资江沿岸的平原、丘陵地区，面积为 1125.57km²，该区域地势较为平坦，道路较为密集，路况和交通通达性较好。为了更好地整合利用资源，建议根据现状并利用原有道路，扩建和新建该区域的道路，让旅游景点之间的道路有机串联起来形成环状，有利于后期的旅游开发。

（4）可达度极高区

该区域面积为 152.08km²，主要是二广高速、沪昆高速和湘黔铁路沿线的乡镇和四周的村庄，区域内海拔相对较低，地势平坦，视野开阔，主要为城镇和耕地，道路密集，交通通达性好。建议整改该区域内不合理的道路，在车行道两旁栽植行道树，人行道路旁选择开花植物和灌木进行种植，以美化道路环境和提高景观观赏度。

总体而言，由可达度分级图发现，梅山地区景观可达度较低，可达度较低和极低区占研究区总面积的 85.13%。这种情况对于梅山地区发展生态旅游而言有利有弊。一方面,景观可达度较低表示人类对于生态系统的干扰和环境资源的破坏程度都较低,景观中最能吸引人的自然属性和生态状态能得到较好保留,这有利于生态旅游的可持续发展。另一方面,若要以旅游带动经济,交通的便捷性是关键因素,采取相应的措施提高和改善梅山地区的景观可达度是前提条件和必经环节。因此,要实现旅游开发和环境保护和谐共生,必须在科学评价的基础上,提出合理的规划方案。

4.5 梅山地区传统村落整体人文生态系统评价

人文生态,是指以人本身为研究对象,以人文精神为主导的人文文化与其外部环境之间相互作用、相互影响而形成的生态系统,具有地方性、人文性和传承性的特点。而整体人文生态系统是指在人与自然相互作用过程中,以自然生态为核心、自然过程为重点,以满足人的合理需求为根本的技术、文化和价值伦理体系。在整体人文生态系统中,人与自然是平等生态的关系。整体人文生态系统由自然生态、技术经济和社会人文三个大系统共同构成的有机复合系统。每个大系统又包含了多个层次的子系统。自然生态系统包括了动物、植物、水体、土壤等子系统;技术经济系统包括了农业、工业、服务业等子系统;社会人文系统则包含了人口、文化、宗教、教育等子系统(图 4-6)。

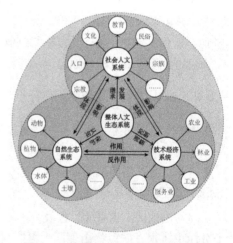

图 4-6　整体人文生态系统层次结构

在整体人文生态系统中,人类努力探寻着认知自然生态系统的最佳途径,并采取多种手段保护自然生态系统中的各要素,希望能与自然和谐共处。通过继承和发展社会人文系统中的各要素,调整和控制经济产业结构,维持着人地的和谐。

自然生态系统、社会人文系统与技术经济系统三者之间相互联系。社会人文系统的形成及发展受自然生态和技术经济系统中各要素的影响,同时也反映着人对自然的认知状态和经济技术的发展水平。自然生态系统与技术经济系统则是作用与反作用的关系。自然生态系统影响和制约着经济、产业的发展，而产业的调整、技术的更新也改变着自然环境的面貌。这三个大系统互相影响、共同作用，不断调整着内部系统，以达到人地和谐的共生状态。

可见，传统村落是整体人文生态系统中最最典型的代表，是反映区域文化景观差异的显著标志。梅山地区的传统村落较好地保留了其原生状态，具有自身独特民俗民风，它们见证了梅山的历史与发展，凝聚了梅山先民的智慧与心血。

4.5.1　梅山地区传统村落的空间分布

根据第二章中对梅山地区省级以上旅游景观资源的梳理和调查（表2-11），列出了14个最具代表性的传统村落，其中安化县9个，新化县5个。它们是马路镇马路溪村、东坪镇黄沙坪老街、东坪镇唐家观村、江南镇洞市村、江南镇梅山村、古楼乡新潭村樟水凼、南金乡将军村滑石寨、江南镇高城村、乐安镇尤溪村、奉家镇上团村、水车镇正龙村、奉家镇下团村、水车镇楼下村和天门乡土坪村。从空间分布上看，这些村落主要集中在安化县南部两县交界处的山区、资江沿岸和新化县西部奉家山一带。由于这些区域可达性较差，人类活动干扰的规模和强度都十分有限，保持了完整的山地开放景观环境和景观生态特征，村落形态和承载的文化才得以较好地保存。

4.5.2　梅山地区传统村落的特征

梅山地区的传统村落是自发选址而成，这些村落在产生和发展的过程中，村落格局、民居建筑形态都不同程度地受到地理环境的影响，它们或集中连片，或错落层叠，表现出明显的地域性特征（表4-18）。

4.5.2.1　传统村落选址

因梅山地区高山叠嶂，区域内多为山地，且资江及其支流众多，加之梅山人十分注重风水，所以梅山地区大多数村落都"依山傍水，负阴抱阳"，总体呈现出背山面水、山环水绕之势。梅山人根据地形的变化，因地制宜地选择村落建造的位置，村落的选址一般在以下三处。

（1）河畔

古人云："风水之法，得水为上，藏风次之。"水源是村落生活和灌溉的保证，也是交通、商业经济发展的命脉。在14个梅山传统村落中有11个或傍水而建或有溪水贯穿，可见水对于村落选址的重要性。正因为唐家观古镇、黄沙坪老街都位于资江河畔，水运交通便利，在漫长的发展过程中才逐渐成为商业和信息的集散地。唐家观是资江流域现存最完整的古镇，它背靠绵绵群山，老街在山

表4-18 梅山地区传统村落基本情况与特征调查

所属县	村落名称	规模		生态社会经济价值	民居			完整性	类型	旅游吸引点
		户籍数	在籍(常住)人口		时期	风格	特色			
	马路镇马路溪村	538	2238	农业与旅游的融合度较好，利于开发农业观光、农事体验等旅游产品	清末民初	双层小青瓦顶木结构房屋	依山势而建，集中连片，房屋整体朝向为坐北朝南	良好	中国传统村落	明清建筑群、邓家大院、风雨桥、明清墓地、青云洞、百年清朝石碑、吊脚楼、试刀岩、荷花岩、兔子岩和古树名木等
	东坪镇黄沙坪老街	378	1200	拥有历史悠久的民居建筑，深厚的黑茶文化底蕴，资水资源和周边的自然资源	清代、民国	双层小青瓦顶木房屋，间或有几栋青砖瓦房。多为惹山木穿斗式结构，临江为吊脚楼	位于资江河南岸沿河地带，街道两侧保存较完整的房屋共30栋。青石街全长100多米，青石板下设排水系统	较好	中国传统村落	包括中国黑茶博物馆、黄沙坪古茶市、省级文物保护单位的裕通永茶行、发记茶行等
安化县	东坪镇唐家观村	486	1653	保留了完整的古埠、古街、古镇的千年古镇，有资江流域唯一保存完好的古商业街，是中国商业发展的活化石	民国时期	临江而建的吊脚楼错落有致，内街均为双层小青瓦木结构房屋	房屋倚江枕壁，村内的青石板约500米长的青石街街道蜿蜒曲折。老街中建筑风格统一，布局紧凑，外墙相互紧贴，宗祠、庙宇和商铺毗邻而居	较好	中国传统村落	有惜字炉、兴隆亭、王爷庙、回龙寺、九乡庵堂、吉氏宗祠、廖氏宗祠、湘乡公馆、邵阳公馆、青石板街、耶稣教会、福音堂、万寿宫等

续表 4-18

所属县	村落名称	规模		生态社会经济价值	民居				类型	旅游吸引点
		户籍数	在籍（常住）人口		时期	风格	特色	完整性		
	江南镇洞市村	393	1662	历经百年的洞市老街，深浅难测的"三门洞"，郁郁葱葱的原始次森林，特色鲜明的马帮、排帮成为了自然与人文交融的生态旅游资源	民国至解放初期	均为双层小青瓦木制结构房屋	老街由清一色的木屋串联而成，街道两侧的民居建筑依山就势而建，中间点缀着灰砖青瓦的徽派建筑，比如陈五艺花屋，贺氏祠堂和万寿宫	良好	中国传统村落	有洞市老街、钟灵寺、贺氏宗祠、洞市皮纸仿造纸、手工制茶
安化县	江南镇梅山村	487	2080	由两个自然村落组成，是梅山文化的发源地之一。临近茶马古道景区，生态环境好，但交通不便	清代、民国	均为小青瓦歇山顶木质房屋	房屋均依山而建，基本由石头垒砌，朝向不定，上下错落，层次分明。结构特点大都呈"一"或"L"字形，面阔三间加耳房或偏翼屋	较好	中国传统村落	临近茶马古道景区，特色民居保存良好
	古楼乡新潭村樟木凼	27	1485	村落依山而建，保留了古梅山地区传统建筑的技术和风格，是古梅山地区传统建筑的典型实物资料	民国至解放初期	两层木质穿斗结构房屋，房屋一致坐南朝北	房屋一致坐南朝北。屋与屋之间横向由山坡上平整土地相连，上下用木桩和木档做成阶梯，屋两端多有厢房和猪圈，呈"凹"字形状。屋前都用圆木搭台，凭空挑出一个屋场坪，用于晾晒。屋顶用厚约50厘米的杉树皮覆盖	良好	中国传统村落	特色民居保存良好

续表 4-18

所属县	村落名称	规模		生态社经价值	民居			完整性	类型	旅游吸引点
		户籍数	在籍(常住)人口		时期	风格	特色			
安化县	南金乡将军村滑石寨	33	1780	偏远山村，自然条件优越，但农作物种植品种单一，产量不高，地广人稀，分布散落，交通、水利和部分村民住房条件基础较差	清代、民国	两层木质穿斗结构房屋	依山而建，房屋布局多呈"一"字形，或"L"字形，正屋面阔三五间不等，一般有偏房	较好	中国传统村落	依托周边优良的特色民居、湿地景观、原生态乡村田园景观和丰富的药膳资源，可开发系列湿地乡村休闲活动和养生旅游产品
	南金乡九龙池村	239	1135	位于湘中第一高峰九龙池，生态环境极好，山明水秀	民国、近代	均为小青瓦硬山顶木质房屋	民居结构大都为"一"字形板屋	较好	中国传统村落	发伟的山体，奇险的绝壁深洞，葱郁的茂林古木，罕见的溪流奇石，是为最佳的旅游资源
	江南镇高城村	320	1515	边远山区的自然村寨，四周群山环抱，临近茶马古道景区，以旅游业为主导产业	民国、近代	二层全木结构，第一层住人，第二层堆放杂物	充分体现了我国古代南方山区依山傍水的村落选址特点，村落依小溪一字排开	良好	省级特色旅游名村	为新农村建设示范村，省"六到农家"示范村，并且高城马帮体验活动具有较好的旅游吸引力。另外，关山峡谷非常适合户外探险，攀岩、溯溪等活动
新化县	奉家镇上团村	295	1056	风景秀美，四面群山环绕，层峦叠嶂。除红色文化外，还有独特的山歌、傩戏、龙狮舞、武术、板屋建筑等，以文化旅游为主	清代、民国		民居依山面建，沿道路两侧呈带状分布。有红二军团长征司令部旧址，15栋2进2层的四合院	良好	中国传统村落	有红二军团长征司令部旧址、千年古刹中蹲梅山寺等人文景观，还有飞水洞瀑布、狮子岩石、猴子拜观音等自然神韵景观

续表 4-18

所属县	村落名称	规模		生态社会经济价值	民居				类型	旅游吸引点
		户籍数	在籍（常住）人口		时期	风格	特色	完整性		
新化县	南金乡将军村滑石寨	33	1780	悠久的历史，恬静的山村，古朴的民居，清新的空气都吸引着各地游客。村民人均纯收入4780元，为新化市乡村振兴、文化旅游、产业发展、脱贫攻坚、农村环境整治的示范性窗口	清代、民国		民居集中于梯田之下，层层叠叠，错落有致，分布紧凑，而又都有独立的空间。房屋的朝向各不相同，素墙青瓦，别具风韵	较好	中国传统村落	临近紫鹊界景区，特色民居保存较好
	南金乡九龙池村	239	1135	依山傍水，青山层叠，古朴宁静。村落被群山环抱，善溪河由西向东依村而过。以旅游业、农业为主	清代、民国	干栏式板屋特色民居	民居相互交错，高高低低镶嵌于田园阡陌之间。有"凹"字形、"L"字形、"凸"字形，多种平面布局，屋脊牛角般高高翘起	良好	中国传统村落	特色民居保存较好，有特色鲜明的舞蹈龙、傩戏、新化山歌等民俗文化表演
	江南镇高城村	320	1515	历史悠久，文化底蕴深厚，临近紫鹊界景区，有利于开展文化旅游	明代、清代	木结构板屋民居	民居结构大都为"一"字形板屋，部分民居为"凹"字形或合院式	较好	中国传统村落	有保存完好的老屋院、库房院、五房院、香花园等地，比如54栋明清古建筑，"沧溪三古"：四香书屋、沧溪古庙、千年古樟树
	奉家镇上团村	295	1056	山环水绕，基本保留了原生态的自然环境，是梅山文化和易学文化的瑶嗣文化的传承与保留之地，近年来生态旅游产业发展较快	多为近代	民居多为木结构板屋民居，部分分为砖结构	民居依山傍水，沿溪流呈带状排开	良好	湖南省"经典文化村镇"	中国易学文化第一村，有《夜画瑶嗣》等民俗歌舞表演

116

脚、江边的夹长地带绵延开来，形成"五峰半露青山外，三水环抱唐家观"的村落环境。

（2）山谷、河谷

梅山的传统村落受山势起伏和河流走势影响，常沿山谷或河流方向集中或狭长分布。集中于山谷的村落，一般将民居建在山的南坡。这样一来，夏季有山谷风，能通风散热，形成凉爽的环境，冬季以北、西的山为屏障，抵御寒风。除风外，水是人类生存最基本的资源，因此梅山大部分村落与水有着密切的关系，马路溪村、洞市村、高城村、正龙村、上团村、下团村、土坪村中均有溪流穿过。新化县水车镇正龙村是谷地村落里风水保留得较好的村子。村落四面环山，地势略为北高南低，地面高程在海拔 780~950m。村落的选址遵循了"玄武垂头，朱雀翔舞，青龙蜿蜒，白虎驯俯"的风水理念。村落基址的后面有主峰袁家山（图4-7），亦称靠背山；村落左边有破石岭为青龙；右边有取水山为白虎；村落前锡溪河宛如玉带，蜿蜒曲折依村而过（图4-8）；遥遥相对的案山是方家山，形成了典型的"藏风纳气"的风水宝地。村民将大片的耕地置于山谷的中央盆地，并根据山势建造梯田，形成独特的田园景观。民居以袁氏祭室为中心，向四周山地的田园阡陌呈圈层式散开。人们把房屋建在河流的北面，山坡的南面，不仅可使住宅获得更多日照，躲避凛冽的寒风，还能防止洪水的侵袭，便于引水灌溉庄稼，这些观念意识体现了梅山人选址定居的经验与智慧。

图4-7 山谷中的正龙古村　　　　图4-8 依村而过锡溪河

（3）山坡

建在山坡的传统村落大多相对偏远，梅山古寨、新潭村樟水凼、九龙池村和滑石寨均建在较陡山地的阳坡地界。这些地段虽不如临水的平地和聚气的谷地交通便利、条件优越，但周边良好的自然环境能满足基本的生活所需，且在古时能躲避战火和徭役，免受外界干扰，这也是传统村落能保存较好的原因。

4.5.2.2 传统村落景观结构

梅山人有着淳朴的生态自然观，在营造传统村落景观空间时，非常注意与自然环境的关系处理，村落选址的位置不同，传统村落的景观结构也有所区别（图4-9）。梅山地区传统村落的景观结构可以归纳为以下几种类型。

（1）带状型

在6个带状型村落中除唐家观和黄沙坪老街是临江村落外，其余4个均为河谷或山谷村落。土坪村是比较典型的对称型带状布局。土坪村是新化天门乡偏远的苗族、瑶族少数民族的特色村寨，也是梅山文化和易学文化的传承与保留之地，目前为新化旅游发展重点村。村落平均海拔856m，民居主要集中于河谷，整体景观结构呈现出对称和有序的特征。善溪河从南至北蜿蜒穿过土坪村，木质板屋沿河依次排开，成了一条南北方向的村落轴线。河流的两侧有两座风雨桥和多座小桥，它们联系着河的两岸，与河道一起构成鱼骨状的景观结构。一座风雨桥位于河流上游的村口，另一座则正对村落中最重要的建筑——廖氏祠堂。祠堂除了承载村落历史文化之外，目前也作为巫傩文化和少数民族民俗文化传承的载体。《搬开山》《扫路娘与卖货郎》等国家非遗梅山山歌和梅山傩戏以及梅山武术等富含苗瑶文化地域特色的演出在祠堂前坪吸引着四海游客。

（2）集中组团型

集中组团型村落多坐落于河谷或山谷的平缓地带，交通和经济相对发达的山区，规模较大，整体景观结构和民居建筑保存得较为完整。按照平面布局，景观结构可以分为中心集中型和组团集中型两种。中心集中型常以村落中重要的祠堂或公共活动空间为中心，向外形成多个同心拓展圈。其他的风雨桥、牌楼、风水树等景观元素则放置在村口或村的尾景观节点，并用道路将其串联组成辐射状空间分布格局。空间序列层次明显，点、线、面相互呼应、交织、融合，共同形成完整的景观空间。新化正龙村、下团村、楼下村均属于此种类型。

下团村民居集中于村落东南角的山脚下，以村内最为重要的公共建筑——奉氏宗祠为中心向四周渐进扩展，形成一种向心结构，构成了村落的主体布局形态。民居周围水塘、果树相映成趣，清澈的溪流随着石板路在板屋间逶迤穿行，村落里发达的水系也对调节局部气候发挥着重要作用。田间小路将祠堂、风雨桥、活动中心、水井等主要景观节点连接，路边桃树、柳树轻风扶摇，巍巍群山，潺潺流水，"阡陌交通，鸡犬相闻"，宛如世外桃源。

安化的马路溪村则属于典型的组团集中型村落。村落周围群山逶迤、跌宕起伏，马路溪将村落自然地一分为二。村落中间，利用条件最佳的平地为农田，建筑在山脚聚集成两个组团。东边的大圆坪组团因靠近308省道，交通便利，民居

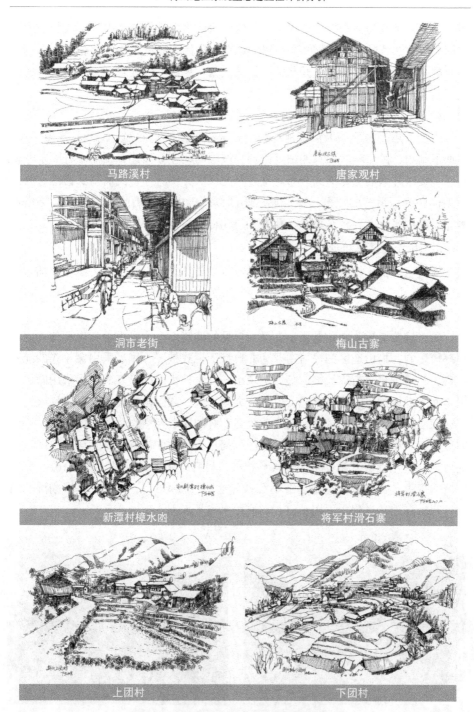

马路溪村 　　　　　　　　　　唐家观村

洞市老街 　　　　　　　　　　梅山古寨

新潭村樟水凼 　　　　　　　　将军村滑石寨

上团村 　　　　　　　　　　　下团村

图4-9　梅山地区传统村落景观环境图谱

新旧混杂，多数为新修现代建筑。西边的湖田湾组团则完整地保留了大量的木质板屋。集中连片的民居整体朝向为坐北朝南，房屋之间有羊肠小路相连。屋檐下堆起的一捆捆柴火，屋顶上升起的一缕缕炊烟，屋前一漾漾水田，屋边一排排篱笆，给人一种古朴、原始、宁静、祥和之美。

（3）逐级散点型

逐级散点型村落一般位于地势起伏较大、坡度较陡的偏远山地，规模较小。受地形制约，民居和农田只能根据山势，按等高线逐级而建，因而没有固定的朝向，一般以开敞的散点形式分布。景观竖向层次分明有序，民居高低错落，与自然山体保持了适宜的比例尺度。民居之间以蜿蜒曲折的山间小道连接，梅山古寨、新潭村樟水凼、将军村滑石寨和九龙池村均属于此种布局。

4.5.2.3 传统村落建筑形态

梅山地区传统村落中建筑形态各具特色，最具代表性的建筑为民居、祠堂和风雨桥。

（1）民居

民居是传统村落中数量最多、最为常见的建筑形态。受梅山文化和独特的地理环境影响，梅山地区的民居主要为非典型干栏式板屋，民居采用穿斗式的纯木结构，其装饰颇有苗瑶风格，整体呈现出一种古朴优美的形态。民居采用两坡式屋顶和深远挑檐，上覆小青瓦，以适应大雨天气、减少雨水侵蚀。民居一般为二层或三层，有的一层为堂屋、厨房或卧房，有的底层架空作为畜禽的栏舍。建筑前往往有一小片禾场用于晾晒谷物或农家简单劳作。中层基本都为居住空间，有些民居会利用顶层开敞阁楼来储谷藏物等，也有些用木板封闭（图4-10）。因为空气湿度大，大部分民居都建在毛石砌台基上（图4-11），以解决一层潮湿的问题。房屋在建造过程中不用铁钉，均使用木楔子加固。

图4-10 底层架空、顶层开敞的马路溪村民居

图4-11 砌筑在石基上的正龙村民居

从平面布局上看，民居主要分为"一"字形、"L"形、"凹"字形和院落式四种类型。"一"字形民居是数量最多的，因其体量小，适合于多山的梅山地区，分布广泛。"L"形、"凹"字形是在主体建筑的一侧增建"耳房"，作为贮藏等附属空间或者居住空间（图4-12）。院落式建筑占地面积大，多为村落中重要的祭祀建筑或富庶人家的大院，因此，数量较少（图4-13）。

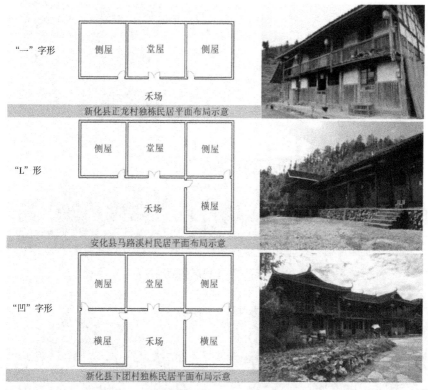

图4-12　梅山地区独栋民居常用平面布局形式

在材质的选择上，除屋架和外墙使用木材外，有些墙体会采用竹编夹泥墙（图4-14），配着当地独有的白色石灰墙，白墙映衬着原色的穿斗式木构架，起到了画龙点睛之效，也缓解了民居整体的凝重感，并且在视觉上起到了平衡作用（图4-15）。

民居的细部装饰除祠堂等重要建筑外，整体朴素简单。屋脊上除中间有简单装饰外，两端多以牛角起翘，这样的造型源于对梅山始祖蚩尤的崇拜。木雕装饰极为普遍，主要采用浮雕、圆雕与线刻的装饰手法，多应用于窗棂、门头、雀替、梁柱上。石雕主要应用在石阶、柱础以及神龛前的香炉上。

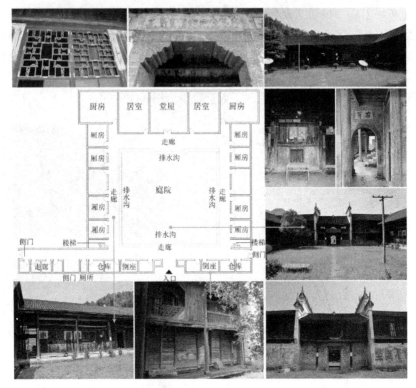

图4-13 梅山地区院落式民居平面布局及空间现状

图4-14 民居上还未粉泥的竹编墙

图4-15 正龙村民居上白色石灰墙

（2）祠堂

传统的村落多聚族而居，血缘关系和宗族制度便成为维持村落社会的纽带。祠堂不仅是村落宗族意识和文化观念的精神象征，也是村落中形态最庄重、装饰最华丽的建筑。梅山地区以宗族关系聚居的传统村落，布局通常是以祠堂为核心向四周发散。正龙村的袁氏祭室、洞市村的贺氏宗祠、下团村的奉氏宗祠、土坪村的廖氏宗祠在村落中都有着非常重要的地位。祠堂是公共活动的中心节点，一般为围合式或半围合院落。

洞市村的贺氏宗祠结构紧凑、功能齐全、布局合理，是安化县保护最完整的家族宗祠。祠堂位于洞市老街入口，坐西朝东，为二层两进式四合院。屋顶为硬山形式，上覆小青瓦，内檐出廊，砖木结构。入口前面为青砖，石柱门框，门框上有对联："梅岭云开诸峰挺秀，镜湖月朗万派长流"，门楣为"双龙戏珠"，高浮雕石刻上嵌"贺氏宗祠"四字。进入院内，中间有天井，两侧为厢房，天井正中有石桥连通前厅中厅。中厅通后院，两侧有厢房，为仓库，后院北侧为厢房，南侧有楼梯通二层。后厅空间高，直达房顶，是集祭祖、宗法、议事的场所，二楼则为仓库。院内所有木构屋柱，高大挺直，充满霸气。每个柱础都刻有精美图文石雕，有生肖、花草、祥云藤蔓、牌楼神像，工艺堪称一绝。楼上凭栏皆为纹饰雕栏，上下呼应。贺氏宗祠不论从建筑造型还是装饰都蕴涵着浓郁的地方文化特色，是梅山古代能工巧匠们智慧的结晶，具有较高的艺术价值。

（3）廊桥

廊桥最能反映梅山地区建筑的乡土性。勤劳智慧的梅山先民们，在长期的生活实践中，因地制宜，就地取材，或叠木架梁，或凿石为拱，津梁之桥一律盖以廊屋，创造了既利通行，又兼具躲风避雨、休憩交流功能的廊桥建筑。目前，安化和新化县境内现存60余座廊桥，其中安化县已有7座，2013年被列为全国重点文物保护单位（表4-19）。这些廊桥，优美坚固，构思独特，工艺精良，或横跨险滩绝壁之上，或静卧市井村落之中，与青山绿水、田野房舍相映成趣，同自然和谐相融，体现了梅山人的聪明智慧和质朴审美，具有较高的研究价值。

廊桥多为木质结构，至上而下可以分为廊屋、桥跨、桥墩三个体系。杉木为主要的建筑材料，不用一颗铁钉建桥，只在柱子上凿通无数大小不一的孔眼，以榫衔接，斜穿直套。其坚固程度不亚于铁、石桥，可延二三百年而不损。梅山地区廊屋的梁架结构为穿斗式和抬梁穿斗混合式两种。

梅山地区廊桥平均跨度约30米，为增大桥的跨度与承载能力，80%以上为伸臂挑梁式多跨木平廊桥。层层叠叠的伸臂梁不仅是连接与支撑主梁与桥墩的重要构件，也丰富了廊桥的整体立面造型。桥墩一般为六面船形柱体，简洁而又坚固。将桥墩在迎水方向做成子弹头形式的分水刀，是为了减少水流的阻力，起到稳固桥身的作用。

表 4-19　安化县 7 座全国重点保护风雨桥基本信息及形态特征调查

名称	位置	建造时间与形态特征	现状图
永锡桥	江南镇锡潭村	为安化县规模最大、保存最完好的木结构风雨廊桥。桥体南北向卧于麻溪上，全长 83 米，高 12.8 米，宽 3.7 米。重檐屋顶，悬臂挑梁，三桥墩，分水呈棱形。桥两端有歇亭，北端桥头有碑亭，端桥亭为三层庑殿式屋顶，顶下有"永锡桥"桥名匾额，一对栩栩如生的木雕狮子神态安详地立于匾下。桥头有石级阶梯，守桥人住在与主桥相连的四合院中	
燕子桥	梅城镇启安村	建于清乾隆年间，现存建筑为道光二年（1822年）。桥体东西向横跨伊溪，重檐屋顶，悬臂挑梁，二墩二台，桥墩迎水面呈棱形，四层鹊木。桥身采用卯榫结构，全长约 38.5 米，高 11 米，宽 3.8 米。桥两端有歇亭，西桥头有过道和守桥亭，东桥头南北两侧有石台阶。两端牌楼采用重檐庑殿式屋顶，中间为歇山式屋顶，屋脊上为三星宝顶，脊角装饰着龙形泥塑	
十义桥	梅城镇十里村	建于清光绪十三年（1887年）。桥体呈南北向，重檐屋顶，木结构，桥墩迎水面呈棱形，四层鹊木。全长约 65 米，通高 10.2 米，宽 3.9 米，中间为走道，两侧为歇亭。北桥头有过道，南桥头西侧有石台阶	
思贤桥	江南镇七一村	建于清咸丰四年(1854 年)。南北横跨资水支流思贤溪，为歇山重檐小青瓦顶，悬臂挑梁木结构渠架，二墩二台三孔，桥墩迎水面呈棱形，五层鹊木。全长 57.5 米，通高 9 米，宽 4.1 米，南、北端施重檐庑殿顶牌楼，顶上飞檐翘角，画栋雕梁，北端铺设石级。门楼横匾以青花瓷片镶嵌，楷书"思贤桥"三字，守桥亭立于桥的南端	

续表 4-19

名称	位置	建造时间与形态特征	现状图
马渡桥	东坪镇杨林管区	建于民国六年（1917 年）。桥体呈东南—西北向横跨槎溪，悬山重檐顶、悬臂挑梁，二墩二台，桥墩迎水面呈棱形，鹊木五层。全长约 46.5 米，通高 10 米，宽 3.7 米，中间为走道，两侧为歇亭，西北方为石级台阶	
仙牛石桥	大福镇新桥村	建于清同治十三年（1874 年）。桥体呈东南—西北向跨于沂溪之上，重檐屋顶，悬臂挑梁，二墩二台，桥墩迎水面作棱形，四层鹊木。全长 34.7 米，通高 8 米，宽 4 米，中间为走道，两侧为歇亭	
复古桥	柘溪镇双桥村	建于清光绪三十三年（1907 年）。桥体呈东南—西北向横跨双桥溪，重檐屋顶，悬臂挑梁，二墩二台，棱形分水，五层鹊木。全长 30.8 米，通高 6 米，宽 3.8 米，中间为走道，两侧为歇亭。歇亭共 13 空，每空 2.3 米，两端桥头均有有麻石风火墙和麻石阶梯	

　　梅山地区廊桥的建筑装饰手法大多比较简洁，没有过多的细节装饰处理。古朴却显自然的造型，粗犷但不失细腻的风格，折射出先民高超的工艺技巧和朴实的审美观念。

　　廊桥为梅山人提供了重要的社交娱乐空间。它们横跨在溪流山谷之上，方便了村民之间的交往，促进了村寨之间的联系，沟通了梅山与外界的交流。人们在廊桥上休息聊天、躲风避雨、避暑乘凉、聚会交易，浓厚的乡土气息悠然飘荡于青山绿水之间。

4.5.3　梅山地区传统村落的价值评价

4.5.3.1　梅山地区传统村落的价值评价体系

　　传统村落评价的指标体系包括历史悠久性、保护完整性、景观乡土性、环境协调性和文化传承的典型性五个方面（表 4-20）。

表 4-20 梅山地区传统村落价值评价体系

指标	权重	分级赋值				
		9	7	5	3	1
悠久性	0.1979	明清以前	明清时期	民国	20世纪50~70年代	20世纪80年代以后
典型性	0.0869	时代的典型代表	特色鲜明	有特色	大众性	灾害易损形
完整性	0.1845	建筑完好，村落组合完整	建筑较完好，村落组合完整	建筑1/3（局部）倒塌，形态较完整	建筑2/3（局部）倒塌，形态基本完整	残垣断壁
协调性	0.1227	与周边环境十分协调	与周边环境比较协调	与周边环境协调	与周边环境基本协调	与周边环境不协调
乡土性	0.4080	充分反映当地地域特色、风俗习惯等	比较能反映当地地域特色、风俗习惯等	一般反映当地地域特色、风俗习惯等	反映一点当地地域特色、风俗习惯等	不反映当地地域特色、风俗习惯等

（1）历史的悠久性

对于传统村落而言，存在时间的长短是最能判定其历史价值的指标。可以从传统村落内现存最早建筑年代及传统建筑群集中修建年代两方面来评价。梅山地区传统村落多为清末民国时期的，承载着丰富的历史文化信息，是梅山历史、文化的"活化石"和"博物馆"。

（2）传承的典型性

传承的典型性是传统村落所继承并有效发挥的传统文化特征。可以从物质和非物质文化的传承两方面来衡量。物质形态方面的三个评判因素包括村落的选址、布局是否具有典型的地域、民族特色；民居建筑的形态、建造技术及装饰风格是否能较好地反映当地历史发展和演变的过程。非物质文化方面则体现在传统村落中人类生活方式和民族性格是否保持着鲜明的特色；村民是否保留有特殊的思想观念和精神信仰；传统技艺是否传承状态良好，至今仍以活态延续。

（3）保护的完整性

完整性是指现存传统建筑（群）及其建筑细部乃至周边环境保存的完整度。完整性包括了村落的规模，是否集中连片分布或形成完整街区；是否基本保持了传统格局，街巷体系较为完整；建筑功能的丰富程度；是否仍有原住居民生活使用，保持了传统村落的活态性等方面因素。

（4）环境的协调性

环境的协调性指村落与周边优美的自然山水环境或传统的田园风光是否保有

和谐共生的关系。梅山地区的传统村落与周边环境保持良好的协调共生关系，这体现在村落选址理念、名居的建筑形态及装饰风格。

（5）景观的乡土性

传统村落作为乡土文化景观，乡土性是整体人文生态系统的核心。可以从"物、事、意"三方面来评价。"物"指实体性景观元素，包括现存传统建筑（群）和景观构筑物在造型、结构、材料、装修装饰等方面是否具有典型地域性或民族性特色，当地人日常生活所涉及的器具、物品等生活元素是否具有地域特色。"事"指事件性景观元素，包括能体现当地人传统生活方式的事件、有代表性的生产实践事件、可供观赏和参与的非物质文化活动事件等。"意"指在物质与非物质综合层面所表现的地方精神、地方情结、乡土意境等可感知元素。

4.5.3.2　梅山地区传统村落的价值评价方法

由于上述五个指标仅能体现传统村落的一个方面，为了体现村落的整体价值，采用五个指标的加权平均数作为梅山地区传统村落的价值指数。价值指数的计算公式如下。

$$\begin{cases} E = \sum_{i=1}^{5} p^e_i f^e_i \\ \sum_{i=1}^{5} p^e_i = 1 \end{cases} \qquad (4.9)$$

公式 4.9 中，E 为某一传统村落的价值评价值，p^e_i 为评价指标 i 的权重值，f^e_i 为评价指标 i 的评价值。

根据传统村落价值评价模型，按照评价值的高低，将梅山地区传统村落分为三个保护级别。一级保护村落评价值在 6~9；二级评价值在 4~6；三级评价值在 1~4。

4.5.3.3　梅山地区传统村落的价值评价结果

①从对梅山地区 14 个传统村落的价值指数结果来看（图 4–16）。

一级保护村落为下团村（7.82）、正龙村（7.59）、唐家观古镇（7.28）、黄沙坪村（6.63）、上团村（6.41）、马路溪村（6.21）、楼下村（6.01），占传统村落的 50%。

二级保护村落为土坪村（5.62）、洞市老街（5.30）、高城村（5.20）、梅山古寨（5.01）、将军村滑石寨（4.30），占传统村落的 35.7%。

三级保护村落为新潭村樟水凼（3.80）、九龙池村（3.71），占传统村落的 14.3%。

②从综合价值指数上看，85.7%的村落价值分值在 4~9，1~3 的为空白，说明梅山地区传统村落整体价值较高。

③从历史的悠久性来看，梅山地区传统村落整体发展历史较为悠久，悠久性

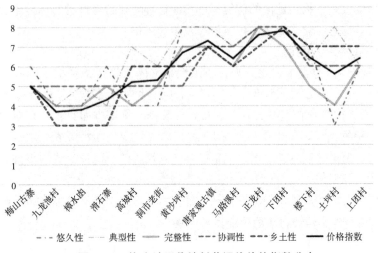

图 4-16　梅山地区传统村落评价价值指数分布

评价值主要集中于两个区间。7~8 的村落有唐家观古镇、黄沙坪村、下团村、正龙村，它们是梅山地区历史最悠久的村落，占 28.6%；4~6 的村落包括梅山古寨、马路溪村、九龙池村、将军村滑石寨、新潭村樟水凼、高城村、洞市老街、上团村，历史比较悠久的占 57.1%。

④从文化传承的典型性来看，明显形成了两个区间。评价值在 7~8 的村落有7 个，包括下团村、正龙村、唐家观古镇、高城村、黄沙坪村、土坪村、马路溪村，占总数的 50%，一半的村落都具有自己较强的文化特色。其余 7 个村落的评价值在 4~6，也具有一定的文化特色。

⑤从整体保护的完整性来看，除去空白区间可以分为三个区间。评价值在 7~8 的村落有 4 个，包括下团村、正龙村、唐家观古镇、黄沙坪村，占 28.6%；评价值在 5~6 的村落有 5 个，它们是将军村滑石寨、洞市老街、马路溪村、上团村和楼下村，占总数的 35.7%。其余 5 个村落的评价值在 3~4。数据说明，随着村落的建设和发展，老建筑和景观设施不断受到冲击，对于传统村落的整体保护性有待加强。

⑥从与环境的协调性来看，梅山地区村落整体协调性较高，所有村落评价值都没有 5 以下的。评价值主要集中在两个区间。评价值在 7~8 的村落有 4 个，包括下团村、正龙村、唐家观古镇、黄沙坪村，占 28.6%；其余 10 个村落评价值在 5~6。

⑦从景观的乡土性来看，评价值可以分为三个区间。评价值在 7~8 的村落有5 个，分别是下团村、正龙村、上团村、土坪村和唐家观古镇，占总数的 35.7%；5~6 的村落包括高城村、黄沙坪村、洞市老街、马路溪村和楼下村 5 个村落；其余的村落评价值在 3~4。近年来，新化县非常重视发展以梅山文化为主线的文化

生态旅游项目，全域发展旅游，传统村落中逐渐恢复、活态传承并宣传展演关于梅山山歌、梅山武术、梅山傩戏等极具梅山地域特色的非物质文化遗产，取得了一定成效，相较于安化县而言，新化县的传统村落的乡土性更加突出。

4.5.4 梅山地区传统村落的整体人文生态系统适宜性评价

从旅游的角度来看，可以从传统村落的价值和缓冲距离两方面评价资源开发的适宜性。一方面，传统村落的价值越高，相应的保护级别越高，其整体人文生态系统越容易受到人类行为的干扰和破坏，人文生态敏感性也随之增加，越不宜开发。另一方面，传统村落应有相应级别的保护缓冲范围，离村落距离越近，旅游活动对村落的干扰度越大，其旅游开发的适宜性越低。因此，根据我国《各级文物保护单位保护范围建设控制地带标准和依据》及传统村落保护相关文件规定，结合梅山地区传统村落的价值评价结果，以传统村落为核心资源点，以100米为单位间距，运用ArcGIS中空间分析的欧式距离运算功能，向外建立缓冲区，分别得到一级、二级和三级保护村落的生态适宜性缓冲区。随着距离的增加，区域的生态适宜性逐渐增加。

根据梅山地区传统村落价值的高低和保护的重要性，对三个保护级别的村落进行重要性评判，分别得到一级保护村落的权重值为0.65；二级保护村落的权重值为0.23；三级保护村落的权重值为0.12。将三个保护级别的传统村落适宜性缓冲区图导入ArcGIS中，并分别赋以相应的重要性权重值进行叠加分析，然后按照综合适宜性值的高低进行重分类，最后生成梅山地区传统村落整体人文生态系统适宜性分级图。分析结果显示，适宜性高的区域主要集中在梅山地区东部地势较为平坦的平原和丘陵地区，占研究区面积的30.94%；传统村落主要位于西部的山区，适宜性低的区域占9.60%。

4.6 梅山地区景观生态适宜性综合评价

综合梅山地区景观生态自然度、旷奥度、美景度、敏感度、相容度、可达度以及传统村落整体人文生态系统适宜性七个评价指标的分析结果，根据各指标在整体景观生态适宜性指标体系中的重要性程度，采用层次分析法构建成对比较矩阵，并计算得出各个评价指标权重值。得到七个评价指标的权重值依次为自然度（0.0894）、旷奥度（0.0714）、美景度（0.1674）、敏感度（0.2095）、相容度（0.1215）、可达度（0.1492）、传统村落整体人文生态系统适宜性（0.1916）。

确认好各指标权重后，根据景观生态适宜性的高低将各指标分成不同等级（表 4-21）。自然度指标中，景观的自然属性保留得越完整，人工化痕迹越少的

表 4-21 梅山地区景观生态适宜性评价指标等级划分

编号	评价指标	权重值	属性分级	评价值
1	自然度	0.0894	人工景观	1
			半自然景观	2
			自然景观	3
2	旷奥度	0.0714	奥景观	1
			过渡景观	2
			旷景观	3
3	美景度	0.1674	很差级	1
			较差级	2
			一般级	3
			较好级	4
			很好级	5
4	敏感度	0.2095	不敏感区	1
			弱敏感区	2
			高敏感区	3
			极敏感区	4
5	相容度	0.1215	相容度低	1
			相容度较低	2
			相容度较高	3
			相容度高	4
6	可达度	0.1492	可达度极低	1
			可达度较低	2
			可达度较高	3
			可达度极高	4
7	传统村落整体人文生态系统适宜性	0.1916	适宜性低	1
			适宜性较低	2
			适宜性中等	3
			适宜性较高	4
			适宜性高	5

区域自然度越高，但自然度高也意味着生态系统敏感度高，因此，景观生态适宜性相对较低。旷奥度指标中，地势平坦、视野开阔的旷景观更适宜人类活动和开发建设，表现出较高的生态适宜性。美景度指标中，景观的美学价值和视觉美感高、特色突出的区域越适合进行旅游开发，反之适宜性越低。敏感度指标中，敏感度高则说明区域能够允许和承载的人类活动干扰及自我调节和生态恢复的能力较差，景观生态适宜性也较低。相容度评价指标中，相容度高表示区域内环境容量较大，人地关系较为和谐，景观生态适宜性也较高。可达度指标中，可达度越高越便于开展各种旅游活动，适宜性越高。整体人文生态系统中，传统村落价值越高，其保护级别也越高，越易受到人类行为干扰和破坏，生态适宜性越低。并且从保护的角度来看，距传统村落越近的区域越不适宜进行旅游开发。

根据梅山地区景观生态适宜性各评价指标的计算结果，借助 ArcGIS 的空间分析功能，采用加权叠加法，将各评价指标分析图赋予相应的权重进行叠加分析，得到梅山地区景观生态适宜性综合分析图，按评价分值由高到低分为五个等级，并计算出每个等级的景观面积（表 4–22）。

表 4–22 梅山地区景观生态适宜性分区面积统计

景观生态适宜性分区	面积（km²）	所占比例（%）
适宜性高区	1443.48	16.80
适宜性较高区	1994.23	23.21
适宜性中等区	2644.66	30.78
适宜性较低区	1879.96	21.88
适宜性低区	629.80	7.33
总计	8592.13	100

分析结果显示，梅山地区景观生态适宜性高的区域主要集中于安化县小淹镇至东平镇资江沿岸包括江南镇茶马古道风景区周边地带、云台山及柘溪风景区、新化县紫鹊界景区及奉家山、古台山森林公园、新化县县城及娄怀高速沿线区域，适宜性高和较高的区域面积共计 3437.17km²，占总面积的 40.01%。有近 30% 的区域因海拔较高、交通可达度较低、生态敏感度高导致生态适宜性较低。

5 梅山地区生态旅游发展战略与开发模式研究

5.1 梅山地区生态旅游发展战略和定位

5.1.1 战略目标和开发原则

5.1.1.1 战略目标

(1) 总体目标

梅山地区生态旅游发展的总体目标是以可持续发展为核心理念，以自然环境为基础，以梅山文化为灵魂，以大熊山国家森林公园、紫鹊界景区、茶马古道景区为中心，构建自然观光、休闲娱乐、文化体验、养生康体、科普研学等多层次高品质生态旅游产品体系，合理布局发展规划，积极拓展客源市场，塑造旅游整体品牌形象，将梅山地区打造成省内一流、国内外知名的综合性生态旅游示范区，让旅游业成为经济增长的新引擎。

(2) 分期目标

梅山地区生态旅游的开发，不是单个项目的开发，而是需要在整体规划的基础上，分批逐步实施开发策略。本书将梅山地区生态旅游开发分为近期、中期和远期三个阶段。分期建设时要根据阶段目标突出各功能区的资源特色，合理布局、稳扎稳打、逐步完善，这样才能使区域内的生态旅游保持健康、永续地发展，实现梅山地区社会全面和谐发展。

①近期阶段（2020—2025 年）目标为拟定科学详细的生态旅游发展规划；明确未来生态旅游发展方向和重点建设项目；完善基础设施和配套服务设施建设；巩固现有客源市场，进一步拓展省内市场；建立健全机制；加强品牌形象宣传；鼓励社区居民参与。

②中期阶段（2026—2030 年）目标为完善旅游产品结构；加强旅游信息网络

的建设和人才引进；落实发展规划和相关政策，围绕紫鹊界、大熊山、茶马古道、梅山龙宫、雪峰湖湿地、油溪河景区等重点旅游区进行开发，争取吸引更多国内外客源。

③远期阶段（2031—2035年）目标为区域生态旅游产业步入良性循环轨道，大部分生态旅游资源得到合理的开发；使社区居民积极参与资源的保护与开发，梅山地区人民生活水平得到较大提升；重点扶植高品质的体验型、研究型生态旅游产品，与省内其他旅游区形成战略联盟，形成一批在国内甚至国际上有较高知名度的旅游产品；带动区域内其他产业发展。

5.1.1.2 开发原则

生态旅游的开发不同于一般的旅游开发，是一个多目标体系的复杂工程，需要在科学的基础上进行详细严格的规划，明确生态旅游开发的目标和市场潜力，经过综合分析，确定实施计划并加以落实。而在规划前先要确定生态旅游的开发原则，以保证生态旅游开发沿着正确的方向前进。梅山地区生态旅游开发应遵循以下四条原则。

（1）以生态保护为前提

生态旅游开发终极目标是经济、生态的协调发展。旅游开发应服从于生态保护，在保护当地生态资源的前提下，协调旅游与环境的相互关系，力求将旅游开发对环境的影响降至最低，以实现可持续发展。"皮之不存，毛将焉附"，旅游资源和环境被破坏，旅游业的发展也就失去了依托条件，因此，生态旅游的开发首先应以生态保护为基础，通过旅游提高生态旅游资源的根本价值，达到提升当地人民生活水平，维护自然、文化环境，促进区域经济社会发展的目的。

（2）以市场需求为导向

生态旅游活动的开展受市场的影响较大，因此，开发时要以市场为导向，一方面，客观、全面地调查分析区域特色，因地制宜，确定总体的布局模式，塑造梅山地区生态旅游的整体形象，突出各景点的资源特色，避免重复开发，使各项目协调发展，优势互补；另一方面，要依托现有的景区，延伸服务，把有限的人力、物力和财力投入到重点开发区域和重点旅游项目中，补充和优化服务功能和可参与性项目，形成一批有规模、有影响力的旅游产品。

（3）以社区参与为重心

生态旅游的发展需要社会各界的共同努力和多方参与。在生态旅游开发中，既要关注旅游者的需求，也要充分考虑旅游经营者、旅游管理者和当地居民的应得利益。生态旅游管理的重心在社区，应采取多种形式、普遍征求利益相关者的意见，坚持让社区居民参与到政治、经济、文化建设与决策中，通过财政补贴、解决就业等方式统筹协调好利益的分配问题。只有使当地居民成为真正的受益者，才能提高社区参与旅游开发的积极性，进而实现生态旅游的扶贫功能，使社区居民能够积极投入到生态环境保护和生态旅游业发展的工作中来。

（4）以生态美学为原则

保持旅游景区生态环境的原真性是旅游开发的基本要求。旅游开发时要始终坚持以生态美学为原则，尽量保持景区生态的旅游景观、配套设施、建筑的设置、布局、外观与周围环境和谐统一，使旅游者从优美的生态环境中体会大自然独有的野趣风韵。

5.1.2　生态旅游的发展战略

5.1.2.1　SWOT 战略组合分析

生态旅游发展战略是生态旅游科学开发的前提。通过第二章对梅山地区生态旅游发展的 SWOT 分析和梅山地区生态旅游市场现状分析，可以构建相应的矩阵，并形成 SO、WO、ST、WT 四种战略（表 5–1），这些战略组合将成为梅山地区生态旅游发展战略的参考依据。

（1）SO 增长型战略组合

SO 战略是根据内部优势（S）和外部机遇（O）情况组合而制定的增长型战略，目的是依靠内部优势，利用外部机遇，实现旅游发展。梅山地区拥有优良的自然生态环境、丰富的生态旅游资源、深厚的历史文化底蕴以及广阔的客源市场，这些都是梅山地区生态旅游腾飞的基础。旅游业的飞速发展，人们生活收入水平的不断提高，政府政策的大力支持等都为梅山地区生态旅游带来了更大的发展机遇。首先，梅山地区生态旅游发展应利用自身优势，以资源为依托、以市场为导向，在环境容量允许的基础上，加大生态旅游开发力度。其次，可根据旅游市场发展趋势，紧抓国家发展生态旅游的有利时机，完善旅游产业要素，积极打造"茶旅一体化"等复合产业体系。此外，还可以利用交通升级的机会，完善基础设施建设，合理规划旅游线路，在进一步调整旅游空间结构和丰富产品层次的同时，整合区域资源，开发新产品，拓展经营领域，获得更大的旅游市场空间。

（2）WO 扭转型战略组合

WO 战略是根据内部劣势（W）和外部机遇（O）情况组合而制定的扭转型战略，目的是利用外部机遇，克服内部弱点。虽然拥有众多机会，但梅山地区生态旅游发展仍然存在着明显的劣势。因此，应从以下四点出发，扬长避短，变劣势为优势。第一，抓住政策机遇，结合交通设施升级建设，提升纵深腹地的交通

表 5-1 梅山地区生态旅游 SWOT 战略组合分析

内部因素 组合战略 外部因素	优势(Strengths) 1.生态优越，旅游开发意识较强 2.特色鲜明，梅山文化底蕴深厚 3.资源丰富，旅游结构层次多元 4.辐射效应，旅游市场潜力巨大	劣势(Weaknesses) 1.交通闭塞，道路可进入性较差 2.资源分散，景区配套建设滞后 3.资金有限，基础设施有待完善 4.人才短缺，服务管理水平偏低
机遇 (Opportunities) 1.发展迅速，旅游市场需求递增 2.收入增加，经济结构日趋合理 3.政府扶持，交通升级带动发展 4.区域协作，吸收借鉴成功经验	**SO 增长型战略** **（加强优势，抓紧机遇）** 1.以资源为依托、以市场为导向，加大生态旅游开发力度 2.根据市场发展趋势，紧抓有利时机，完善旅游产业要素，积极打造复合产业体系 3.合理规划旅游线路，进一步调整旅游空间结构和丰富产品层次 4.整合区域资源，开发新产品，拓展经营领域，获取更大的市场空间	**WO 扭转型战略** **（利用机会，克服劣势）** 1.抓住政策机遇，提升纵交通可达度 2.以市场需求为目标，调整旅游资源开发力度，实施有针对性的措施，克服劣势 3.加强区域合作，完善产业配套，拓展资金来源，完善基础设施建设 4.积极培养旅游专业人才，提高旅游管理、服务质量
威胁（Threats） 1.竞争激烈，旅游需求弹性较大 2.法规滞后，旅游发展风险重重 3.宣传不足，周边旅游形象遮蔽 4.意识薄弱，社区参与程度不高	**ST 多元化战略** **（利用优势，积极应对）** 1.基于资源特色，开发差异化产品，错位发展，分工协作，避免重复竞争，以形成"形象叠加"效应 2.建立健全旅游创新体系，丰富旅游产品，拓展旅游产业链条、旅游客源市场，应对市场变化 3.加大品牌推广力度，实施精品战略，提升品牌拉动效应，产生品牌延伸效果 4.坚持以生态保护为前提发展旅游，加强生态旅游意识宣传，鼓励当地社区和居民积极参与，多群体并发实现利益的共享	**WT 防御型战略** **（改变劣势，回避威胁）** 1.开发差异化、多层次旅游产品，培育产品在区域的竞争优势 2.完善基础设施和配套体系 3.制定相关法规，健全保护机制，完善管理机制，规避潜在风险 4.加强与周边区域的联合协作，扬长避短，扩大知名度

可达度；第二，顺应发展趋势，以市场需求为目标，调整旅游资源开发力度，实施有针对性的措施，克服劣势；第三，加强区域合作，调动资本力，高效利用土地，完善产业配套，建立多渠道融资机制，大力拓展资金来源，积极引进、利用外资和社会资金，完善基础设施建设；第四，积极引进和培养旅游专业人才，进

而提高旅游管理队伍的素质和旅游服务质量。

（3）ST 多元型战略组合

ST 战略是根据内部优势（S）和外部威胁（T）情况组合而制定的多元型战略。它是在外部机遇逐渐消失，外部威胁逐渐增加的情况下选择的最佳战略，目的是依靠内部优势，回避外部威胁，让原有产业尽量按市场需求的变化进行多元化发展，拓宽旅游产业链条并大力发展其他关联产业，属于资源低依赖型和可持续发展型模式。梅山地区生态旅游发展应针对自身资源特色，开发差异化产品，与周边区域错位发展，分工协作，打破省内各市、县行政区划上的壁垒，以避免重复竞争形成的"形象叠加"效应；建立健全的旅游创新体系，丰富旅游产品，拓展旅游产业链条、旅游客源市场，以应对市场变化；加大生态旅游产品品牌推广力度，有目标、有重点地进行宣传、促销，并实施精品战略，提升品牌拉动效应，产生品牌延伸效果；坚持以生态保护为前提发展旅游，加强生态旅游意识宣传，鼓励当地社区和居民积极参与生态旅游开发，通过产品的多群体开发实现利益的共享，最终实现生态旅游的可持续发展。

（4）WT 防御型战略组合

WT 战略是根据内部劣势（W）和外部威胁（T）情况组合而制定的防御型战略，目的是减少内部弱点，回避外部威胁。目前，梅山地区旅游业有着无法回避的劣势，面对强大的外部威胁，不能墨守成规。一方面，要采取积极有效的措施，改善自身条件，在区域竞争中主动寻找发展机会。围绕核心资源进行产品的延展，开发差异化、多层次旅游产品，培育产品在区域的竞争优势，完善基础设施建设，逐步消除内部劣势。另一方面，要采取有针对性的措施，制定生态旅游相关法规，健全资源环境保护监管机制，完善旅游安全管理监察机制，探索一套合理的规划策略，规避潜在风险。加强与周边区域的联合协作，整合资源，扩大知名度，在压力中寻求新的市场机遇。

5.1.2.2 战略选择

由于 SWOT 分析法主要为定性分析，缺少定量分析过程，受主观影响较大。因此，本研究在前文对于内外因素的综合分析基础上，建立关键因素评价模型进行定量分析，从而提出梅山地区发展生态旅游的发展战略，找准目标定位，明确发展方向，为梅山地区生态旅游发展研究和景观规划及设计提供参考。

建立内部关键因素 IFE 矩阵（internal factor evaluation matrix）与外部关键因素 EFE 矩阵（external factor evaluation matrix）评价模型有以下几个步骤。首先，根据各因素的重要程度，采用层次分析法和专家打分法计算其权重值。优势和劣势、机遇和威胁的权重之和均为 1。接着，根据梅山地区发展生态旅游对各关键因素的有效反应程度进行评分。量级评分时，采取 0~5 的评分尺度。如果此项有重大战略性的影响，则为 5 分；如果此项极不重要，则为 0 分。优势和机遇用正数表示，劣势和威胁用负数表示。将每个因素的评分值乘以它的权重，即得到每个因素的加权分数。然后，分别将内部关键因素与外部关键因素的加权分数相加，以得到总加权分数。最后，评价模型建立好后，根据梅山地区生态旅游不同发展阶段的战略目标，选择不同的实施战略。

（1）近期战略选择

通过对近期内部关键因素模型（表 5-2）和外部关键因素模型（表 5-3）的计算，得到梅山地区发展生态旅游的内部因素总分为 0.468，外部因素总分为 0.239 分，评价结果落在第一象限（0.468，0.239）（图 5-1）。说明梅山地区近期发展生态旅游的优势大于劣势，机遇多于威胁，应采取 SO 增长型发展战略，即巩固优势、抓住机遇，促进生态旅游的快速发展。

表 5-2　SWOT 近期战略内部因素评价

项目	内部关键因素	权重	得分（-5 ~ 5）	加权数
优势	生态优越，旅游开发意识较强	0.171	5	0.855
	特色鲜明，梅山文化底蕴深厚	0.147	5	0.735
	资源丰富，旅游结构层次多元	0.125	4	0.500
	辐射效应，旅游市场潜力巨大	0.095	3	0.285
	小计	0.538	—	2.375
劣势	交通闭塞，道路可进入性较差	0.157	-5	-0.785
	资源分散，景区配套建设滞后	0.108	-4	-0.432
	资金有限，基础设施有待完善	0.099	-4	-0.396
	人才短缺，服务管理水平偏低	0.098	-3	-0.294
	小计	0.462	—	-1.907
综合	合计	1	—	0.468

表 5–3 SWOT 近期战略外部因素评价

项目	外部关键因素	权重	得分 (−5~5)	加权数
机遇	发展迅速，旅游市场需求递增	0.165	5	0.825
	收入增加，经济结构日趋合理	0.11	3	0.330
	政府扶持，交通升级带动发展	0.135	4	0.540
	区域协作，吸收借鉴成功经验	0.103	2	0.206
	小计	0.513	—	1.901
威胁	竞争激烈，旅游需求弹性较大	0.151	−5	−0.755
	法规滞后，旅游发展风险重重	0.117	−3	−0.351
	宣传不足，周边旅游形象遮蔽	0.101	−2	−0.202
	意识薄弱，社区参与程度不高	0.118	−3	−0.354
	小计	0.487	—	−1.662
综合	合计	1	—	0.239

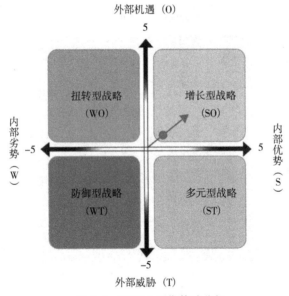

图 5–1 SWOT 近期战略分析

（3）中远期战略选择

通过对中远期内部关键因素矩阵（表 5–4）和外部关键因素矩阵（表 5–5）的计算，得到梅山地区发展生态旅游的内部因素总分为 0.707，外部因素总分为 −0.106 分，评价结果落在第四象限（0.707，−0.106）（图 5–2）。说明梅山地区远期发展生态旅游的优势大于劣势，威胁多于机遇，应采取 ST 多元型发展战略。梅山地区生态旅游发展应在多种经营战略的指导下，利用前期积累的旅游人气、产业基础等优势，从多方位下功夫，在生态旅游开发时注意产品层次的多样性，通过提升旅游产品的参与性、丰富旅游线路、增加旅游体验活动、增强信息化沟通等手段来满足游客多元化消费需求，以增强其市场竞争力。

表 5-4　SWOT 中远期战略内部因素评价

项目	内部关键因素	权重	得分 (–5～5)	加权数
优势	生态优越，旅游开发意识较强	0.171	5	0.855
	特色鲜明，梅山文化底蕴深厚	0.147	5	0.735
	资源丰富，旅游结构层次多元	0.125	3	0.375
	辐射效应，旅游市场潜力巨大	0.095	3	0.285
	小计	0.538	—	2.250
劣势	交通闭塞，道路可进入性较差	0.157	–4	–0.628
	资金有限，基础设施有待完善	0.108	–3	–0.324
	资源分散，景区配套建设滞后	0.099	3	–0.297
	人才短缺，服务管理水平偏低	0.098	3	–0.294
	小计	0.462	—	–1.543
综合	合计	1	—	0.707

表 5-5　SWOT 中远期战略外部因素评价

项目	外部关键因素	权重	得分 (–5～5)	加权数
机遇	发展迅速，旅游市场需求递增	0.165	3	0.495
	收入增加，经济结构日趋合理	0.11	3	0.330
	政府扶持，交通升级带动发展	0.135	4	0.540
	区域协作，吸收借鉴成功经验	0.103	4	0.412
	小计	0.513	—	1.777
威胁	竞争激烈，旅游需求弹性较大	0.151	4	–0.640
	法规滞后，旅游发展风险重重	0.117	4	–0.468
	宣传不足，周边旅游形象遮蔽	0.101	3	–0.303
	意识薄弱，社区参与程度不高	0.118	4	–0.472
	小计	0.487	—	–1.883
综合	合计	1	—	–0.106

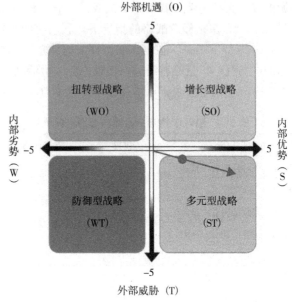

图 5-2　SWOT 中远期战略分析

上述研究结果表明，梅山地区生态旅游发展优势与劣势并存、机遇与威胁同在，应发挥其优势因素，克服其弱势因素，利用机会因素，化解威胁因素，加快生态旅游开发和建设步伐，实现近期发展目标，并根据中长期发展战略，优化生态旅游环境，开发具有梅山文化特色的生态旅游精品，提升梅山地区生态旅游的整体形象和知名度，加强与周边地区协作，开创生态旅游发展的新局面。

5.1.3　生态旅游发展定位

5.1.3.1　旅游形象定位

梅山地区生态旅游以"生态发展、绿色崛起、蚩尤故里、天下梅山"的总体形象为核心，以创建国家区域旅游示范区为契机，以"创新、协调、绿色、开放、共享"五大发展理念为发展导向，以紫鹊界、大熊山、雪峰湖、茶马古道、梅山龙宫、梅山古国等旅游区为载体，以民俗文化为补充，凸显梅山"山环水绕、神秘梅山"的优势，全面提升生态观光、文化体验、茶乡度假、湖泊休闲、康体运动等多元化产品体系服务功能，围绕梅山文化做文章，借生态旅游开发，提升梅山文化品牌，同时借助梅山文化、黑茶文化推动生态旅游的开发，从而达到梅山旅游综合开发的最佳境界，最终将梅山打造成为华中乃至国内知名的生态旅游目的地。

5.1.3.2 旅游市场定位

根据梅山地区旅游资源及产品特征、游客来源及未来发展方向，确定梅山地区生态旅游市场定位。

（1）客源对象

梅山地区生态旅游线路不长，所花时间以 2~3 天为主，因此花费不多，主要客源定位为城市的商务人员、企事业人员和专业技术人员等工薪阶层。

（2）客源年龄

梅山地区客源年龄以 19~44 岁年龄段的游客为主，以 45~64 岁年龄段的游客为补充。

（3）地理市场

梅山地区的国内市场是以省内和周边省为主要客源市场，以长沙、广州、武汉、上海等大中城市为突破口，带动其他城市的旅游市场。按照与客源地距离及市场稳定情况将国内市场分为三级。一级市场为距离最近、最稳定的基础市场。据调查，来梅山旅游的大部分是本地人和湖南省内长株潭城市群的旅游者，因此，将梅山的首期培育市场定位于湘中长株潭大城市群及梅山周边的益阳、邵阳、娄底三市的本地市场。二级市场指路程时间在 3 小时辐射圈内的客源地，包括衡阳、常德、怀化等省内市县及长三角城市群、广东省、湖北省、江西省等邻近省份的市场。三级市场以关中城市群、成渝城市群、中原城市群等目标市场为发展重点，同时积极争取从周边各景区，如张家界分流出来的游客市场。

（4）入境市场

梅山地区旅游开发的入境市场是个机会市场，波动性较大。由于梅山地区处于旅游开发的初级阶段，旅游整体品牌效应不强，知名度较低，境外旅游者目前较少。根据距离的远近和对中华民族文化的感兴趣程度将入境市场划分为三级。一级市场主要指港、澳、台地区。这些地区的居民与传统文化有着极其深厚的渊源关系，可以通过民俗、宗教、地质等特色资源条件吸引其到梅山进行文化体验、科普教育和休闲度假等旅游活动。二级市场为韩国、日本等受中国传统文化影响较深的客源国。三级市场为东南亚国家，由于临近中国，梅山地区丰富的自然旅游资源和奇特的地方民俗风情对东南亚国家人民具有一定吸引力，是梅山地区有待拓展补充的机会市场。

（5）组织形式

根据国际生态旅游市场表明，大部分生态旅游者趋向单独或两人结伴出游，结合梅山旅游者的实际情况，梅山地区生态旅游的组织形式应以家庭或 20 人以下的小团队为主。

5.1.3.3　旅游产品定位

梅山地区生态旅游产品的定位应将丰富的自然生态景观和人文生态景观通过旅游线路串联起来，并根据旅游资源特点及市场需求类型，有侧重点地开发出不同类型的旅游产品。旅游产品的开发要重点定位在山水观光休闲旅游、森林生态康体旅游、茶园采摘体验旅游、梅山文化专题旅游、地质科考探险旅游、艺术创作教育旅游等类型的生态旅游项目，突出森林湖泊观光和梅山文化体验主题。

5.1.3.4　旅游营销定位

梅山地区生态旅游营销应以政府为主导，联合社会各方力量，积极发动当地居民参与开发建设，通过市场化运作构建营销工作格局，借助网络、电视广告等可视性媒体和平台加强宣传，完善网络互动、智能服务系统、实时旅游信息更新等旅游信息系统，建立旅游网站，采取旅游伴手礼、纪念品、装饰品等多种形式的营销渠道整合资源，创新营销活动，综合运用营销手段打造梅山整体生态旅游形象。

5.2　梅山地区生态旅游开发模式

生态旅游开发涉及环境保护、布局规划、经营管理等不同角度和层面的问题，应在全面考虑各因素下采用多样化、多维度的开发模式。本书根据梅山地区生态旅游资源评价、生态适宜性评价、空间分布特征及发展战略，构建了梅山地区生态旅游四维开发模式。整个开发模式从立体层面分为空间、产品、时间、关系四个子开发模式。这四个子开发模式针对空间上的合理划分、时间上的可持续发展、产品开发的升级以及利益关系的优化四方面问题，按照由外到内、由单一到多元、由初期到成熟期、由政府到个人的递进顺序进行分类分析。子模式之间相互交错、相辅相成，是一个有机的整体（图5–3）。

5.2.1　空间维度——保护性分区开发模式

生态旅游的最大特点就是其保护性，它强调发展是建立在经济、社会、环境相互协调的基础上的。因此，生态旅游资源的开发首先要以保护为前提。旅游开发规划者应在遵循自然生态规律的基础上，确定合理的旅游功能分区，并根据区域资源与气候条件拟定适合动物栖息、植物生长、旅游者观光游览的多种规划方案，为旅游者提供最佳的自然景观环境旅游体验。

最早针对功能分区这一问题提出国家公园分区模型的是美国景观设计师福斯特（Foster），他于1973年采用同心圆模式将国家公园从里到外划分成三个区域：核心保护区、游憩缓冲区和密集游憩区。该模式曾得到世界自然保护联盟的认可。1988 年，坎恩（Cunn）在同心圆模式基础上将国家公园划分为重点资源保护区、荒野低利用区、分散旅游区、密集旅游区和服务社区五个圈层区。加拿大国家公园也普遍采用这一模式。

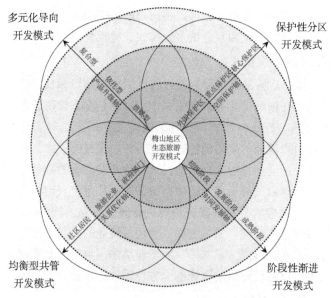

图 5-3　梅山地区生态旅游开发模式

根据生态旅游的特点和上述分区模式，本书在自然保护的前提下，将整个梅山地区划分为三个层次的旅游功能区。它们依次为外围保护区、重点保护区和核心保护区。第一层是外围保护区，它为旅游者提供包括观光、餐饮、住宿、购物等在内的各种服务，它不限制或较少限制旅游者进入。第二层是重点保护区，它处于外围保护服务区与核心保护区之间，它允许旅游观光和教学参观。区内有序设置同旅游容量相一致的配套旅游设施，对旅游线路进行科学规划。第三层是核心保护区，是保护措施最为集中与严密的自然保护区，仅用于科学考察研究，限制甚至禁止旅游者进入，不开发旅游。这是关系到旅游区品位提升不可或缺的重要因素，同时也是帮助解决可持续发展问题的重要存在。这三个层次的保护区相互依赖、相互影响、相互制约，进而组成一个完整的有机结构，为整体带来更大的综合效益。

5.2.2　产品维度——多元化导向开发模式

生态旅游产品是生态旅游开发的核心要素，而生态旅游开发的成功与否还取决于产品是否能满足旅游者个性化的潜在需求。梅山地区的生态旅游资源应在区位、属性、价值和开发时间、开发阶段等方面存在着多元化的差异特征，所以对它们的开发应采用多元化模式。实际上，多元化的开发不仅有助于展示旅游的特色和活力，提高旅游产品层次，也有助于优化区域产业结构。根据资源的禀赋特征、产品开发的层次和产业关系，可以将梅山地区生态旅游开发模式分为禀赋型先导模式、依托型伴生模式和复合型多元模式三种类型。

5.2.2.1 禀赋型先导开发模式

资源禀赋型生态旅游地是指拥有较好的自然生态环境和独具特色的人文景观的双优型旅游地。在禀赋型先导开发模式中，资源是生态旅游开发的核心，强调资源的保护和利用，打造以旅游为先导的战略支柱产业。对于这些资源优势突出、品位高、吸引力较强的旅游地优先开发，并加强旅游地之间的联系，使旅游业成为当地的先导产业。目前，梅山地区这类待开发的旅游地数量较多，但空间分布较为零散，导致以资源为主导的生态旅游产品体系呈现出分散化、孤立化的特征。因此，一方面应将分散的旅游资源进行整合，完善旅游配套设施及服务，促使其形成区域旅游产业链。另一方面，利用旅游业的先导效应，牵动整个地区的第三产业蓬勃发展，形成"三二一"的产业结构，由第三产业促进第一产业和第二产业的发展，以旅游业带动资源的全方位循环滚动式开发。

5.2.2.2 依托型伴生开发模式

在依托型伴生开发模式中，地区通常含两个以上的优势资源。因资源依托型的生态旅游地本身资源禀赋情况一般，所以仅作为旅游过程中的一个"配角"出现在旅游产品中。资源依托型旅游地根据依托对象的不同可以分为两种类型。

一类是依靠优势地理位置，依托周边某一知名度高、游客量大的景区来分流客源。如新化县水车镇正龙村借助紫鹊界梯田景区的知名度、吸引力来分流前来观光的旅游者。层层叠叠、错落有致的200余栋干栏式民居被梯田环绕其中，静静地述说着光阴的故事。正龙古村在"搭便车"开发的同时，也形成对紫鹊界梯田自然观光型生态旅游产品的互补。此外，安化县江南镇高城村借助茶马古道景区的吸引力和客源市场，结合本村的马帮文化开发生态旅游产品，把单纯的观光旅游与骑马体验乡村野趣的活动结合起来，让旅游者在马背上游览绵延不绝的群山古道和质朴纯净的山乡水涧。村落的伴生开发，不仅有利于丰富旅游活动内容，延长游客滞留时间，增强景区吸引力，增加旅游地收入，在一定程度上提升景区品位，还有利于旅游地社会的和谐发展。开发资源依托型生态旅游产品对于旅游发展和资源保护而言是一个双赢策略。

另一类是依靠优势产业，推动旅游产品的转型升级，向加工深度化和广度化进军，从而增加资源开发的附加值。这样不仅能促使旅游业快速发展，还能反过来以旅游业的发展牵动资源的深度开发和综合开发，以达到促进经济全面持续发展，带动产业升级的目的。梅山地区绝大多数属于植被覆盖度较好的乡村，农业是其优势产业。可以在具有一定规模的农田、果林、蔬菜园区或一定面积的水域等农业基础雄厚的乡村地域展开生态旅游活动。在这种依托第一产业开发的伴生模式中，生态旅游产品实质上是第一产业的拓展和延伸，旅游业的发展只是增加了第一产业的附加值。因此，现有农业基础是旅游开发的前提，此类旅游区对农业规模、发展水平、农业景观类型有较高要求。安化县是全国重点产茶县，境内已建大量产茶基地，茶叶种植产业具有雄厚基础，积累了一定的资金，其生态旅游开发适合依托型伴生模式。如安化县马路镇充分开发茶资源，将茶叶种植、黑茶加工与生态旅游相结合，积极建设集茶文化、梅山文化等一体的茶旅文化园，形成了茶旅伴生、互推互促的"茶旅一体化"产业格局，为旅游开发创造了良好的产业条件。

目前，茶旅产业已成为马路镇的主打新兴产业。据统计，至 2017 年 7 月底，马路镇接待旅游者已达到 20 万人次，创造旅游综合效益约 2000 万元。

5.2.2.3 复合型多元开发模式

在复合型多元开发模式中，旅游资源只是旅游开发中的一个次要因子，对特色旅游资源依赖程度较低是它与前述两种模式的最大差别。这种模式是在对旅游资源的深层次挖掘的基础上，对旅游产品的高层次开发，它比前述两种模式更具有主动性，更能切合旅游者的个性化旅游需求。一方面，该种开发模式可以从梅山地区旅游资源状况出发，规划多元化生态旅游产品，努力打造精品项目。目前，梅山地区创意性生态旅游产品和创新性经营方式较少，需进一步提高旅游产品的层次。生态旅游强调旅游产品的参与性与融入性，更强调旅游者对历史、文化和生活的感觉体验。可以在发展较为成熟的观光、休闲型生态旅游产品的基础上，大力开发参与性、体验性强的生态旅游产品，以满足生态旅游者对梅山文化的深度体验需求。另一方面，该种开发模式可优化产业结构。在开发产品时，统筹兼顾与旅游业相关的多种产业，选择多种共建资源，进行稳妥开发积累资金后迅速转向旅游开发，启动第三产业快速发展。这样不仅可以增强旅游业的关联效应，满足多样化旅游需求，还可以减少产品对资源的依赖性，延长产品的生命周期，促进全部共建资源的深层次开发，实现旅游资源的开发与生态环境的恢复建设、生态旅游活动三者的协调发展。

5.2.3 时间维度——阶段性渐进开发模式

生态旅游发展是一个循序渐进的过程，一般会经历初级阶段、发展阶段和成熟阶段，每个阶段会表现出不同的特征（表 5-6）。因此，梅山地区不同的生态旅游区在不同的阶段也应采用不同的开发模式。

表 5-6　生态旅游发展阶段特征

特征 发展阶段	初级阶段	发展阶段	成熟阶段
旅游主题	不明确，仅作为休闲旅游的补充	有一定的主题和活动安排	有明确的主题和系列活动
开发目的	供求关系模糊	以盈利为主	长期投资、利益共享
开发导向	资源导向	市场导向	产品导向
产品结构	单一	有一定差异	多元化
产品档次	较低	中等	较高
经营者	以政府主导为主，有个别自发形成的个人或小群体	中小企业主动参与经营	政府引导，大型企业或开发商及社区居民共同参与
经营规模	较小	有一定规模	较大

5.2.3.1 初级阶段开发模式

生态旅游开发初期，因受资金和建设周期的限制，产品结构单一，产品档次较低，生态旅游产品开发属于基础阶段。应利用旅游地自身具备的资源优势，选择最能代表梅山地区特征、发展条件较好、知名度较高、建设成本相对较低的产品逐点进行开发，尽力完善旅游基础设施和配套设施，迅速积累资金，促使旅游业稳妥起步。探索前进道路和积累运作经验，形成具有示范作用的系统发展模式。

5.2.3.2 发展阶段开发模式

发展阶段，生态旅游是在产品的基础开发层次上对旅游资源内涵与品位的进一步提升。应将开发的重点由资源转向旅游产品开发和创新性设计上，通过创新性设计赋予旅游产品更高层次的旅游价值。为满足旅游者多样化的消费需求，应围绕生态旅游优势资源开发多元化的相关产品，提高旅游产品结构的弹性，形成结构和效益良好的差异性产品组合，并不断培植区内新的旅游产品和项目，使之成为地区旅游经济新的增长点和发展的推动力。在产品优化升级的同时，调整区域产业结构，逐步增加各种设施，使生态旅游开发走上良性循环之路，向综合开发方向发展。

5.2.3.3 成熟阶段开发模式

成熟阶段，资源开发已有相当基础，资金实力已较雄厚，开发经验已有较多积累，为加快由单一产品结构向多层次产品结构、低档次产品结构向高品位产品结构的转移，增加旅游产品竞争力，品牌建设成为生态旅游开发的关注焦点。与前两个阶段的相比，这一阶段旅游的专业性、自主性和参与性更强，将对不同功能的资源进行分类开发。旅游活动以会展节日、特色体育、艺术欣赏、科学考察等高层次专项旅游为主。旅游者通常带有观光、娱乐以外的专门目的或需求。这是旅游业与区域经济文化发展到一定阶段后的产物，也是旅游业最发达的阶段。开发完成后，可以从不同程度上满足各种类型旅游者的需要。

以上三个阶段描述了资源的开发由"单项→多项→综合"的动态发展过程。如果从某一时间断面观察，不同生态旅游景地可以分别归入禀赋型、依托型和复合型三种类型。

5.2.4 关系维度——均衡型共管开发模式

生态旅游是综合性的产业，资源开发过程中涉及多个利益相关者。美国学者布鲁克（Brooke）于 1999 年在《可持续旅游管理》一书中提到，可持续旅游的主要利益相关者包括政府机构、当地社区（村民、村集体组织）、旅游企业（餐饮、住宿、交通、娱乐等经营商和服务商等）、旅游者、施压方（环境及文物保护等公益性组织）、志愿组织（协会和慈善机构等）、专家（咨询顾问、旅游研究人员）、媒体等。作为可持续旅游的一种实现形式，生态旅游的利益相关者也大体相同。依据利益相关者参与生态旅游的程度，可以分为核心层利益相关者、紧密层利益相关者和松散层利益相关者三个层次（图 5-4）。

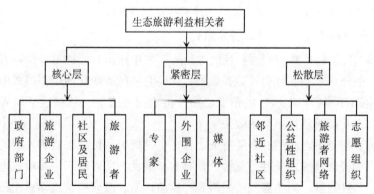

图 5-4 生态旅游利益相关者分类图

生态旅游从发展初期到成熟期，随着产业链的不断升级，旅游利益相关者的构成也呈现出多元化和扩大化。要实现生态旅游的可持续发展，必须明确参与乡村生态旅游发展的利益相关者，特别是核心利益相关者。梅山地区参与生态旅游开发经营和管理的政府部门、旅游企业、社区居民三者作为核心的利益相关者，他们也是利益分配中最重要的受益者。这三个利益相关者的活动是双向互动、彼此影响的，他们之间往往会因为经济利益分配不均，导致生态利益受损，从而影响到生态旅游的可持续发展，因此，需要对其采取均衡型共管模式。这一模式是在充分考虑各利益相关者的关系以及各自需求的基础上，通过共同经营、协调管理使利益相关者之间达到平衡共生的关系，最终构建人地和谐、人人和谐、运行高效的生态旅游地系统。

5.2.4.1 政府主导开发模式

政府主导是生态旅游开发初期适合采用的一种重要模式。政府在整个旅游开发中处于核心地位，其他利益相关者则属于配合和从属地位。这一模式的优势非常明显。首先，政府的行政主导作用和资源调配能力为生态旅游开发提供政策保障和资金支持。其次，政府指导生态旅游开发的整个过程，从官方层面为旅游整体规划、投资建设、市场定位、旅游品牌形象宣传、管理营销等方面出力，并负责协调社区参与、组织人员培训等工作，使开发更有序。再次，政府可以集中区域内旅游企业的力量，形成整体旅游形象。

目前，由政府主导进行旅游开发、经营和管理的生态旅游地在梅山地区较为普遍。开发建设较早的大熊山森林公园、紫鹊界梯田景区和茶马古道景区均为政府主导开发。虽然政府主导模式对梅山地区生态旅游开发起到了很大的积极作用，但也存在一些弊端，如硬件投资过热、软件投资过冷、企业和社区参与度不高等。因此，政府的主导作用应该控制在一定的限度和范围之内，让旅游企业和社区有更多的参与空间，从而实现生态旅游的可持续发展。

5.2.4.2 企业经营 + 社区参与开发模式

墨菲（Murphy）在《旅游：社区方法》一书中指出："旅游业从一开始，就有着巨大的经济效益和社会效益，如果能够将它从纯商业化的运作模式中脱离出来，从生态环境和当地居民的角度出发，将旅游考虑为一种社区活动来进行管理，那么一定能够获得更佳的效果"。

社区参与是生态旅游的重要特征之一，也是梅山地区生态旅游发展的重要方向。因市场经济具有成长性，旅游开发具有扩展性，所以政府主导模式也具有阶段性和局限性特征。当生态旅游发展到一定阶段时，政府应该逐渐退出市场，社区及当地居民在旅游企业的引导下有序经营。企业负责开发、经营与管理，社区及居民参与。这种开发经营模式发挥了企业的经济能力和经营管理能力，同时还充分利用了当地社区的剩余劳动力，丰富了旅游活动内容，带动了地区经济发展。在具体操作时可以借鉴贵州安顺天龙屯堡的企业反哺社区模式，通过由企业为当地所有居民购买医疗保险，参与并慰问居民婚丧嫁娶等事宜，免费为当地居民买卖旅游纪念品的摊位，提供多种就业机会等方式反馈旅游所得效益，提高了社区居民参与旅游开发的积极性，实现企业和社区的共生双赢。

5.2.4.3 政府引导 + 企业经营 + 社区参与开发模式

当梅山地区生态旅游开发处于稳定成熟期时，适合采用政府引导 + 企业经营+社区参与开发模式。通过这一模式，可以充分发挥各利益相关者及旅游产业链中各环节的优势，既解决生态旅游发展中资金、技术和经营管理经验缺乏的问题，又能协调利益相关者之间的关系，通过合理分配利益，发展社区经济，避免过度商业化。这样不仅能最大限度地调动当地居民的积极性并发挥他们的潜能，提升社区参与程度，有利于形成良性互动、合作共赢的生态旅游发展格局，还保护了生态环境和地域文化，增强了当地居民的自豪感，使旅游资源的配置接近或达到最优状态，为生态旅游的可持续发展奠定了基础。

虽然在这种模式下，政府对生态旅游开发的直接干预减少，但仍然发挥了引导和监督的作用。政府的适当干预对生态旅游开发具有重要的推动作用。政府应引入市场机制，放宽旅游开发的准入条件，激活民间资本，采取多种方法鼓励旅游企业发展，协调利益相关者之间的关系。旅游企业在政府部门的搭桥引线下，投资经营管理。社区及居民通过资产参与、人力资源参与、社区文化参与等多种方式参与开发，使利益相关者之间的合作方式更加灵活机动。可以通过公私合营的方式，让政府、企业、社区形成"利益共享、风险共担、全程合作"的关系，有利于减轻地方政府的财政负担，减小企业的投资风险，减少社企矛盾冲突，降低生态环境污染，构建多赢局面。

6 梅山地区景观生态规划研究

景观生态规划是运用景观生态学及其他相关学科的知识与方法，以区域景观生态系统整体格局优化为基本目标，通过调整景观格局，使景观要素的数量及其空间分布更为合理，从而实现景观资源的最优管理和可持续利用的系统工程。

本章结合景观生态适宜性评价结果，由功能到结构分别对梅山地区景观格局和生态旅游资源进行规划和设计，以期达到优化区域景观格局，维护区域生态环境的动态平衡，合理开发区域旅游资源，实现区域景观的可持续发展的目标。

6.1 梅山地区景观生态规划的原则

6.1.1 系统性原则

景观生态规划的理想目标是创建一个协调、稳定、可持续发展的整体区域生态系统。梅山地区的景观格局优化与生态规划应从整体系统论的角度出发，把景观作为一个系统来思考和管理，要充分研究区域的自然背景和人文环境，对生态系统进行分类，掌握景观生态系统的要素结构，并针对区域内的景观及旅游资源进行由下而上多层次、多维度的综合分析。在获得对区域景观生态系统的整体认识和明确景观生态系统空间结构的基础上，再对生态系统及其内部各个部分、多种要素进行规划设计，形成规划方案，从而实现整体优化利用。

具体到景观生态规划设计时，应分为以下几个步骤进行。首先，确定规划设计的基本思想和目标，明确规划的重点和发展方向。其次，从景观的功能上对区域进行景观生态规划，构建不同的功能区域。接着，从空间的角度落实景观功能，对区域景观结构进行规划设计，通过对景观要素的规划，设计出不同的功能单元。最后，由单元的生态性质入手，对景观要素进行具体的规划设计，选择其理想的利用方式。

6.1.2 保护性原则

景观的生态规划与旅游开发，应把保护思想融入到规划设计理念中，应在充分保护梅山地区现有的自然环境和人文环境资源的基础上，通过制定环境指标、控制旅游容量等宏观手段和采用环保材料、运用绿色技术等微观方式，协调开发建设与环境保护之间的关系，以解决梅山地区保护性开发问题。

6.1.3 多样性原则

在景观生态学中，景观多样性是指景观系统类型及其功能结构的多样性，它包括斑块多样性、类型多样性和格局多样性，它既是景观规划与设计的准则，又是景观管理的结果。梅山地区在进行景观生态规划时，应注意将不同形式、不同宽窄的廊道相结合，大小斑块的集中与分散相结合，构建多样化的景观格局，从而促进生态系统的良性循环，维持物种的多样性。从旅游角度来看，由于不同年龄、职业、兴趣、文化水平的旅游者对生态旅游的需求不尽相同，这就要求景观规划时，不管是结构还是功能上，不论是旅游产品的开发还是环境设施设计，都应以景观的多样性为原则，为旅游者提供多样的活动项目。

6.1.4 地域性原则

梅山文化的地域性特征非常突出，这正是旅游的重要吸引点。因此，在进行景观规划时，应从文化生态学的角度，在整合和创新的基础上，延续当地的民俗风情和历史文化特色，使人们产生强烈的地域文化认同感与共鸣感，充分发挥梅山文化的景观价值，体现景观规划的人文关怀。

6.1.5 可操作性原则

景观生态规划是一项综合性的研究工作，规划时，既要考虑当前实际，又要考虑发展的需要，使规划方案具有可操作性。在时间上，可采用整体规划、分期开发的序列安排，以保证后期开发的可操作性；在功能分区上，可根据不同的主题对地区进行划分，连片开发，避免重复建设，保证建设的可操作性；在政策上，将政府的政策和管理体制体现于规划中，以保证管理的可操作性。

6.2 梅山地区景观生态功能分区

景观的功能是指景观要素间的相互作用。基质、斑块、廊道等景观要素的相互作用使景观的空间格局发生动态变化，景观格局的变化势必导致区域的景观功能随之发生变化。理想景观生态系统的建立，首先就是要实现区域功能的完善和协调。景观生态功能区划作为生态系统空间异质性的直观反映，是区域生态规划和可持续发展规划的前提和基础，并为合理利用区域资源和保护生态环境提供科学依据。因此，本章在第四章梅山地区景观空间格局的分析和第五章景观生态适宜性评价研究的基础上，根据梅山地区景观生态适宜性综合分析图（图 5-57），按照适宜性由低至高分为三个级别的功能区域，即核心生态保护区、外围保护性缓冲区、集中引导性开发区。

6.2.1　核心生态保护区

梅山地区核心生态功能保护区主要为高程和坡度较大、景观生态敏感度高、适宜性较低的山地和水域，包括中部大熊山、东部芙蓉山、西部雪峰山等山区和资江及沿江滩涂湿地水域。核心区总面积 4732.49km²，占研究区总面积的 55.2%，其中林地占 85.82%。景观生态适宜性低意味着该区的生态敏感度高，生态系统较为脆弱且易受外界因素影响。这些区域景观生态质量好，生态功能最强，是梅山地区森林及生物等自然资源分布地带和重要的水源地，是反映当地生态系统特色、保障区域生态系统健康发展的核心区域，一旦受到破坏将很难恢复，因此，该区应以生态系统和生物多样性保护为核心，严禁不符合主体功能定位的开发活动，遏制人为因素对自然生态的干扰和破坏。核心生态功能区在一级分区基础上进行二级生态分区，将核心生态功能保护区为四个景观生态功能亚区：大熊山、芙蓉山、古台山—奉家山和资江及沿江湿地景观生态亚区。

（1）大熊山森林景观生态亚区

该区位于梅山地区中部，森林覆盖率达 95%以上。区内至今还保存着 3 万余亩原始次生阔叶林，已鉴定的树种 400 多种，其中包括水杉、银杏、连香树、南方红豆杉等国家级和省级保护树种 40 余种；云豹、野猪、锦鸡、穿山甲、娃娃鱼等珍稀动物 20 多种，生物多样性与生态保存值高。此区的景观生态规划应以生态环境保护、维持区域生态系统的稳定性与物种多样性等综合生态功能为主要目标，严格控制生产、经济、旅游活动对其生态环境造成破坏，并且严禁机动交通及工业设施设备进入，使其成为严格的生态保护区。

（2）芙蓉山森林景观生态亚区

芙蓉山矗立于安化的东南部，由 72 座大大小小的山峰构成，主体为 6 座高峰，平均海拔 1300 多米，为伊水、沂溪、汄水、涟水的发源地。该区的主导生态功能为水源涵养和维持林地自然生态系统。

（3）古台山—奉家山山地景观生态亚区

该区森林覆盖率 80%以上，高山垂直气候特征明显，拥有丰富的森林及野生动植物资源，有银杏、三尖杉等国家级和省级珍稀保护树种 30 多种，有华南虎、云豹、金猫、豹猫、林麝、白蛇等国家重点保护的野生动物 50 多种。该区主要生态功能为保护生物多样性的生态景观网络。

（4）资江及沿江湿地景观生态亚区

该区域内保存有完整的自然生态系统和生物栖息地，景观空间连续，自然环境脆弱，是生物多样性保护、景观保护、水体净化等生态支持功能的重要区域。应严格保护资江流域的水系、动植物资源及其赋存的生态环境，加强岸边及湿地缓冲带建设，提高应对洪水能力、保证水质、保持土壤、降低侵蚀。定期开展对河流、湿地等生态系统和野生生物的科研监测和影响评估，为野生动物提供廊道和栖息地。

6.2.2 外围保护性缓冲区

梅山地区景观生态整体的敏感度较高，且有破碎度增大的趋势。在核心区外围设置保护性缓冲区是为了保证梅山地区整体生态系统的自然演替，维持区域完整的生态系统结构。外围保护性缓冲区总面积 3551.20km²，占研究区总面积的41.4%。该区主要为海拔 200~500m 的丘陵和低山，景观类型以林地、耕地和园地为主。区内分布有较为丰富的森林植被，景观连通性较好，景观优势度较高，景观生态结构较稳定，是承担生态旅游的主要功能区。缓冲区由北向南分为中部峡谷和南部岗地两个景观生态亚区。

（1）中部峡谷景观生态亚区

梅山地区中部海拔由大熊山向四周逐渐降低，景观生态缓冲区围绕大熊山而成。该区复杂的地形造就了多种多样的山景、水景、洞景、气景和生物景观，区内旅游资源相当丰富，以峡谷、激流、巨石等景观为主，特别是油溪河峡谷、梅山大峡谷、关山峡谷等景区，景观优美，具有"险""壮""奇""幽"的特点，适合开展生态旅游活动。未来应保护其自然生态系统完整性、风景名胜资源和文化遗产资源原真性，在生态环境容量允许的条件下，适度开展生态休闲、科普活动等生态旅游项目。

（2）南部岗地景观生态亚区

该区环绕新化县城，人口密度相对较小，是山青水碧，在密集的城镇区与核心生态保护区之间形成的缓冲区和生态屏障。区内多为海拔 500m 以下的低山，境内拥有紫鹊界、三联峒等多个发展较为成熟的景区，非常适合发展生态旅游。该缓冲区未来应控制居民人口规模和游客规模，加强生态绿色廊道建设，河流、防护林带等线状或带状的景观要素优先作为生物廊道，通过利用地形和线状景观的曲线和曲面构建良好的生物栖息环境，并可以通过布置小池塘、树木等小斑块，构建类似马赛克的镶嵌景观，提升景观异质性。此外，旅游开发建设的同时，应保护好区域现状自然景观和建筑传统风貌，合理开发利用人文资源，并严格控制游客数量，加强游客行为引导和旅游活动管理。在局部地势平缓、开发条件较好的区域，允许农业生产，但要注意生态环境的保护，避免各生产活动对区域生态环境的不良影响。

6.2.3 集中引导性开发区

该区总面积 294.37km²，占研究区总面积的 3.4%，主要是低山平原地貌，平均海拔 150m 左右，地势较平坦。区域内植被覆盖率不高，城镇较为发达，受人类干预强，景观破碎化程度较高。景观类型以耕地和建筑用地为主。该区的主要功能是进行城镇建设和生产活动，但同时必须注意生态环境的恢复和保护，严格控制建设用地的扩张。

（1）北部羊角塘—冷市镇农业景观生态亚区

该区主要包括安化县东北部的羊角塘镇和冷市镇，地势平缓，土地较肥沃，气候适宜，灌溉条件较好，是安化粮食主产区之一。在此区域应积极推进"茶旅一体化"战略，努力打造生态城镇功能区。引导产业结构，发展生态产业，引进生态型优质企业和项目，创造优美的城乡环境，加强有机生态茶园基地和绿色廊道建设，开发如农业观光、科普教育等新型旅游产品，以实现城镇生态系统的动态平衡，增强景观的生态服务功能，促进景观生态资源的可持续利用，确保经济、社会和生态环境的可持续发展。

（2）中部湘黔—娄怀沿线廊道景观生态亚区

湘黔铁路与娄怀高速几乎平行而建，将沿线的烟溪镇、渠江镇、平口镇、孟公镇、西河镇、炉观镇和新化县城串联起来，形成带状廊道。区内人口密度大，城镇化程度高，由于人为干扰严重，宜加强生态环境保护，加宽道路两侧绿化带的宽度，在道路外围种植生态防护林，隔离道路和城镇污染对生态环境的干扰和破坏，必要时可在铁路或高速公路下设计涵洞，以提高绿化带物种的多样性，增强各斑块之间的连通度。

（3）南部新化县城及周边生活景观生态亚区

该区地势平坦，各类景观类型集聚发展，是梅山地区主要的信息辐射与集聚中心。区内物质、能量和信息交换频繁，各类不同等级的廊道与周围景观单元发生联系，成为人流和物流的集聚区。该区的人口集中，基础设施也比较齐全，但人类活动对景观斑块的分割作用较大，且存在工业和生活污染问题。

未来景观建设方向应构建城镇内部及周边区域绿地生态网络，增加道路及工业附属用地绿化面积；整合自然和人文景观资源，对综合价值高的重点景观区域集中进行保护与开发；严格控制污染源，改善城镇人居条件和环境。此外，应合理建设城乡交错带，强化边缘地带的多样性和镶嵌性，提高过渡带生态系统稳定性，实现城镇建成区与生态边缘的多样性过渡。

总之，三类区域不是独立分开的，而是有机联系在一起的复杂生态系统，对其进行人为分区，是根据不同区域特征来更好地表现景观类型的分布规律。

6.3　梅山地区景观格局优化规划

景观格局优化的首要工作便是对景观的空间结构进行优化设计。因景观空间结构由斑块、廊道、基质三个基本要素组成，因此，梅山地区的景观格局优化首先是针对斑块、廊道与基质提出调整对策，使三者有机结合，以达到合理利用景观资源，完善景观整体生态功能，保护生态环境的目的。

6.3.1　基质和斑块优化

6.3.1.1　基质优化

基质是区域所有景观类型中面积最大、连通性最好的要素类型，是斑块和廊道所处的环境大背景，影响能流、物流和物种流，对维护景观生态功能和物种多样性有着重要作用。根据前文的研究可知，梅山地区的基质是林地，而林地是各种物质能量流通的核心区域，对涵养水源、保护濒危物种、改善小气候具有极其重要的意义，林地基质的优化为梅山地区的景观格局优化奠定了基础，因此，保证林地的生态质量是完善梅山地区景观生态功能的一个重要方面。

基质优化的主要措施为加强对原有山林植被的保育工作；针对梅山地区坡度较陡的区域，注意防治水土流失，严格执行退耕还林政策，进行生态恢复，提升区域的水土保持、生态涵养能力。在自然林地的周围种植人工林地作为保护缓冲区。根据季相变化和空间层次搭配多样化树种，形成多种类混合的植物群落，种植竹、茶、桃、橘等经济性与观赏性较高的经济林、生态林和风景林，选择与山地垂直地带性分异规律相适应且根系发达的乡土树种。这些树木不仅可以提高生物多样性和景观异质性，增加生态系统的稳定性，还可以产生较好的经济价值，丰富林地的观赏效果，提升旅游吸引力。

6.3.1.2　斑块优化

从旅游学角度来看，各个旅游景区如同斑块镶嵌于基质中，这些斑块的布局应既方便游客，又不影响景观的美学功能，分散布点和适当隐蔽，尽量减小斑块面积，使其易于融入基质中。在斑块规划时，选择或调控个体地段的利用方式，形成景观生态系统的不同个体单元，体现出环境的高度和谐统一，使人文景观与自然景观、人造斑块与天然斑块和谐共生。在对自然景观进行斑块规划时，除了要考虑旅游美学功能之外，对于有重要生态功能、生态敏感度高的区域，应保证其斑块面积的大小，避免因生境面积过小而导致物种灭绝。而针对人工斑块规划时，要坚持生态化设计，尽量采用集中与分散相结合的形式，将城镇内分散的人工斑块集中，在大块人工斑块中分散保留小片自然斑块。

从景观类型水平指数来看，2015年研究区景观类型中除去作为基质的林地，景观类型总面积由大到小依次为耕地、水域、建筑用地、草地和未利用地，而斑块个数由多到少依次为耕地、建筑用地、草地、水域和未利用地，说明耕地是梅山地区景观中最重要的斑块类型，建筑用地的变化程度最大，因此，着重选择这两类斑块进行优化。

（1）耕地

梅山地区因多为山地丘陵地貌，耕地零星分布。在研究区内所有景观类型中，耕地的斑块密度最大，而斑块平均面积小，这在很大程度上影响着斑块间物种、营养物质和能量的交流。因为小斑块的能量和养分含量都低于大型斑块，分散的斑块也会导致农业生产率降低，且不利于物种多样性的生存。因此，应对耕地景观结构进行合理布置，保护大型耕地斑块，积极发展生态农业，维护区域生态环境。整合分散于城镇周边的耕地斑块，避免城镇建设而造成的对耕地的蚕食，与其他农业斑块一起融合形成较大的农业斑块。对于相对聚集度高，而又不利于整合的斑块，可以结合三产进行生态旅游开发。如结合村落风貌景观保护，保留部分传统农业耕作区，以展现梅山农耕特色。改建一些不宜开发的低洼地和漫滩地，通过绿道连接，确保动物迁移的生态廊道，有利于提高多样的生境环境，维持生物的多样性。

（2）建筑用地

梅山地区建筑用地斑块主要包括村落和城镇中的居住、工业、公共设施用地等，因其结构布局分散，常产生对林地和耕地斑块的干扰和破坏，对城镇建筑用地应进行整合，将其集中连片规划成不同类型的功能组团。对分散在梅山地区景观格局中的村庄建筑用地斑块，则应制定规模适中、层次分明、布局合理的小村镇建设规划体系，并通过廊道增加村镇斑块之间的连接度。此外，还应在现有城镇和居住区中因地制宜增加乔木郁闭度，加强绿化斑块的聚集度，在建筑用地外围设置绿化缓冲带，将破碎的建筑用地和绿地斑块有效地联系起来，这样不仅增加了绿地面积，还起到了生态屏障的作用。

6.3.2 廊道景观优化

廊道具有通道和阻隔的双重作用，是保证景观单元之间连通性和促进景观生态功能的关键。根据第四章对廊道的划分，梅山地区的廊道可以分为区间廊、区内廊和斑内廊三种类型。区间廊是传递客流、物质运输的重要通道，但也对能量转换和动物迁徙起到了阻碍作用，区间廊的规划应根据区内环境容量要求，增加廊道两侧的绿化隔离带和动物迁徙通道。规划建设区内廊时，应在原有河流、森林带等自然廊道的基础上，尽量选择生态适宜性高、生态恢复能力比较强的区域。此外，连接各生态节点的廊道长度要适宜，因为廊道太长容易使游客产生感官疲惫，导致降低景观的观赏价值，而过短又不能满足生态中物质循环、能量流动的生态需求。斑内廊是斑块之间的连接通道，应注意廊道在平面布局和竖向空间上的变化，利用蜿蜒曲折、时陡时缓的林间小路将斑块串联，形成廊道网络，让游客产生丰富的视觉和心理变化，从而延长游览时间。在廊道地面铺设材质的选择方面，尽量选择碎石、卵石等与自然环境协调的原生态材料。

6.3.2.1 线状廊道景观优化

梅山地区线状廊道包括道路、溪流、沟渠等。

（1）道路

道路是一种最常见的现状人工廊道，它是物质、能量和生物交换转移的通道。区域内要有一定数量且宽度适宜的生态廊道，才能满足物种的生存和迁徙的需要。当廊道宽度在 3~12m 之间时，基本上只能保护无脊椎动物种群，在条件允许的情况下建设尽可能宽的生态廊道。因此，应在梅山地区道路两边规划一定宽度与不同形态的植被带。在县、乡村道路每侧建设 5m 的缓冲区，在一、二级公路每侧控制范围 30~50m 设植被缓冲区，沿铁路、高速公路每侧控制建设约 50m 植被缓冲区作为生态廊道。植物配置上，选择合理的树种进行季相搭配，将乔木、灌木、地被植物进行高矮群落组合，形成错落有致的景观空间效果，提高道路景观的美学价值。在铁路、高速公路下采用隧洞、涵洞或在廊道节点处增设绿地斑块等多种方式，增加廊道的连接度，以形成良性互动的生态廊道网络，从而保障生物自由迁徙，以更好地保护生物的多样性。

（2）溪流

在溪流廊道规划时，应沿溪流两侧各 10~30m 或自然地形第一层山脊以内布置林地与草地，作为溪流缓冲区。在溪流沿线创建与溪流相接的池塘，重点强调溪边植物和水生植物的应用，采用溪边草地与混合树丛的搭配形式，这样有利于生境的多样性。

6.3.2.2　带状廊道景观优化

梅山地区的带状廊道主要为河流，规划时应尽可能不破坏廊道的自然形态和生态功能，保持河道自然弯曲度，保护和利用廊道天然生态系统，同时要建设好坝、堤和沿江风光带，结合特色人文景观，营造人文与自然交融、生态与艺术共生的滨水廊道。

河流滨水生态带是景观中重要的自然廊道，是野生动物迁移、物质运输、饮水、水汽输送的通道。当河岸植被带的宽度在 30m 以上时，就能有效地降低温度、提高生境多样化、控制水土流失、保护生物多样性。因此，规划沿资江和柘溪水库控制防洪堤外、柘溪水库各 50m 或自然地形第一层山脊以内布置林地或草地，作为河流缓冲区。对沿资江进行定期管护与整治，维护其自然生态环境，调整河道疏通的力度，促进景观元素的流动，发挥廊道源和汇的生态功能。对作为饮用水源的重要河道实施特殊保护与管理，迁离或关闭临岸影响水质的农舍、村落和工厂，以防止生活废弃物或工业污染物汇入河流而破坏水环境质量，造成河流廊道景观生态功能的退化。对资江水系主要河道沿岸两侧进行综合治理改造，加强滨水景观空间氛围营造和绿化建设，在增强廊道的生态功能的同时，提高景观的观赏性和实用性。

6.4　梅山地区生态旅游景观规划

6.4.1　生态旅游资源空间布局规划

6.4.1.1　生态旅游资源总体空间布局规划

根据梅山地区景观规划和生态旅游开发的原则，在综合分析梅山地区景观格局和旅游资源分布情况后，按照景观功能分区原理对梅山地区生态旅游景观空间进行总体规划，形成"三核、三廊、七区"的布局规划结构。

（1）三核

围绕东坪镇、梅城镇、上梅镇三个旅游核心，重点打造紫鹊界梯田、大熊山、蚩尤森林公园、茶马古道、梅山古国等项目，依托沪昆高铁、娄怀高速、平益高速、二广高速、东梅公路等，打造梅山地区旅游空间主骨架，穿点成线，推进梅山生态旅游发展。

（2）三廊

东部梅山文化体验发展廊、中部茶旅休闲度假发展廊、西部山水民俗风情发展廊。

依托三条廊道主骨架，推进大熊山森林公园、梅山古国、茶马古道等景点的串接，使得梅山地区旅游"点—线—面"充分地结合，无缝对接。

廊道一：东部梅山文化体验发展廊。

梅山地区东部以文化生态旅游为主题，围绕梅山文化整合山水生态资源、古建筑遗迹、特色民俗、民宿等资源，依托国道207及省道108、217串联梅山文化园、梅山古国、蚩尤故里、蚩尤屋场、上梅古镇等节点，融合文化休闲体验、山水生态观光、康体养生度假、运动娱乐、文化演绎等多种功能，加强历史典故、特色民俗、古建筑等历史文化资源保护，培育一批特色旅游小镇、美丽乡村、精品民宿、休闲农庄、休闲山庄等新业态，打造梅山文化体验旅游廊。

廊道二：中部茶旅休闲度假发展廊。

梅山地区中部以"茶旅文一体化"发展为统领，依托茶资源、森林生态资源、梅山文化资源，融合生态观光、休闲度假、户外运动、文化体验、地质科普等元素，以茶马古道、大熊山森林公园、梅山龙宫等景区为引领，整合美丽茶村、茶旅驿站、精品休闲农庄等旅游资源，完善配套设施，加强道路景观、旅游交通标识、观景平台、休憩空间建设，积极调整产业结构，提升特色茶园的吸引力，实施规模化的生态观光农业和休闲农业，打造中部茶旅休闲度假旅游廊。

廊道三：西部山水民俗风情发展廊。

梅山地区西部依托资江岸线秀丽风光和丰富的人文风情，在保护的前提下，整合资江两岸、柘溪水库及新化西南部的自然山水、古茶市、传统村落、民俗表演、梯田景观等资源，重点推进紫鹊界景区、资江茶旅风光带、龙湾湿地公园及奉家桃花源、云台洞天、古台山森林公园等核心项目建设，完善旅游配套服务功能，健全滨水绿道系统、旅游停车场、亲水栈道、旅游厕所、观景平台、旅游购物等设施，在节点处建设湿地公园。加强茶产业与旅游产业融合，打造以山水观光、滨水休闲、品茶采茶一体化的百里风情画廊和民俗体验、文化演艺为主题的发展走廊。

（3）七区

梅山地区生态旅游开发总体布局要突出各区的资源特色，指明各区的开发重点和发展方向，优化区域旅游产品结构，以指导旅游区的深度开发。根据梅山地区旅游资源的分布情况及资源特征，将全区按旅游主题的不同划分为以下七个主题区：以梅山文化为核心的梅山古国旅游区、以茶马古道为重点的茶旅文化旅游区、以资江为纽带的水域风情旅游区、以云台山为中心的茶旅休闲旅游区、以大熊山为聚点的自然风景旅游区、以新化县城为焦点的人文历史旅游区、以紫鹊界为民俗风情旅游区。各主题旅游区群所包含景点及其旅游特色见表6–1。

表6-1 梅山地区七大主题旅游区

旅游区名称	主要景点	特色及发展方向
梅山古国旅游区	梅山古国、中国梅山文化园、蚩尤故里、芙蓉山	以历史古迹和人文旅游资源为主,围绕梅山文化积极发展文化体验、历史寻踪、森林探险、艺术写生等活动
茶旅文化旅游区	茶马古道、高城马帮、梅山古寨、洞市老街、永锡桥、白沙溪茶厂	依托茶文化和梅山文化,以文化体验、文化休闲为主题,使两大文化产生共鸣,开展古道寻迹、森林探险、马帮部落、黑茶制作体验等项目
水域风情旅游区	唐家观古镇、中国黑茶博物馆、黄沙坪老街、雪峰湖国家湿地公园、陶澍尚书第、柘溪水库	以资江沿岸自然风光和人文景点为资源特色,主要开展湿地游憩、滨水休闲、水上运动等旅游项目
茶旅休闲旅游区	云台山、青云洞、马路溪村、云上茶旅文化园、六步溪国家森林公园	开发茶园观光、茶叶采摘、茶村体验、森林科普、奇洞探险等旅游产品,融入茶歌、采茶舞等表演活动
自然风景旅游区	大熊山国家森林公园、梅山龙宫、蚩尤屋场、油溪河景区、梅山大峡谷景区、熊山古寺	依托区内森林、地质、溪河等优势自然资源,主要发展森林观光、峡谷探险、文化体验、宗教朝觐、科学考察等活动
人文历史旅游区	上梅古镇、狮子山公园、三联峒景区、新化北塔、洋溪文昌阁	以历史古迹和人文旅游资源为主,积极发展历史文化体验、美食体验
民俗风情旅游区	紫鹊界梯田景区、正龙古村、古台山森林公园、奉家桃花源、上团村、中峒梅山寺、土坪村民俗表演	以自然风光、梯田景色、文化科考和少数民族风情为主题的旅游区,主要发展民俗风情体验、田园观光、森林探险、农家体验、宗教朝觐等旅游项目

6.4.1.2 旅游村镇体系布局规划

(1) 重点旅游乡镇

重点旅游乡镇是以旅游产业作为支柱产业,并具备服务、交通、集散等功能(表6-2)。选择的标准如下。

①重大旅游项目所在地,可利用资源点多,且品级高的乡镇,如江南镇、水车镇等。

②以旅游业为主导产业的乡镇,如大熊山、奉家镇、天门乡、油溪乡等。

(2) 一般旅游乡镇

一般旅游乡镇内需限制工业发展,特别是污染大、粗放型的工业类型,在其旅游产业发展到一定规模后,一般旅游镇也可以升级为重点旅游发展乡镇(表

6-2)。

表6-2 梅山地区旅游乡镇体系

乡镇	名　称
重点旅游乡镇 （16个）	江南镇、柘溪镇、梅城镇、东坪镇、乐安镇、仙溪镇、马路镇、上梅镇、大熊山、古台山、奉家镇、水车镇、油溪乡、吉庆镇、天门乡、荣华乡
一般旅游乡镇 （19个）	平口镇、小淹镇、冷市镇、大福镇、南金乡、滔溪镇、羊角塘镇、洋溪镇、圳上镇、琅塘镇、白溪镇、科头乡、维山乡、槎溪镇、田坪镇、奉家镇、桑梓镇、坐石乡、温塘镇

（3）重点旅游村落

重点旅游村落或依托景区，或自身有一定特色，以历史文化名村、传统古村落、美丽乡村、全国乡村旅游扶贫重点村、特色旅游名村等为主体，规划重点打造54个旅游村。其中近期重点打造30个旅游村，中远期重点打造24个旅游村（表6-3）。

表6-3 梅山地区重点旅游村落

县	隶属乡镇	村名	选择依据	分期
安化县	东坪镇	唐家观村	中国传统村落，紧邻资江风光带，有千年古镇唐家观镇	近期
		黄沙坪村	中国传统村落，紧邻资江风光带，依托中国黑茶博物馆、黄沙坪老街、古茶市等资源，已进行旅游开发	近期
		仙缸村	拥有500年古马尾松、仙缸洞等旅游资源	中远期
		辰山村	依托辰山绿谷景区建设，山、田、茶、禅资源组合度较好，有利于开发田园山庄、康养山庄、山地运动等产品	中远期
	马路镇	马路溪村	中国传统村落，民居保存良好，邻近青云洞、拥有原生态森林、万亩生态茶园等资源，生态旅游开发条件好	近期
	古楼乡	新潭村	中国传统村落，民居有特色，保留有原始部落生活形态	中远期
	南金乡	将军村	中国传统村落，民居有特色	中远期
	烟溪镇	双烟村	全国乡村旅游扶贫重点村，抗日战争时兵工厂基地	中远期
	田庄乡	文溪村	全国乡村旅游扶贫重点村，自然环境优美，山林、瀑布、溪流景观组合度好，具备开展河谷溯溪、骑车探险等活动的条件	中远期
		高马二溪村	生态环境良好，茶园、溪水等景观组合度高，拥有高马二溪古茶园等百年历史老茶园1000多亩	中远期

续表 6-3

县	隶属乡镇	村名	选择依据	分期
安化县	江南镇	洞市村	中国传统村落，洞市老街为茶马古道风景区的重要景点	近期
		梅山村	中国传统村落，地处茶马古道核心风景区，自然环境优美	近期
		高城村	省级特色旅游名村，依托茶马古道景区、高城马帮山寨等旅游资源优势，大力发展生态旅游	近期
		中洞村	山水、田亩、民居基本保持原貌，有知青部落，位于茶马古道主要干线上，原始次生林走廊中，宜开展骑马、野外训练等旅游活动	近期
		黄石村	山林、稻田、溪流、茶园景观组合度好，且已经具备一定基础	近期
		茅坪村	自然环境优美，陶澍尚书第整体构架保存完好，麻溪排帮已有一定开发基础	近期
		旸二村	自然资源丰富，山水宜人，茶马古道贯穿全村。有观音崖、长廊石屋、猪栏门峡谷、点将台等	近期
	仙溪镇	富溪村	生态环境优良，梅山文化园 2007 年至今一直在开发建设，已经具有一定规模	近期
		芙蓉村	全国乡村旅游扶贫重点村，位于芙蓉山，景观秀美，有清玄池、芙蓉寺、百年银杏等景点	中远期
	乐安镇	尤溪村	全国乡村旅游扶贫重点村，省级特色旅游名村，位于蚩尤故里，已进行部分旅游开发	近期
		思尤村	石多、林密、水奇、洞幽，蚩尤遗存遍布	近期
	高明乡	驿头铺村	依托九关十八锁景区及古驿道等历史文化资源，开展峡谷探险、探秘游，挖掘驿道文化，通过演艺，再现驿道风情	中远期
	奎溪镇	达坳村	秦汉桃源景区已经具备一定旅游开发基础	近期
	平口镇	洪竹村	全国乡村旅游扶贫重点村，木结构民居保留较好，保留洪天界寨遗址，村内仍然有人传习梅山傩戏与巫术	中远期
新化县	梅城镇	云河村	生态环境良好，拟打造云河古梅峒景区，已开发一些生态旅游项目	中远期
	水车镇	正龙村	中国传统村落，省级特色旅游名村，省"经典文化村镇"，全国乡村旅游扶贫重点村，民居保存良好，临近紫鹊界梯田景区	近期
		楼下村	拥有 1510 年古樟树，娄底最美的十大旅游乡村之一	中远期
		长石村	全国乡村旅游扶贫重点村	中远期
		奉家村	位于紫鹊界景区入口，地理区位好，燕窝院落独具特色	近期
		白水村	位于紫鹊界景区中心，自然环境优美，拥有牛牯天、石门里等古迹	中远期

续表 6-3

县	隶属乡镇	村名	选择依据	分期
新化县	奉家镇	上团村	中国传统村落，全国乡村旅游扶贫重点村，中峒梅山寺等旅游资源	近期
		下团村	中国传统村落，全国乡村旅游扶贫重点村，省级特色旅游名村，河流、梯田、风雨桥、桃花源景色迷人	近期
		月光村	拥有原生态森林、万亩湿地、大湾山峡谷、七节洞瀑布群等丰富资源，避暑条件好	中远期
		双林村	生态环境优良，大湾山峡谷、梯田、瀑布等资源丰富	中远期
		大桥江村	瑶人遗址、野生樱桃林、玄溪河峡谷等景观独特	中远期
	天门乡	土坪村	全国乡村旅游扶贫重点村，省"经典文化村镇"，河流、梯田组合度好，廖墨香易学文化、《夜画瑶峒》等民俗表演富有特色	近期
		长丰村	梯田、凹地、风雨桥等乡村景观资源丰富，具备开展河谷溯溪漂流的条件	中远期
	油溪乡	高桥村	全国乡村旅游扶贫重点村，紧邻梅山龙宫，区位条件好，且已经具备一定基础	近期
		岩门村	区位条件好，位于梅山龙宫至油溪河景区旅游走廊上	近期
	维山乡	三联村	紧邻城区，生态环境良好，气候宜人，依托三联峒景区，且特色养殖业发达，生态旅游发展潜力大	近期
	科头乡	桃林村	紧邻城区，拥有万亩竹林、酒厂	近期
		黎坳村	城市近郊，利于开发乡村农业旅游	近期
	桑梓镇	华山村	石林规模大、岩溶地貌壮观，临近城区，农业资源有一定基础	近期
	田坪镇	建军村	有升级文保单位龙潭风雨桥、千年古树、枫树红叶，可大力发展生态旅游	中远期
	荣华乡	小鹿村	紧邻龙湾国家湿地公园，生态环境良好，为水上茶马古道的起点	近期
		白大村	紧邻龙湾国家湿地公园，生态环境良好	近期
	温塘镇	神仙岭村	石林、宝塔、神仙脚印、知青点等旅游资源丰富，气候条件好	中远期
		眼花村	处于湖滨半岛之中，生态环境良好	中远期
		车田江村	紧邻车田江水库，生态环境良好，且已经开发了部分旅游项目	中远期
		四维村	依托梅山大峡谷景区，村落立体结构和风景组合度高	中远期
	吉庆镇	油溪桥村	全国乡村旅游扶贫重点村	近期
	琅塘镇	苏溪村	位于龙湾国家湿地公园，山水岛景观组合度高，是茶马古道重要的集散中心	中远期
	槎溪镇	杨家边村	紧邻洋溪高铁站，全国乡村旅游扶贫重点村	近期
	西河镇	粗石村	紧邻古台山，生态环境良好，有粗石雾峡、瀑布群，专业溯溪条件好，全国乡村旅游扶贫重点村	近期

6.4.2　生态旅游线路规划

旅游线路是指在一定的区域内，为使旅游者能够以最短的时间获得最大观赏效果，由交通线把若干个旅游点或旅游市域合理地贯穿起来，并具有一定特色的线路。一条好的旅游线路就好比一首成功的交响乐，有时是激昂跌宕的旋律，有时是平缓的过渡，均应当有序幕、发展、高潮、尾声。

梅山地区生态旅游线路的规划在全面梳理区域及区际旅游资源的基础上，坚持生态旅游开发和景观规划原则，整合现有和潜在的旅游资源，对资源进行分类配置，根据旅游者出行时间、方式的需求和交通状况，有针对性地提出多样化旅游线路方案，以期实现资源效用的最大化，也为旅游服务部门组织接待工作提供参考。

6.4.2.1　区域内旅游线路规划

梅山地区一些生态旅游景点已经开发得较为成熟，而随着益叙高速、安张衡铁路等道路建设完成和配套设施的不断完善，因此，按照梅山地区旅游资源的分布格局，结合其形象定位、市场需求、规划及开发原则，本书将梅山地区区域内旅游线路按出行时间1~3日内分近期和中远期进行规划，具体规划如下。

（1）近期

主要围绕已开发且具有一定知名度和旅游基础的重点旅游景点开展旅游活动。

一日游线路（7条）。

①上梅古镇—梅山龙宫—油溪峡漂流。

②上梅古镇—紫鹊界梯田景区。

③上梅古镇—蚩尤屋场—大熊山国家森林公园。

④东坪镇—永锡桥—茶马古道风景区。

⑤上梅古镇—三联洞景区。

⑥东坪镇—马路溪村—云台山。

⑦东坪镇—雪峰湖国家湿地公园—中国黑茶博物馆（黄沙坪古茶市）—唐家观古镇。

二日游线路（4条）。

①上梅古镇—蚩尤屋场—大熊山国家森林公园—梅山龙宫—油溪峡漂流。

②陶澍故里—永锡桥—茶马古道景区—雪峰湖国家湿地公园—中国黑茶博物馆（黄沙坪古茶市）—唐家观古镇—东坪镇。

③陶澍故里—永锡桥—茶马古道景区—蚩尤屋场—大熊山国家森林公园。

④上梅古镇—紫鹊界梯田景区—奉家桃花源—土坪村。

三日游线路（4条）。

①上梅古镇—蚩尤屋场—大熊山国家森林公园—梅山龙宫—油溪峡漂流—紫鹊界梯田景区。

②东坪镇—茶马古道风景区—大熊山国家森林公园—蚩尤屋场—梅山龙宫—油溪峡漂流—上梅古镇—紫鹊界梯田景区。

③梅城镇（梅山古国）—蚩尤屋场—大熊山国家森林公园—梅山龙宫—油溪峡漂流—上梅古镇。

④上梅古镇—三联洞景区—紫鹊界梯田景区—奉家桃花源—土坪村。

（2）中远期

中远期旅游线路规划以梅山地区生态旅游已建好的资源为依托，构建以观光、康体、休闲、体验、科考等旅游为支撑的生态旅游产品体系，通过旅游线路组合，形成与周边旅游市场良性互动的旅游精品。按出行时间具体分为以下几种旅游线路。

一日游线路（4条）。

①梅城镇（梅山古国）—中国梅山生态文化园。

②梅城镇（梅山古国）—茶马古道风景区。

③上梅古镇—梅山大峡谷景区。

④东坪镇—冷市。

二日游线路（3条）。

①上梅古镇—梅山龙宫—油溪峡漂流—梅山大峡谷景区。

②冷市—东坪镇—马路溪古村落—云台山。

③东坪镇—马路溪村—云台山—秦汉桃源。

三日游线路（4条）。

①中国梅山生态文化园—梅山古国—大熊山国家森林公园—蚩尤屋场—梅山龙宫—油溪峡漂流—上梅古镇—紫鹊界梯田景区。

②陶澍故里—永锡桥—茶马古道景区—蚩尤屋场—大熊山国家森林公园。

③上梅古镇—古台山森林公园—紫鹊界梯田景区—奉家桃花源—土坪村—龙湾国家湿地公园。

④东坪镇—茶马古道景区—大熊山国家森林公园—蚩尤屋场—油溪峡漂流—梅山大峡谷景区。

6.4.2.2 精品主题旅游线路规划

多围绕一个主题，串连多个内容相似的旅游点，着重打造一系列精品旅游产品，以满足旅游者深层次、单项旅游的需求。

（1）资水风光游

以资江两岸和柘溪水库的水、岛、湖、镇资源为基础，以资江两岸原生态环境为灵魂，将浓郁的黑茶文化融入生态旅游开发，打造集湖岛观光、滨水运动、茶旅康养、会议休闲度假于一体的生态旅游精品线路。

线路走向：上梅古镇—梅山龙宫—龙湾国家湿地公园—雪峰湖国家湿地公园—中国黑茶博物馆（黄沙坪古茶市）—唐家观古镇—陶澍故里。

（2）梅山文化游

依托梅山文化和康养生态，发挥优质的山水生态人文优势，打造一个传承梅山文化和康体养身特色的旅游精品线路。

线路走向：中国梅山生态文化园—梅山古国—蚩尤故里—蚩尤屋场—大熊山—梅山龙宫—上梅古镇。

（3）茶旅体验游

整合公路沿线优质的生态文化旅游资源、乡村旅游资源，以茶旅康养度假为核心功能，黑茶民宿文化旅游资源，规划打造集茶乡度假、文化体验、乡村休闲于一体的茶文化休闲体验长廊，构造安化旅游发展新空间。

线路走向：白沙溪—永锡桥—洞市老街—茶马古道风景区—高城马帮—梅山古寨—江南镇—唐家观古镇—中国黑茶博物馆（黄沙坪古茶市）—东坪镇—冷市。

（4）森林峡谷游

线路走向：三联洞景区—上梅古镇—梅山龙宫—大熊山森林公园—油溪河峡谷（漂流）—梅山大峡谷景区—车田江水库。

（5）民俗风情游

线路走向：上梅古镇—古台山森林公园—杨氏宗祠—紫鹊界梯田—正龙古村—奉家古桃花源景区—土坪村民俗歌舞表演。

（6）传统村落游

线路走向：梅山古镇—水车镇楼下村—水车镇正龙村—奉家镇下团村—奉家镇上团村—天门乡土坪村—楼乡新潭村—南金乡将军村滑石寨—马路镇马路溪村—东坪镇黄沙坪老街—东坪镇唐家观村—江南镇洞市社区—江南镇高城村—江南镇梅山村—乐安镇尤溪村。

6.4.2.3 区际旅游线路规划

通过对梅山核心区域的旅游景点与旅游交通线路进行分析，将梅山地区的区际旅游合作线路分为大梅山文化旅游线路与大湘西连接旅游线路。

（1）大梅山文化旅游线路

以沪昆高铁、娄怀高速、S240、S241、S332 串联益阳、邵阳、娄底的安化、新化、隆回等梅山文化影响的大梅山旅游合作区域。

线路走向：长沙—桃江县（竹海风景区）—安化县（中国黑茶博物馆、茶马古道景区、梅山古国）—新化县（大熊山国家森林公园、梅山龙宫、梅山古镇、紫鹊界梯田）—隆回县（高洲温泉、虎形山花瑶乡）—新宁县（崀山、舜皇山）—双牌县（阳明山）—道县（月岩）—宁远县（九嶷山）—江永县（千家峒、上甘棠古村）—江华县（涔天河水库、姑婆山）。

游程：3~4 日。

（2）大湘西联动旅游线路

依托张家界国家森林公园、凤凰古城、崀山等湖南省西部优势旅游景区的影响力，通过南北、东西两向区际交通，将梅山地区旅游资源与其他地区优势旅游资源串联起来共同发展。

以南北向二广高速、洞新高速、张崀桂高速等串联张家界国家森林公园—石门县（壶瓶山、夹山）—澧县（城头山遗址）—常德（柳叶湖、花岩溪）—桃源（桃花源）—安化县（中国黑茶博物馆、茶马古道景区）—新化县（大熊山国家森林公园、梅山龙宫、梅山古镇、紫鹊界梯田）—隆回县（高洲温泉、虎形山花瑶乡）—新宁县（崀山、舜皇山）—双牌县（阳明山）—宁远县（九嶷山）—江永县（千家峒、上甘棠古村）—江华县（涔天河水库、姑婆山）。

以东西向沪昆高铁为轴，连接长沙（岳麓山、橘子洲头风景区）—韶山（毛泽东故居）—娄底（水府庙）—涟源（湄江风景区）—冷水江（波月洞）—中方县（荆坪古村）—芷江县（受降纪念坊）—新晃县（夜郎国）。

游程：5~6 日。

6.4.3 旅游服务要素提升规划

6.4.3.1 旅游住宿服务要素提升规划

（1）发展目标

近期：改善旅游住宿分布不均的现状，依托三条旅游廊道规划，扶持开发精品民宿 30 家。开拓多类型旅游住宿形式，建设东坪镇自驾车营地，梅城房车露营地，雪峰湖自驾车营地、云台山房车露营地、茶马古道自驾车营地等 10 个露天营地。以梅古镇、东坪镇、梅城镇三镇为核心，打造茶马古道、紫鹊界梯田、梅山龙宫、油溪河漂流、大熊山国家森林公园等主要景区的主题精品酒店。

中远期：完成旅游廊道精品民宿建设 65 家，建设 30 个"茶马驿站"。

（2）需求量预测

根据近远期需求量预测在旅游区域内和县城内加设足够的旅游床位数（表6–4）。

表6-4 梅山地区各阶段床位量需求预测

内容＼时间	近期（2020—2025年）	中期（2026—2030年）	远期（2031—2035年）
游客总人数（万人次）	2478	3271	4173
年平均留宿率	20%	30%	35%
全年可游览天数（天）	300	350	350
床位利用率	40%	65%	85%
平均停留天数（天）	1.2	1.8	2.5
床位数（万张）	3.79	4.31	4.91

注：根据梅山地区旅游人数预测，预测公式：$E=（N×P）/（T×K）$。式中：E—所需床位数；N—年游客量；P—年平均留宿率；T—全年可游览天数；K—床位利用率。

（3）空间布局

安化县区域内，建设东坪镇自驾车营地，梅城房车露营地，雪峰湖自驾车营地、云台山房车露营地、茶马古道自驾车营地10个。完成旅游廊道精品民宿建设65家，建设30个"茶马驿站"住宿设施。

新化县内以上梅古镇核心游览区、紫鹊界景区、梅山龙宫等景区增加民俗客栈20家，主题酒店5家，远期规划度假酒店和星级酒店。在新老城区内拟增设快捷酒店10家，主题酒店5家。

（4）提升措施

十三五期间坚持高端酒店品牌化、度假酒店主题化、特色民宿精品化、乡村农家标准化，引导推动安化酒店住宿业由中心城区向景区度假村、旅游小镇、乡村民宿、自驾营地转移。

①优化酒店层次结构。按照城区商务、景区休闲、乡村农家、自驾营地的特色布局原则，加快重点乡镇、旅游区精品酒店建设，鼓励在旅游城镇、旅游区周边发展特色民宿客栈，不断优化酒店结构。

②重点发展特色民宿。加快布局黑茶文化主题、梅山历史民居文化主题、乡村田园主题、康养生态主题等特色鲜明的主题酒店、特色民宿和农家客栈，以特色旅游住宿、温馨旅游服务以及多元化旅游产品满足游客需求。

民宿应突出主题，注重多元，充分融合安化茶文化、梅山传统农耕文化、中医药康体养生文化以及梅山民俗文化等元素，再加上创意和美学元素，开发特色鲜明、不同主题的民宿产品，推进安化旅游住宿扩容提质，促进旅馆设施档次、服务水平提升。

③鼓励发展新型住宿业态。扶持并培育汽车旅馆、汽车营地、户外露营地、乡村 B&B（bed & breakfast）旅舍、康养度假庄园、野奢木屋等新型业态，引导新型住宿业态向茶园茶场、特色旅游景区、户外山林、乡村旅游点布局。

6.4.3.2 旅游餐饮服务要素提升规划

（1）发展目标

近期：重点打造药膳美食系列，形成国内著名连锁小吃，建设 2 家餐饮美食城，建设 3~4 条美食街，研制 4 套梅山地方特色菜谱，扶持建设 20~30 家特色餐饮企业或乡土餐饮品牌，发展本地餐饮名菜。

中远期：全面提升前期建设的美食街区环境和服务质量，新建 2~3 条精品美食街区，研制梅山地方特色菜谱 3 套，鼓励培育 10 家绿色餐饮企业或特色本地美食品牌。

（2）需求量预测

根据近远期需求量预测在旅游区域内和县城内增加足够的餐位数（表 6-5）。

表 6-5　梅山地区各阶段餐饮设施需求预测

时间 内容	近期（2020—2025 年）	中期（2026—2030 年）	远期（2031—2035 年）
游客总人数（万人次）	2478	3271	4173
就餐率	85%	90%	95%
就餐周转率	1.8	2	2.5
全年可游天数	300	350	350
餐位利用率	75%	80%	90%
所需餐位数（万个）	5.20	5.26	5.03

注：根据梅山地区旅游人数预测，预测公式：$E=(N \times P)/(R \times T \times K)$。式中：$E$—餐位数；$N$—年游客量；$P$—就餐率；$R$—就餐周转率；$T$—全年可游览天数；$K$—餐位利用率。

（3）空间布局

根据旅游发展廊道来进行美食特产、生态农庄的布局。东部梅山文化体验发展廊建设安化梅山文化园和茶马假日山庄主题山庄以及少许度假山庄。中部茶旅休闲度假发展廊建设万隆黑茶产业园，重点打造茶产业，渠江薄片，等等。西部山水民俗风情发展廊建设茶乡花海庄园、柳叶湖农庄、仙鱼山庄、县垂钓休闲农庄、百果农庄、云上茶旅文化园、云梦度假山庄等以民俗风情和自然生态相结合的生态农庄。美食特产主要以当地原生态美食为主，具有独特的地域特色，如安华黑茶、野生药材。

（4）提升措施

①主推特色食品，打造地域食品系列。以黑茶与中草药材为重点，开发特色旅游商品，打造梅山美食品牌。如推出"安化礼物"之茶语、果韵、匠心、山味、康养等系列食品和产品。

②打造以茶餐厅为主题的拳头产品。推进茶餐厅建设，以茶园茶场和茶业贸易交流中心为主要选址，尤其是云台山、渠江等茶场茶餐厅建设，置身茶园的游客不仅可以欣赏茶山云海美景，还能品尝以茶叶为主料制作的食品，有效加强游客体验感，形成地方特色餐饮。

③推出美食旅游系列地图。梅山地区以东坪、梅城、上梅镇为核心，依托梅山地区特色食品柴火腊肉、清水鱼、蒿子粑粑、米酒、甲酒、谷酒、苞谷酒、擂茶、蒸薯条、红薯片、红薯粉丝、紫苏木瓜、冰花魔芋、枞树菌等绿色环保特质农产品和美味佳肴，出版《梅山美食地图》，依据不同食品的分布，制定以美食旅游为主题的特色旅游线路，游客在观赏自然风光的同时，还能品味特色小吃。

④建设特色美食街、美食城。特色美食街、美食城以梅山地区非遗民俗文化演绎为依托，在上梅镇、白溪镇、梅城镇、江南镇、烟溪镇、小淹镇等地重点打造特色食品生产、制作加工和梅山历史文化为依托的非遗美食城。结合非物质文化遗产千两茶制作工艺、梅王传说、张五郎传说、蚩尤传说等为主要演绎脚本，发展集特色美食与非遗演绎为一体的美食集聚区。

6.4.3.3 旅游娱乐服务要素提升规划

（1）发展目标

近期要不断扩大水车镇正龙村、奉家镇下团村、上团村、天门乡土坪村、东坪镇黄沙坪老街、马路镇马路溪村、江南镇洞市社区等传统村落和东坪镇唐市街历史文化街区的影响力和凝聚力，推出"春天邀你来采茶、夏天邀你来溯溪、秋天邀你来摘果、冬天邀你来过年"四季多彩节庆，举办山地自行车大赛等户外挑战活动。

中远期要完善乡村旅游休闲娱乐功能，新开发1~2项特色实景演出活动，更新四季多彩节庆旅游活动。

（2）空间布局

采取"梯度发展"的策略，扩充兴建大众娱乐设施。在紫鹊界梯田、茶马古道、梅山龙宫等重点景区，开发大型山水实景演艺。在乡村旅游点休闲农庄，以地方民俗体验和民俗文化表演为主要娱乐活动，山地滨水资源的利用主要以开展户外健身康体运动为主，将梅山养生文化与旅游业紧密结合。

（3）提升措施

①规划建设大众主流娱乐场所设施。积极引进、兴建一批大众娱乐服务场所、设施，例如茶馆、电影院、歌舞厅、酒吧、KTV、电玩城、游乐园、洗浴中心等，丰富、扩充县域娱乐服务内容。

②高标准开发大型山水实景演艺活动。以紫鹊界梯田、安化千两茶制作等大型实景演出作为旅游品牌拳头产品，邀请民间艺术家、新化山歌、梅山武术、千两茶等非遗技艺传承人，采用先进的声、光、影等技术，进行表演；以梅王传说、张五郎传说、蚩尤传说等为故事脚本，进一步发展舞台剧或剧场表演；开发梅山傩戏、江南傩戏、游傩狮会等民俗体验活动，打造具有梅山文化特色的文化演艺大餐。

③举办大型节事旅游活动。高标准打造国际休闲文化节，乡村旅游节，山地自行车大赛，滨水运动大赛，茶业、中草药拍卖活动，加大节事宣传力度，凝聚人气，提升梅山地区旅游品牌形象。

④开展特色民俗风情体验。挖掘当地特色民俗文化资源，举办全国红色主题剪纸大赛、山歌对唱大赛、木偶戏表演、傩戏演艺等具有当地地域特色的民俗体验活动，增强游客的参与性与体验性。

⑤丰富游客夜间休闲娱乐。加快特色休闲街区建设，打造一批以文化休闲、特色美食、滨水休闲、夜市风情为主题的休闲街区，开展三川鼓、地花鼓、汉戏、花鼓戏、木偶戏、梅山民歌等民俗演艺，完善黄沙坪等现有街区的商业业态，强化旅游休闲功能。

6.4.3.4 智慧旅游服务要素提升规划

（1）发展目标

近期争取在2020年实现旅游业各领域与互联网达到全面融合，互联网成为全区旅游业创新发展的主要动力和重要支撑，基本形成网络化、智能化、协同化的智慧旅游公共服务平台。

计划在中远期利用物联网、云计算、VR等高科技技术，积极推进智慧城市、智慧景区、智慧旅行社、智慧酒店等试点工作，实现免费Wi-Fi、智能导游、电子讲解、在线预订、信息推送等功能全覆盖，推动旅游企业建设电子商务平台，发展网上预订、在线支付等电子商务。

（2）空间布局

主要围绕东坪镇、梅城镇、上梅镇三个旅游核心，重点打造紫鹊界梯田、大熊山森林公园、茶马古道、梅山古国等项目，完善建设智慧服务设施。依托三条廊道主骨架，推进大熊山森林公园、梅山古国、茶马古道等景点的串接，使得梅山地区旅游"点—线—面"充分结合，无缝对接。

(3) 提升措施

① "互联网 +" 旅游基础设施。建立完善的旅游信息服务体系。加快推进"茶马驿站"服务体系、车站、码头、宾馆饭店、景区景点、旅游购物店、主要乡村旅游点等旅游区域及重点旅游线路的无线网络、3G/4G 等基础设施的全覆盖。推动旅游相关信息互动终端等设备体系建设。在车站、码头、宾馆饭店、景区景点、旅游购物店、游客集散中心等主要旅游场所提供 PC、平板、触控屏幕、SOS 电话等旅游信息互动终端，使旅游者更方便地接入和使用互联网信息服务和在线互动。

② "互联网 +" 旅游服务。基于大数据指导的旅游产品服务完善。通过与百度、阿里、携程等大数据公司合作，获取游客信息，包括游客的年龄、性别、客源地、兴趣偏好、住宿及餐饮偏好、游客反馈等信息，基于大数据，旅游企业可及时更新产品销售策略，增加产品销售种类，提高企业效益。

③ "互联网 +" 旅游景区。在景区实现免费 Wi-Fi、智能导游、电子讲解、在线预订、信息推送等功能全覆盖。在主要景区出入口设立高清视频监控，对突发状况做出及时处理。通过对景区的导游以及工作人员的实时监控，提升旅游服务质量，加强旅游监管。

④ "互联网 +" 旅游创新。推动智慧旅游乡村建设。运用互联网和移动互联网，全面提升乡村旅游的管理、服务、营销水平，积极支持社会资本和企业发展乡村旅游电子商务平台，推动更多茶业、中草药以及优质农副土特产品实现电子商务平台交易。鼓励各镇建设集咨询、展示、预订、交易于一体的智慧旅游乡村服务平台。基于创客行动的旅游就业提升，开展"创客行动"，通过加强政策引导和专业培训，鼓励和支持返乡农民工、大学毕业生、专业技术人员等利用互联网等技术实现自主创业。推动"旅游 + 互联网"投融资创新。基于鼓励社会资本进入旅游基础设施的建设，引导企业参与全域旅游目的地的建设。大力发展在线旅游新业态，支持企业利用互联网平台，整合私家车、闲置房产等社会资源，规范发展在线旅游租车和在线度假租赁等新业态。

6.5 梅山地区环境文化保护规划

6.5.1 自然生态资源保护规划

6.5.1.1 整体自然环境保护

整体自然环境保护主要考虑"大格局"与"小节点"两个方面。"大格局"

是指区域生态景观格局，旅游产品的布局不能破坏区域整体景观安全格局。"小节点"主要指在对具体旅游产品的规划布局方面，应遵循"师法自然，因地制宜"的原则，对旅游资源点进行系统利用与保护，制定保护规划，并采取相应的措施。如在基础设施与服务设施的布局方面，不能破坏大的生态斑块与生态廊道。在旅游产品范围的设定及游客容量设计上，应满足区域空间生态承载力及土地综合承载力。对于已开发的旅游产品，要注重周边环境的保护，严禁安排对土地、大气、水源等生态环境具有重大污染性的工业项目等。

对于环境保护严格按照国家相关标准执行。国家相关标准规定，废水处理率达 70%、废气治理率达 60%、固体废物利用率达 85%、环境噪声达标率 80%~85%；公共服务设施区绿化覆盖率达 50%；大气环境质量中旅游区、度假区达到国家一类一级标准；水体环境质量要求水源保护地范围内不能新开发旅游项目，其余新开发项目水域达到国家Ⅲ类水域标准；噪声环境质量规定旅游区公园为国家 0 类标准（夜间 40 分贝，昼间 50 分贝），公共服务设施集中区为国家Ⅰ类标准（夜间 45 分贝，昼间 55 分贝），商业及混杂区为国家 2 类标准（夜间 50 分贝，昼间 60 分贝），交通干道两侧区域为国家 4 类标准（夜间 55 分贝，昼间 70 分贝）。

6.5.1.2 森林景观保护

梅山地区的景观基质为林地，森林资源的保护尤为重要。安化县和新化县均为湖南省重点生态建设区。特别是安化县 2014 年被确定为国家生态保护与建设示范区试点单位，是国家级重点生态功能区。安化全县山地覆盖率达 82%，森林覆盖率达 76.1%，安化是"湖南省林业十强县""中国竹子之乡"，是林业资源大县，被誉为中国最美小城、中国最佳养生休闲度假圣地等。全县有林地面积达604 万亩，森林蓄积量 1767.65 万立方米，森林覆盖率 76.8%。

梅山地区应依托丰富优质的生态旅游资源，对森林资源集中的生态敏感区进行保护，对已经存在资源破坏的区域进行生态修复，实施保护性开发。先行打造以大熊山国家森林公园、六步溪国家级自然保护区、柘溪国家森林公园、古台山森林公园、红岩省级自然保护区等为示范的"森林康养"中心，融入梅山地域特色和民俗文化。整合全域旅游资源形成相互促进的旅游发展格局，以推进整个梅山地区生态旅游发展，将梅山地域打造为长株潭城市群的后花园与天然氧吧。

梅山地区是国家重要生态功能区，森林覆盖率达 80.6%，林木蓄积量大，对于维护区域生态安全有重要作用，因此，应从以下五个方面加强森林资源保护。

①全面停止天然林商业性采伐，确保生态自然修复，增加森林面积和蓄积量。

②强化林地管理，凡是涉及林地使用，都依法审查。

③积极组织申报省级、国家级公益林，争取国家资金支持。

④加强森林防火和林业有害生物防控，积极申请国家资金，购买直升机等高效、专业的灭火和除虫工具。

⑤加强对野生动物疫源疫病的日常巡护和监控，做好有害生物普查，加大对非法移植古树名木的打击处理力度。

6.5.1.3 水域景观保护

梅山地区年平均地表水径流量大，水资源丰富，以自然山林、资江河流水体形成两大生态廊道，应对其进行保护，尤其不能破坏重要的生态节点。境内资江干流长约93km，大小支流90余条，其中资江一级支流20条（油溪河、大洋江和白溪河等），二级支流40条，三级支流24条，四级支流6条。库周岸线630公里，全县水域面积40余万亩，宜渔水面近20万亩，居娄底之首，境内有柘溪水库、车田江水库、半山水库等中小型水库274处。

保护对象有梅山地区的生态林地、资水流域、车田江水库、柘溪水库周围及车田江—梅花洞水源保护区；资江月光潭上游河段保护区；洋溪河—半山水库水源保护区；石溪河—龙溪水库水源保护区；大洋江—水车水源保护区；白溪河—大熊山水源保护区。

保护措施内容为核心景区水环境质量按照国家《地表水环境质量标准》（GB 3838—2002）中所规定的Ⅱ类标准执行，并满足标准中规定的集中生活饮用水地表水源地补充项目标准限值和特定项目标准限值要求。在生活水源沿线严禁有污染源的进入，确保水源不被污染；设置警示牌，提示严禁向河流水面乱倒垃圾和生活污水；核心景区餐饮、住宿等生活污水不得任意排放，由排水工程规划设置的污水管网收集并经处理达标后方可排放。

6.5.1.4 生物景观保护

主要在于对动植物资源与生物多样性保护，保护区为大熊山森林公园、古台山森林公园、六步溪国家自然保护区、雪峰湖国家湿地公园、龙湾国家湿地公园等保护区内的珍稀动植物。保护措施内容为根据生物多样性生态环境要求，以自然形成的环境为基础，以自然景观为主要内容，划定旅游区合适范围，保护一个或多个典型生态系统的完整性，为生态旅游、科学研究和环境教育提供场所，防止肆意开发，破坏动植物生长环境。

梅山地区农业基础深厚，农田生态是区域生态系统的主要部分，主要措施内容为规划汝溪国家农业公园等多个新型农业旅游地，严格保护基本农田，控制耕地转变用途的数量；调整农业产业结构，逐步扩大有机农业及高单位产值农业面积，按照风景名胜区、农业文化遗产等要求保护紫鹊界、辰山等具有代表性的梯田景观，增强农田的景观性和观赏性，并按照世界灌溉工程遗产的要求对农田特色水利灌溉系统进行保护。

6.5.2 文化旅游资源保护规划

6.5.2.1 保护对象

广义的保护对象包括文化环境、生产生活方式、语言环境、社会组织、意识形态、价值观念等。

具体的保护对象包括中部大熊山及周边蚩尤部落文化区、茶马古道文化区、东部梅山古国文化区、西部传统村落文化区、上梅古镇明清时期城邑文化区、资江沿岸商业集镇文化区。

6.5.2.2 整体保护措施

（1）划定文化整体保护区域

保护和修复与人们的生活和生产紧密相关，并与自然环境、经济环境、社会环境和谐共处的文化传承环境。将梅山文化遗产原状地保存在其所属的区域及环境中，并活态传承。

根据文化传承的重要性与级别，设立不同保护范围即文化生态保护区。通过建立相应的文化旅游资源保护机制，采取有效的保护措施，修复和保护非物质文化遗产和物质文化遗产。

（2）聘请专家制定保护方案

邀请梅山文化方面的专家，对梅山文化进行专项文化调查、研究并制定保护方案。

（3）重点区域重点保护

梅山地区保留着丰富的文化遗迹，局部地区地域文化特征比较突出，形成相对独立的生态文化环境。虽然这些区域的景观形态和民俗风情有所差异，但其文化生态环境的保护具有共性。对于即将消逝或已经缺失的传统文化，应从文化属性、物质文化和非物质文化三方面进行保护和重塑。

文化属性：辨识区域文化特色，并在示范性景区设置硬件、软件配套建设，要充分注重系统性与逻辑性，找准旅游产品在系统中的逻辑位置，集中凸显两至三个概念，并以此为基点，按时令节气组织民俗活动，以激发游客的认同感与归属感。

物质文化：保护建筑和景观形态、结构及其所使用的原生态材料。古建筑、古遗迹的修复，应以修旧如旧、修新如旧的原则，尽量原地整体保留，以保留其完整的历史信息和文化基因。如散落于梅山各地的传统村落，应根据梅山古代氏族社会部落和少数民族的聚居特色，保留其整体景观格局和文化记忆符号，突出南方干栏式木板屋民居建筑形态特色，并根据村落功能布局，结合非物质文化遗产项目，安排相应的旅游体验活动，丰富游客的感官体验。

非物质文化：通过形式多样的保护措施，对有特色、游客认知度和愉悦度高的非物质文化遗产着重保护。如设立非物质文化传习所，培养文化传承人，展现生产生活的实景，开展各种文化艺术活动，宣传和扩大文化影响力，提升社会公众的文化自觉和文化自信。充分利用社会各种研究机构和高等院校的研究能力，进行文化研讨和交流，明确区域保护重点，为相关政策的制定提供理论依据和决策参考。

6.5.2.3 遗址遗迹保护措施

保护对象根据收集整理的资料和实地调研情况确定，梅山地区主要有以下遗址遗迹应当加强保护（表6–6、表6–7）。

表6–6 安化县黑茶文化遗址遗迹

遗址遗迹名称	所在地	最高保护级别
万里茶路遗存（13）	鹞子尖古道、安化风雨桥7座、中茶湖南安化第一茶厂、湖南省白沙溪茶厂股份有限公司、梅山产茶区传统村落（大福镇大安村）、资江两岸古茶市（东坪镇黄沙坪社区）、古茶园（田庄乡高马二溪）	世界文化遗产申报点
风雨桥（30）	溪桥、马渡桥、红岩塘桥、镇东、卧龙桥、万善桥、大林口桥、高桥、南关桥、大塘桥、木家桥、包台桥、十义桥、福星桥、粟林思贤桥、乐善桥、晓溪桥、苦竹溪桥、晏家桥、肖家桥、烈溪桥、蛇山溪亭子、复古桥、适中桥、仙牛石桥、永盛桥、漾佳桥、永锡桥、燕子桥、思贤桥	国家级文物保护单位
安化茶业遗存（8）	高马二溪古茶园、唐溪古茶园、白茅溪古茶园、裕通永茶行、良佐茶栈、德和茶行、安化茶厂、白沙溪茶厂	国家级文物保护单位
古茶园（3）	高马二溪古茶园、唐溪古茶园、白茅溪古茶园	省级文物保护单位
茶行遗址（3）	裕通永茶行、良佐茶栈、德和茶行	省级文物保护单位
茶马古镇（5）	东坪镇、江南镇、黄沙坪、洞市老街、唐家观古镇	市级文物保护单位
古茶市（4）	黄沙坪古茶市、酉州村古茶市、唐家观古茶市、洞市古茶市	市级文物保护单位
茶亭（5）	深家坡茶亭、安常古道茶亭、永兴茶亭、柑子坡茶亭、东长亭	县级文物保护单位
古茶馆	古泉春、德和缘茶庄、安化黑茶茶馆等100多家	县级文物保护单位

表 6-7 新化县遗址遗迹

遗址遗迹	所在地	最高保护级别
1	新化北塔、红二军团长征司令部旧址	全国重点文物保护单位
2	杨氏宗祠、龙谭桥、文昌塔、罗盛教故居	省级文物保护单位
3	红二方面军临时军工厂遗址、抗敌英烈陵园	县级文物保护单位
4	水车镇楼下村、正龙村	省级历史文化名村
5	寺庙、祠堂、碑刻、雕塑、历代书画和陶瓷等艺术品	其他物质文化遗产

保护措施分为以下三类。

（1）行政措施

新化县和安化县的文物局、文化局、旅游局等行政机关承担着文化遗产的管理职能，负责制定保护政策和办法、督促检查保护成效、成立保护与研究机构等。由政府牵头，梅山文化研究会为实施主体，对县城内的传统节事、民俗艺术、传统手工艺、历史传说、名人典故、宗教人文等非物质文化遗产进行摸底，建档造册，建立数据库。

（2）财政措施

保护经费可多方筹集，政府应保证每年有一定的财政资金预算作为专项保护经费。此外，还可通过社会募捐、商业赞助等方式筹集资金，以确保保护工作的运作及各项措施的顺利实施。在非物质文化遗产保护方面，对于传承人的保护是一个十分重要的问题，建立传承保护制度与基金。提供传承空间和传承条件，使非物质文化遗产传承人得到资金上的支撑与保障。

（3）技术与社会措施

重点为文化遗产编制专项保护利用规划，明确规定文化遗产开发强度和用途，对不符合既定要求的开发运营项目坚决执行退出机制。严格控制文物保护范围内的开发建设活动，以最大限度地减少对文物遗址的破坏。文物保护各级保护区的边界拐点，应有明确的标识物及标志说明，标志应设于显要位置，除总标志外，还应设立多个标志，任何单位和个人不得擅自破坏。并利用传媒广泛宣传文物保护的法规，使民众认识到保护文物的重要性，对文物保护有贡献的人或单位予以各种形式的奖励。

6.5.2.4 旅游商品及人文活动保护措施

梅山文化以原始稻作族群为创始源头，文化影响深远，长江流域十多个省区受其深刻影响，并伴随海外移民，辐射传播至东南亚及欧美等地。梅山历史大致分为先秦以前、秦至北宋、北宋开梅后三个大阶段，梅山文化源于先古的蚩尤文化。在宋代全面发展，经过千年的演变，梅山文化和汉文化不断交流和碰撞，形成了独特的梅山蛮精神，并衍生出了梅山峒文化、陶澍文化等，是亘古至今的文明鲜活体，始终处在人类文明主体的长江流域的河床中心，为近代"湖南人才流"奠定了精神基础。

梅山文化物质遗产资源丰富，传统民俗传承良好，依托原生态的文化物质资源，独特的宗教信仰、民俗风情，深入挖掘梅山文化特色，加大对梅山文化的研究、保护、开发、利用力度，丰富梅山文化体验旅游产品，将黑茶文化、稻作文化与梅山文化相结合，打造地域特色文化产品。

梅山地区是中国黑茶的发源地，先有茶，后有县；这里山奇水秀，万里茶路从这里起程，继续宣传黑茶品牌，使其拥有的"少数民族生命之茶""民族团结之茶""健康之茶""最具历史底蕴之茶""大气之茶""最具收藏价值之茶"等美誉持续发酵，提升品牌影响力。以万里茶路遗存为核心，着力重现茶马古市繁华，丰富黑茶文化旅游产品及旅游商品的种类和层次，打造国家知名的文化旅游目的地。

同样梅山地区是全国有名的中药材资源地区，野生药材资源丰富，家种药材历史悠久，依托丰富的药材资源，顺应养生康体旅游潮流，挖掘安化特色、文化品位高的食俗历史，将梅山地区打造为集健身、度假、疗养、保健等多种功能于一体的康体养生旅游目的地，使之成为未来旅游开发的一个重点和亮点。

深入挖掘和整理安化千两茶制作技艺、梅山武术、梅山傩戏、新化山歌、梅山剪纸、梅山竹编、蚩尤传说、陶澍传说、清塘山歌等梅山古国非物质文化遗产，并进行适度开发。培养具有创新精神的非物质文化传承人，结合传统技艺研发符合时代特点和人们多元化消费心理的旅游商品，使非物质文化以新面貌继续活态传承。

7 梅山文化园景观规划设计

梅山地区除了制定宏观的旅游开发策略及景观生态规划研究、中观景观格局优化外，也应通过微观层次上的景观设计，使区域的景观更加宜人，空间布局更加合理，保持良好的生态环境，为旅游业的持续发展奠定基础。以梅山文化生态园为例，通过理论联系实际，从微观层面探索梅山地区旅游开发与景观规划设计实践路径。

7.1 项目概况与设计背景

7.1.1 项目概况

梅山文化生态园位于安化县仙溪镇境内富溪村温溪冲以南的山林之中，地理坐标为 N28°08′，E111°38′。园区于 2007 年由当地村民姚志斌、张青娥夫妇在自己承包的退耕还林的山地里开始创建，该项目计划总投资 2 亿元，总建筑面积约 35000m²。现为湖南省五星级乡村旅游景点、全国五星级休闲农业山庄与旅游景区，全国散文诗创作基地。园区于 2012 年 10 月开园，目前仍在持续建设中。

7.1.2 设计目标

梅山文化园的整体设计和开发建设以始祖蚩尤、猎神张五郎为主要线索，以其良好的自然生态环境以及梅山特有的民俗为依托，通过深挖梅山元素，物化活化梅山文化，将梅山文化所蕴含的文化信息、民风民俗、宗教信仰以民俗观赏、民俗体验、文化演艺、娱乐竞技等方式进行动态展示，力图建造一个集乡村生态旅游、生态农业、休闲农庄、梅山文化主题公园、梅山文化学术研究基地、高等院校实践教学基地等为一体的综合型文化生态旅游示范园区。

7.1.3 设计理念

梅山文化园的景观规划设计坚持遵循以下几点设计理念（表 7-1）。

表 7-1 梅山文化园景观规划设计理念

遵循理念	追求目标
表达生态山野理念	坚持"野草照样长，野花照样开，野兽照样来"的"三野理念"，让游客置身于梅山文化中感受溪水潺潺，山野悠悠
表现残缺美学意境	通过景观形态的残缺表现，恢复遗址遗迹场景，让游客产生幽古寄远、时空穿越的审美体验
寻找历史地域印记	探寻梅山文化中特有的地域性艺术符号和文化特征，并通过石寨门、吊脚楼、巫术馆、茶亭等形态元素系统再现
再现传统建筑景观	利用木材、土材、石材等传统材料和传统工艺，再现梅山文化中物质与非物质文化景观
营造自发参与形态	在设计建造和旅游开发中，积极鼓励当地社区参与，营造乡土气息浓郁的空间形态和景观氛围

7.2 基地分析

7.2.1 基地周边环境

7.2.1.1 交通可入性分析

梅山文化园距离 207 国道约 3km、二广高速约 4.5km，交通较为便利，可进入性较高。由于园区位于山峦中，为了方便通行，专门修建了与山脚村镇相连的入园道，旅游者可从 207 国道经 603 乡道至山口村再到富溪村由入园道到达园区。园区内部只能步行，禁止外来车辆进入，所有旅游车辆都停放在园区入口处的公共停车场。

7.2.1.2 社会经济状况

从人口经济的角度出发，仙溪镇总人口约 5.1 万，经济收入的稳定增长，村民生活条件的不断提高，村镇的快速更新，致使原本分散的人口向交通便利、公共设施相对便利的村镇集聚。

农业产业中的粮食作物有水稻、红薯、玉米、黄豆等。经济作物主要产茶叶、油茶、油桐、棕、药材、花生、油菜、水果等。梅山文化园周边的村镇，正在经历传统农村向现代农村的转变过程。农业产业也在逐步向非农业转化，但农村投资渠道少，就业面相对较窄。

在旅游业发展方面，虽然目前仙溪镇及梅山文化园的旅游发展还属于起步阶段，但随着二广高速的拉通，基础设施的完善，其旅游开发及建设活动不仅较好地推动了周边村落的经济、文化、自然环境保护等各个方面的发展，还为当地村民提供了就业机会，有利于促进产业转型。

7.2.1.3 气候特征与空气质量

安化县仙溪镇位于湘中山区，多山多水，平均海拔 185m，属于亚热带季风湿润气候，夏季高温多雨，冬季温和湿润，四季分明。年均气温为 15.3℃~17℃，1 月平均温度普遍在 0℃以上，7 月平均温度一般为 25℃左右。区内生态环境很好，空气新鲜，达到国家 1 级标准。山间常年云雾环绕，气候凉爽，极顶远眺，四周云山隐隐，景象万千，具备较好的生态旅游、养生避暑的环境条件。

7.2.2 基地内部现状

7.2.2.1 高程分析

梅山地区群山绵延，山峦起伏。梅山文化园属于丘陵地貌，基地处于两座山体山顶之间。将地理空间数据云中获取的梅山文化园数字高程模型导入 ArcGIS 进行分析。由图可知（图 7-1），在规划建设范围内梅山文化园的海拔高度在 170~394m，40% 的园区在海拔 300m 左右。

7.2.2.2 坡度分析

梅山文化园区内 48% 的山林坡度为 10°~20°，地势较为平缓（图 7-2）。中部区域基本为平地，适宜开展休闲、展演、观景等活动。最陡处为东南角南坡，即人工水坝处，坡度达到 40°以上，在此往下可眺望远处山峦和村落，视线开阔，是较好的观景点。此外，按照国家退耕还林有关政策方针，20°以上的坡地严格限制开垦农田，封山育林，保护生态植被。

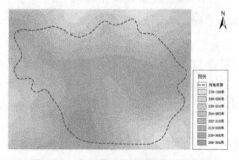

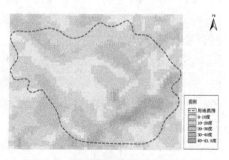

图 7-1　中国梅山文化园高程分析　　　图 7-2　中国梅山文化园坡度分析

7.2.2.3 坡向分析

坡向对植物的生长和分布具有显著影响。梅山文化园大部分的区域是在北坡背阴面，朝南的坡面相对较少，46%的山林朝向正北、西北、东北三个方向（图7-3）。阴坡光照较弱，湿度较大，适合茶树、鸢尾、芦苇等喜阴植物和湿生植物生长。

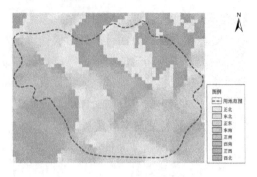

图7-3 中国梅山文化园坡向分析

7.2.2.4 植被分析

梅山文化园园内森林密布、珍稀树木繁多，森林覆盖率达76%以上。植被覆盖度对森林保持水土、涵养水源、调节径流和改善森林气候等生态功能具有重要意义。高植被覆盖度不仅使空气清新，含氧量极高，适宜康体活动，气温也随之降低，空气湿度增大。因此，园区内及周边山林不仅保留了大量原生植被，以维持生态系统的稳定，还在退耕还林区域广泛种植了当地盛产的杉树、红枫、梓树、樟树、桂花、竹、杜鹃、芒草等乡土植物。

7.3 梅山文化园景观空间格局规划

7.3.1 总体格局与景点设置

梅山文化园的规划设计和建造并非一蹴而就，而是一个"由点及线，由线及面"的逐步完善的过程。园区整体空间格局依山就势，因地制宜，是按照"起—承—转—合"的空间序列布置的（图7-4），局部采取点式自由布局，由建筑、山体、道路、水渠等元素构成。目前园区规划建设的景点共76处，其中52处已经建成（图7-5）。

"起"为"起点"。入口部分作为游客进入景区开展游览活动的起点，是空间序列的前奏，在景观游线中通常也是终点。入口处开阔的广场和停车坪在提醒游客将要进入园区的同时，满足人流集散的作用。高高耸立的关口石墙，以其残缺之态，引人入胜。

"承"为"承接"。继开端之后则需要恰当的过渡，在景观空间中主要表现为道路和建筑竖向特色设计。进入园区后，沿主要道路两侧的狭长地带依次建造万

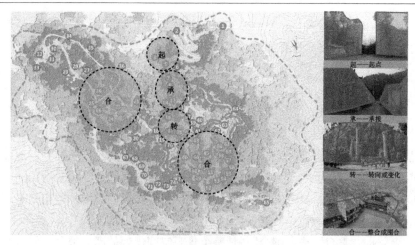

图7-4　梅山文化园景观空间序列规划

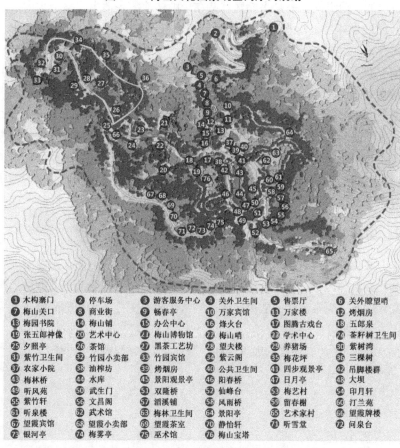

① 木构寨门	② 停车场	③ 游客服务中心	④ 关外卫生间	⑤ 售票厅	⑥ 关外瞭望哨
⑦ 梅山关口	⑧ 商业街	⑨ 畅春亭	⑩ 万家宾馆	⑪ 万家楼	⑫ 烤烟房
⑬ 梅园书院	⑭ 梅山铺	⑮ 办公中心	⑯ 烽火台	⑰ 图腾古戏台	⑱ 五郎泉
⑲ 张五郎神像	⑳ 艺术中心	㉑ 梅山博物馆	㉒ 梅山哨	㉓ 学术中心	㉔ 茶籽树卫生间
㉕ 夕照亭	㉖ 茶馆	㉗ 黑茶工艺坊	㉘ 望夫楼	㉙ 养猪场	㉚ 紫树湾
㉛ 紫竹卫生间	㉜ 竹园小卖部	㉝ 竹园宾馆	㉞ 紫云阁	㉟ 梅花坪	㊱ 三棵树
㊲ 农家小院	㊳ 油榨坊	㊴ 烤烟房	㊵ 公共卫生间	㊶ 四步观景亭	㊷ 吊脚楼群
㊸ 梅林桥	㊹ 水库	㊺ 景阳观景亭	㊻ 阳春桥	㊼ 日月亭	㊽ 大坝
㊾ 听风苑	㊿ 武生门	51 双隆桥	52 仙峰台	53 梅艺村	54 印月轩
55 紫竹轩	56 文昌阁	57 风雨桥	58 景阳亭	59 留春榭	60 汀兰苑
61 听泉楼	62 武术馆	63 梅林卫生间	64 景阳亭	65 艺术家村	66 望霞牌楼
67 望霞宾馆	68 望霞小卖部	69 望霞茶室	70 静怡轩	71 听雪堂	72 问泉台
73 银河亭	74 梅雾亭	75 巫术馆	76 梅山宝塔		

图7-5　中国梅山文化园总平面

家大院、梅山铺、梅园、办公中心、烽火台等建筑和构筑物。夹道而建的建筑使中间的道路更加突出，具有强烈的视轴引导性。

"转"为"转向"或"变化"。由商业街行至古戏台处，道路尽头是抬高的戏台和高耸的图腾柱，此处景观空间的处理不论在尺度上还是方向上都有较大转变。戏台前的平地空旷，空间尺度较商业街明显增大，道路也向东南和西北两方转折。往东南方，经过油榨坊，转眼就看见了景牌楼和开阔的水面。往西北方，经过梅山古井、张五郎神像，来到空间开敞的博物馆门前。道路的局部地段和博物馆周边空地，利用平整之地开辟菜园，在表现自然野趣的乡村景观的同时，还为游客提供了生态、健康的绿色食物。道路的每个转弯的角度和方向都是顺应地势条件规划设计的，灵活自然的转折让空间层次更为丰富。

"合"即"整合"或"围合"，是整个景观空间规划的高潮部分。园区有两个重点表现的景观空间。一是水库区。站在景牌楼前的平地中，整个水库水面一览无余。穿过景牌楼，沿水边依次建造吊脚楼群、梅林桥、山口客栈、桐子树客栈、阳春桥、水坝、日月亭等景观节点，紧接着日月亭循东北向而去，又建造了双龙桥、梅艺村以及仙峰台等景观建筑。规划设计将一系列连续的精彩节点空间整合到中央的水库，形成环形围合的闭合游线，让人的感观享受达到最高点。另一个则是梅山博物馆及黑茶养生区。博物馆及待建的艺术中心和文化中心是整个园区文化精髓的展现处，是梅山文化园精神文化的核心。不论从博物馆的合院建筑形式还是黑茶文化区道路的环绕围合形式，都体现了围合之感。博物馆再往西北，梅山哨所、书院小径、夕照亭、望夫楼、黑茶工艺坊等景点亦建造完毕，待竹园宾馆和紫云阁等景点建造完成，建筑、道路与森林将融为一体。

7.3.2 功能分区与旅游策划

梅山文化园景观规划从整体性切入，将梅山地区不同的文化承载空间、生态环境和社会群体经过辩证整合视作一个有机系统。园区共分为商业服务、仪式展演、文化展示、黑茶养生、农耕体验、滨水休闲、文化艺术和林间漫步八大功能主题区（图7-6）。

每个功能分区均有各自的表现主题、服务功能和旅游特色（表7-2）。

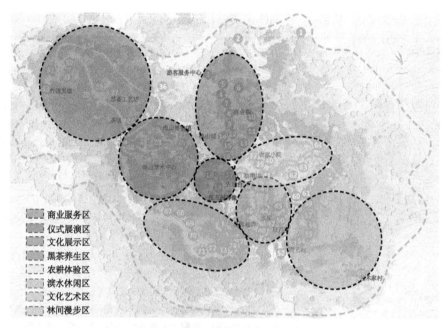

商业服务区
仪式展演区
文化展示区
黑茶养生区
农耕体验区
滨水休闲区
文化艺术区
林间漫步区

图7-6　梅山文化园景观功能分区

7.3.3　道路规划与景观营造

　　梅山文化园道路的规划顺应山地形态，沿等高线自然布置，布局主次分明，交通以游步道为主，只在入园处考虑停车需求而设立入口广场。为与周边自然环境和谐共生，园内道路均采用天然碎石铺设或夯土地面。根据道路使用程度的不同，将园区内道路分为三个等级（图7-7）。一级道路为园区的南北向主要道路，从入口处一直延伸到古戏台，路两旁由南向北依次为游客服务中心、售票厅、关外瞭望哨、梅山关口、商业街、万家宾馆、梅园书院、梅山铺、办公中心和烽火台等公共建筑。一级道路宽度相对较大，为6~7m，两侧建筑的高度也为6~9m，道路与建筑高宽比为1:1，道路与两边的建筑之间保持良好的平衡状态，给游客以舒适的视觉感受。二级道路为横贯园区的次要道路，以古戏台为中心呈树枝状向西北和东南两个方向延伸。由古戏台往西经过张五郎神像、梅山博物馆、梅山哨、夕照亭等景点，一直到西北角的竹园宾馆。而与之相对，从古戏台往东南方向走，沿水库串联起油榨坊、农家小院、梅林桥和武生门等景点，到达水坝后，经日月亭沿山边小路转至阳春桥，再到达吊脚楼群，最后至景牌楼，形成围绕水体景观的闭合回路。二级道路宽度2~4m，两侧吊脚楼建筑高度6~10m，道路与建筑高宽比为1:3，形成一个内聚型空间。道路旁高低错落的建筑和形态各异的植

表7-2 梅山文化园景观规划设计理念

功能区名称	主要景点或设施	主要功能及旅游特色
商业服务区	停车场、游客服务中心、售票厅、梅山关口、商业街、梅园书院、烽火台、万家大院、办公中心	具有交通集散、引导人流、办公管理、游客服务、观赏游憩等综合功能。高耸的梅山关口和紧闭的寨门形成"一夫当关万夫莫开"之势，引人入胜。高低错落的商业建筑立于道路两侧，夹道欢迎四海宾客。梅园书院建在坡地之上，登上长长的石阶方能到达书院门口，院内竹丛白墙光影斑驳。烽火台再现了古代梅山山民抵御外敌入侵，自保一方安宁的情景
仪式展演区	梅山古戏台、梅山古井、张五郎神像	结合梅山地区的岁时节日，定期情景再现梅山祭祀、梅山渔猎、梅山山歌、梅山傩戏和花鼓戏表演等文化活动，活态呈现梅山非物质文化遗产
文化展示区	梅山博物馆、艺术中心、学术中心、梅山哨、夕照亭	以梅山文化为主题，收集梅山文化遗存，积极拓展与国内梅山文化研究机构的合作，不定期开展梅山文化讲堂等活动，提供集展览、民俗演艺、学术交流、手工艺品制作为一体的文化展示交流平台。立足于夕照亭放眼远眺，满眼葱茏黛绿，远处山峦层叠，漫渺无际
黑茶养生区	黑茶工坊、茶馆、竹园宾馆、紫云阁	将黑茶的种植、采摘、生产、制作工艺流程和品尝完整地呈现出来，让游客可以全方位地体验黑茶文化，并深入挖掘黑茶疗养功效，为游客提供一个欣赏道乐、品尝茶香、吸收自然清气的景观空间
农耕体验区	农家小院、油榨坊、梅山筒车	重点开展梅山山民的农耕、渔猎生活体验、休闲观光等项目，游客可在此参与互动体验活动，打造集农耕体验、武术演艺、观光休闲为一体的特色休闲体验地
滨水休闲区	景牌楼、水库、梅林桥、吊脚楼群、日月亭、阳春桥	具有住宿、餐饮、购物和观光等多种功能。利用开阔的水面、丰富的动植物与一系列环绕水面富有梅山特色的吊脚楼建筑群，营造惬意舒适的滨水景观
文化艺术区	梅艺村、仙峰台、文昌阁、双隆桥、印月轩、紫竹轩	不仅为艺术家写生、摄影提供创作基地，更是从梅山传统建筑的原型中提炼艺术符号，用建筑空间和艺术来更好地还原梅山文化的特征
林间漫步区	梅山巫术馆、望霞宾馆、望霞茶室、静怡轩、梅雾亭、听雪堂	依托梅山文化园内较好的森林资源，因地制宜修建山林野趣漫步道，沿道路将景点串联，营造绿色、自然、野趣的休憩环境。在树荫浓密的林间建设巫术体验馆，运用3D技术、全息投影等现代影视技术，展示梅山古老巫术，邀请知名师公，制作巫术演艺剧，进行巫术表演

物为游客提供了丰富的视觉观赏内容。三级道路曲折狭窄，路面宽度在1~2m，是从主要道路上分出的步行次要道路和游憩小径，林间小道或互相穿插或连接闭合。狭窄的三级道路与两侧高大茂密的植被形成鲜明的高宽对比，营造较为私密的景观空间，曲径通幽，是最为亲切的空间距离，适于林间漫步和康体活动。

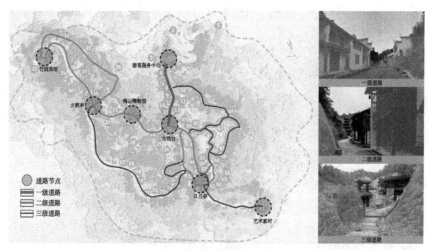

图7-7　梅山文化园道路组织

道路节点处，空间采用局部放大的方式，一方面能增强场所的集聚性，有效疏散人流；另一方面则是为了让游客能有更好的观景空间。

7.3.4　视线组织与竖向设计

景观视觉轴线是空间组织的基本线索，有助于确立景观系统的逻辑顺序，使空间具有秩序性、方向性。通过景观视觉廊道串联各辅助景点。

梅山文化园中主要有两条视觉轴线，基本与道路重合。一条为南北向的纵轴，从接待楼到古戏台，沿线串起梅园、梅山铺、办公中心和烽火台等。另一条为东西向的横轴，从日月亭到古戏台再到竹园宾馆，由东向西沿线串起梅艺村、日月亭、梅林桥、吊脚楼群、农家小院、油榨坊、古戏台、张五郎神像、梅山博物馆、夕照亭等。沿道路以梅山关口、烽火台、图腾柱、景牌楼、梅山哨等可识别性高的构筑物形成视觉制高点，使实际游览线路与心理暗示的游览线路重合，引导游客逐渐进入园区观景，并串起一个移步异景的游览序列。

梅山文化园的空间格局变化指向了空间的开合变化，提供给游客动与静、开放与私密两种空间变化体验。

空间"起点"的入口处地面较为平整，停车坪和售票处视线开阔，视线随地面逐渐向梅山关口抬高聚集。12.8m 高的梅山关口成为视线焦点。深灰色的粗犷石块以残缺形态体现出梅山关口的古朴和神秘。木质格栅寨门与石质寨墙形成视觉对比，衬托出石墙更为高大威严。

进入园区，作为"承接"作用的商业街，根据地势北高南低的变化情况，采用夹景手法，在一级道路两侧分别布置梅山铺、梅园书院、办公中心等多组建筑，形成左右遮挡的狭长空间，道路南端的尽头为古戏台。这样规划不仅增加了园景的深远感，还突出了戏台的主景地位。

古戏台靠山面路，是道路的分岔转折点，也是空间序列的转变点，还是园区景观视轴的交叉点，其作用的重要性毋庸置疑。14.8m 高的图腾柱立于古戏台两侧，成为观景视线的焦点，它们演绎着梅山文化源远流长的历史与风情，表达了古人对繁衍生息的崇拜。

梅山文化园中的水流从古井流向油榨坊再汇聚到水库逐渐成面，视线是逐渐扩张开来的。当空间序列到达最高潮处水库时，四周的景点均环绕水面，形成一个内向空间。二层的木质吊脚楼依水而立，灵动的湖水映衬着木头的朴拙，相得益彰。在吊脚楼上，面对东边平静的水面，湖水倒映着山峦，清新剔透，画面唯美；面对西边山体和街道，又可看着来往人群，甚为有趣。

水库由于水面坦荡平静，视线无遮挡，点缀在水坝之上的日月亭，与周边开阔的水面和环绕的山林形成对比，十分巧妙地成为视觉焦点。日月亭既是被观看的焦点，也是观景的最佳点。水坝之下地势陡峭，立于日月亭中人们总是乐于凭栏远眺，至上而下视线开阔，让人心情舒畅、豁然开朗。

将景观要素置于某种视觉连续之中，能形成极好的画面构图。梅艺村伴随山势走向，根据场地竖向变化，从入口至听泉楼形成高低错落的连续景观，在丰富建筑立面形态的同时起到了移步异景的作用。

7.3.5　水系重塑与水景设计

梅山文化园利用基地内"人"字形山谷对水系进行景观重塑。将沿山坡在山谷汇集的溪流集中蓄存，并在南部筑以水坝，形成人工水库（图7-8）。水坝不仅能调节水库的蓄水量，还保证了园区内主要景观水面。园区内水系均随山势地形和道路而灵活变化，蜿蜒曲折，与周边的自然环境交相呼应。宋郭熙在《林泉高致》中写道："山以水为血脉……故山得水而活；水以山为面……故水得山而媚"，绘画如此，景观也同理。梅山文化园的水系采用点、线、面结合的方式，形成了多种多样、动静相宜、山水交融的水形态。园区中最大的静态水面即水库。以水库为中心，四周环列建筑，错落有致的建筑与碧波微澜的水面相得益彰

（图7-9），形成一种向心、内聚的格局。线性的溪水将古井、筒车、风雨桥、石拱桥等景观元素串联成完整的水景系统。沿道路分散布置的水池、磨坊水渠把局部空间环境点缀得十分生动，有助于获得朴素自然的情趣。园区的水景节点由北至南有8处。

图7-8 人工水库

图7-9 临水而建的吊脚楼

第一处为梅山博物馆内的水池，水体不仅柔化了石构建筑给人带来的冷酷感，还给人带来心情上的愉悦和心灵上的安静。建筑与水中的倒影虚虚实实，相辅相成。微风拂来，波光粼粼的水纹与石墙相映成趣。平静细腻的水面与粗犷厚实的石材形成质感对比。景观在软与硬、粗与细，冷与暖的对比中更加生动。

古井处溪水伴随着山体蜿蜒曲折、时隐时现，不知源流从何而来，使游客产生隐约的迷离和深邃藏幽的感觉。溪水从筒车上慢慢流过，筒车吱呀吱呀慢慢地转动，显得格外幽静，让人忘却外面的世界。

油榨坊处于一个山环水抱的位置，周边的水体和茂密植被将其围绕起来，木屋若隐若现，清幽宁静。屋边水渠中的小筒车被流动的溪水冲击，自转不息，而筒车转动带动木制榨油机的转动，游客可以参与体验榨油过程，潺潺的水声、机器的运作声和人们的欢声笑语交织在一起，为安静的山林增添了许多生机。

吊脚楼处的水体面积较大，亭台楼阁环绕水面，岸堤两旁还栽植了各色树木花草。利用水面的倒影作借景，使景物变一为二，虚实结合，将天空缥缈虚幻的云雾、水边倒影婆娑的建筑、水中随风摇曳的芦苇纳入水景空间，从而扩大视觉空间，丰富景物层次，增强空间韵味，产生一种朦胧虚幻的美感。

梅林桥是仿照梅山地区山间常见的风雨桥而建，全长33m，采用船型桥墩。一座廊桥将水面一分为二，不仅丰富了空间层次，还便于观景、交通。平板桥身的造型与平静的水面让人身心宁静。

阳春桥位于吊脚楼至水坝的小路途中。由于其横跨的水域面积小，桥身只采用单拱的造型，精致的小桥反而能突显此处小桥、流水、人家的惬意感。浅灰色的石质桥身置于青山碧水之中尤显古朴苍拙。

水坝是整个园区水体最南端的节点。站在日月亭向内可将水库水景一览无余，向外可鸟瞰崇山峻岭，茂林修竹。当水雾飘荡于山间时，朦胧中的日月亭，更增添了园区的幽深、神秘之感。

双隆桥与梅林桥隔水相望，全长 28.8m，入口为八字墙门，显得端庄气派，桥身采用抬梁式木质结构，桥墩为两跨拱形。相对于梅林桥的平静，阳春桥的小巧，双隆桥不论是在整体造型还是水景设计上都显得更加活泼。将山上的溪水引入桥下，溪流穿过山石缓缓流淌，营造出一派生机的景象。

此外，园区的水体不仅是造景的主要元素，也可用于浇灌园区内农作物和木构建筑消防。

7.3.6 植物配置与动物养殖

中国梅山文化园坐落在一望无际的林海之中，是一个万木争荣，郁郁葱葱的绿色宝库。园区的规划设计和植物配置坚持"野草照样长，野花照样开，野兽照样来"的"三野理念"，营造一种质朴生动、鸟语花香的乡野氛围。园内的植物异彩纷呈，共种植名贵树种达 1200 多株，有楠木、红叶石楠、银杏、桂花、紫薇、红枫、樱花、香樟等十多种。不同植物的气味、色泽、形态、姿势各有千秋，随着时光的更迭而呈现异样的光景，春天的蓬勃，夏天的浓荫，秋天的红妆，冬天的素裹，种种变化都能给人带来季节分明的触动。水库边种植芦苇、菖蒲等湿生植物，达到净化水体，丰富植被景观层次，增加观赏性和野趣的作用。

动物是自然界中最具表现力和影响力的生物，它们的存在和发出的声音能增添无穷的生机和活力。鸟语虫声会使自然景观更加流动跳跃、形象灵动，各种生灵发出的不同声音能唤起人们不同的感受。梅山文化园水库中养殖白鹅、鸭子等水禽，使园区呈现一片生机盎然，人与自然和谐相处的景象。

7.4 梅山文化园旅游开发模式

梅山文化园旅游开发是在生态保护的基础上，以"表达生态山野理念、表现残缺美学意境、寻找历史地域印记、再现传统建筑景观、营造自发参与形态"为指导思想，通过对自然景观和人文景观资源的综合利用，达到提升园区生态性、观赏性、体验性和教育性，创造综合性旅游园区的目的。如何根据环境条件和资金情况，结合生态资源和梅山文化特色，有计划地进行旅游开发与布局，确定开发模式是重要环节。

梅山地区生态旅游整体开发模式从立体层面分为空间、产品、时间、关系四个子开发模式。梅山文化园的旅游开发模式也从这四个维度进行考虑并付诸于实践。

7.4.1　空间维度——保护性分区开发

梅山文化园位于重点保护性利用区内，此区域内允许旅游观光和教学参观。由于梅山文化园部分土地已流转为可建设用地，其他部分仍用作退耕还林用地，因此，采取沿山谷相对集聚分布的低密度保护性开发策略。园内有明确划定的道路、人行道，有固定的旅游线路并设点观赏，符合重点保护区开发要求。从保护性旅游开发建设的程度来分，具体将梅山文化园及周边环境由内及外分为三个层次的功能区：中心开发建设区、建设控制缓冲区及外围生态保护区。

中心开发建设区为地势变化相对较小的平整区域，是梅山文化园开展旅游活动的主要场所，包括一二级道路沿线的主要景点。根据地理和自然条件，因地制宜地开发建设景观水系和极具梅山文化特色的乡土建筑与景观。

建设控制缓冲区是中心建设区到梅山文化园用地红线之间的环行地带，区域内植被主要为退耕还林培育起来的森林。旅游开发以林间步道和景观小品为主。通过控制缓冲区内建筑和景观构筑物的整体高度、规模和数量，以确保园区较高的植被覆盖率，保证生态系统的可持续性运转。

外围生态保护区虽不属于梅山文化园的建设范围，但与园内景观有着密切关系。外围生态保护区内除一条入园道路外，严禁其他开发建设，以原生树种为骨架，乔、灌、草有机结合，使植物自然演替，形成稳定的生态格局。园区外围郁郁葱葱的苍翠密林不仅为动植物生存提供绿色屏障，也为园内多处最佳观景点提供鸟瞰纵览的背景底色。

7.4.2　产品维度——复合型多元开发

从旅游产品开发维度来看，梅山文化园将退耕护林与生态建设、新农村文化设施建设、地域经济发展相结合，实现旅游产品的综合开发利用。梅山文化园依托较好的生态环境，坚持原真性保护开发，不仅发展常规的生态观光休闲旅游，还在对梅山文化进行深层次挖掘的基础上，加入了大量参与性、体验性强的旅游活动环节，实现了旅游产品的高层次开发。在旅游开发的同时，积极发展相关产业。如通过旅游景点、旅游商品的设计将茶文化与旅游融合，扩大茶产业的价值空间，实现茶旅互动、伴生共赢的开发目标。

7.4.3　时间维度——阶段性渐进开发

梅山文化园是企业自筹资金为主开发的，且开发目的是以原生态的山野理念，展现梅山文化中物质与非物质文化景观，营造乡土气息浓郁的空间形态和景观氛围。因此，根据资金筹措和工程进展情况，不断地调整规划，丰富项目开发内容。通过这种小规模渐进式的开发，以动态开放的方式适应着园区建设的实际发展步骤，其设计与建造是一个不断优化调整的演变过程。园区的开发规划分三个阶段即三期工程进行建设（图7-11）。

2007年，梅山文化园开发建设拉开序幕，到目前为止，第一、二期工程基本完工，第三期工程正在建设之中，共完成投资8500多万元。

第一阶段（2007—2009年）：第一期工程规划总投资3120万元，包括手机通信台、11万伏输电线路、8.8km入园道路、梅山古亭、古戏台、烽火台、梅山书院、农家小院、办公中心、梅山关口油榨坊、张五郎神像等12个分项。

第二阶段（2009—2013年）：第二期工程规划总投资4000万元，包括梅林桥、公厕、梅山博物馆、日月亭、夕照亭、景牌楼、山口客栈、桐子树客栈、梅山哨、书院小径、梅山铺、武生门、万家大院13个分项。

第三阶段（2014年至今）：第三期工程规划总投资7780万元，包括仙峰台、双隆桥、黑茶工坊、文昌阁、入园木构寨门、梅艺村、梅山宝塔、梅山巫术馆、梅山武术馆、梅山文化学术研究与会议中心、梅山文化艺术中心、梅山道路景观、部分园区车行道硬化、梅山狩猎场、4.5km人行游步道等16个分项。

7.4.4　关系维度——联动式多方开发

梅山文化园在长期的循序渐进、逐步完善、相互协调的开发建设过程中，探索出以"企业主导、政府扶持、高校合作、社区参与"的多方联动开发模式（图7-12），实现了经济效益与生态效益、社会效益的多赢。

梅山文化园在开发之初就成立了梅山文化园旅游开发有限公司。公司作为梅山文化园开发工作的主体，承担一级和二级开发，并负责开发建设的管理与经营。一级开发包括土地流转、基础设施建设和场地整理等工作。公司首先在农村集体土地流转的制度下，将用地属性转为退耕护林的基地，对土地进行整理投资开发，制定规划方案。接着完成"三通一平"，完善园区内水、电力、电信和进入园区的道路等基础设施的建设。二级开发为经济林培养、主体建筑、景观小品和配套设施的建设以及室内装饰施工等。

政府扶持是梅山文化园开发建设的基本保障。政府不定期地给予小额资金扶

第一阶段（第一期工程）		第二阶段（第二期工程）		第三阶段（第三期工程）	

图7-11 梅山文化园阶段建设

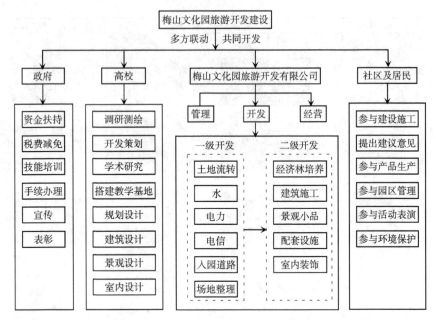

图 7-12 梅山文化园多方联动开发模式

持，一方面是资金保障，另一方面能鼓励、吸引民间力量持续参与地方建设，有利于资金筹措。政府除资金支持外，在税费减免、技能培训、手续办理等方面给予扶持。此外，政府的表彰、宣传也使项目获得更为广泛的社会关注。

高校负责进行调研测绘、开发策划、学术研究及教学基地搭建，并制定规划、建筑、景观及室内设计方案。

社区及居民参与是实现旅游业可持续发展的重要途径之一。在梅山文化园开发过程中，当地的社区及居民不仅参与到旅游发展的决策和建设中，并提出自己的建议和意见，还直接参与园区旅游商品的生产和制作，起到了举足轻重的作用。梅山文化园的始创者就是当地村民姚志斌、张青娥夫妇，他们以满腔热情回乡投资开发，用十余年时间将荒山变成鸟语花香、古朴野趣的梅山文化生态园。

园区的多项工程建设都聘请了当地优秀的木匠、石匠、泥瓦匠等有着传统工艺经验的工匠参与建筑、景观及室内装饰施工。这些匠人在建设过程中解决了许多技术性的问题，充分地展现了他们的聪明才智。

梅山文化园通过逐渐发展，吸引居民从各个渠道参与公园管理，如导游、活动表演和公园管理人员等，逐步引导居民改良求生渠道，提高居民收入。当社区和居民在旅游开发中获得了合理的经济利益时，会按照游客的期望来主动保护资源环境和传承梅山文化，对园区的可持续发展起到了积极的推动作用。

7.5 梅山文化园旅游产品开发与旅游线路规划

7.5.1 梅山文化园旅游产品开发

7.5.1.1 梅山文化园旅游产品分类

梅山文化园的旅游产品开发类型主要分为五大类：生态观光类、文化展演类、游憩体验类、养生康体类、艺术养生类。

生态观光类旅游产品是常规观光型产品。梅山文化园良好的生态环境可以给予人们最直接的感官刺激，容易被各层次人群接受。旅游者通过游览和观赏自然山水、四季植物、动物形迹，亲近自然，舒缓心情，放松神经，缓解压力，从而获取身心的健康。

文化展演类旅游产品依托梅山地区丰富的物质和非物质文化遗产，将静态的博物馆展示和动态的民俗表演、仪式展演活动相结合。游客通过参观博物馆了解梅山山民的生产生活、服装服饰、民间工艺、起居用品、渔猎、农耕器具。不定期开展梅山傩戏、地花鼓、舞草龙、梅山武术、猎神祭祀等表演活动，让旅游者身临其境地感受梅山文化。

游憩体验活动能够使游客更加融入梅山特色的乡村环境。游憩体验类旅游产品注重参与性和娱乐性，通过开发各种生动有趣的农事、射猎体验活动，游客在游览嬉戏中尽情放松，不仅调动了游客身体与精神的参与性，还加深了人们对梅山文化的认识。

养生康体类产品是以黑茶养生开发为主而形成的旅游产品。通过参与茶叶采摘等小运动量的体验活动和开展茶疗、茶浴、茶膳、茶饮等养生休闲活动以及举办养生知识讲解、养生文化展、养生专栏节目放映等知识型活动，发挥黑茶养生功效和康体保健功能，让游客既能释放压力，放松心情，矫治疾病，增强体质，又能提高对黑茶文化的认知。

艺术养生类产品主要为有艺术兴趣的游客和艺术家提供服务。通过在梅山博物馆、艺术中心、艺术村等景点开展品茶、聆听音乐、艺术写生、书画艺术展、摄影艺术展等活动，游客在休闲度假之中享受自己的艺术时光，从而达到愉悦性情、修养身心之效。

7.5.1.2 梅山文化园旅游产品功能结构

梅山文化园的旅游项目除了满足传统的观赏、饮食、住宿、购物、娱乐等功能外，还针对梅山文化园的资源优势和旅游特色拓展了文化体验、学术研究、文艺展演、养生康体、艺术创作等新功能（图7-13）。

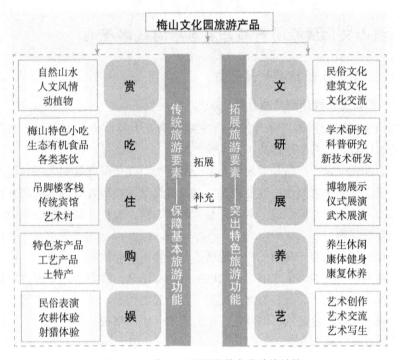

图 7-13 梅山文化园旅游产品功能结构

7.5.2 梅山文化园旅游线路规划

梅山文化园旅游线路按照园区内道路进行组织，全园皆以步行形式进行游览，根据游览频率分为主游线和次游线。根据旅游主题又可分为三种线路：梅山文化体验游、茶旅文化体验游和科研教学实践游（图 7-14）。

由于梅山文化园的道路依据山势地形而修，呈"Y"字形布局，在古戏台处分别向东南和西北两个方向分叉，因此，旅游主线路也在古戏台处分为两条。一条沿西北方向：梅山关口—商业街及梅山书院—古戏台—张五郎神像—梅山博物馆—夕照亭；另一条沿东南方向：梅山关口—商业街及梅山书院—梅山古戏台—油榨坊—景牌楼—吊脚楼群—日月亭。

次游线为穿插于山林间的漫步道，它们与主游线相接，到达各个景点，形成完整的次游线网络。

梅山文化体验是园区的旅游核心主题，也是贯穿园区整体的旅游主线，它与上述旅游主线路相同。园区主游线将与梅山文化相关的各个景观节点串连起来，有效地引导了游客在环境空间中观赏体验和情感节奏的变化。人们在古戏台前欣

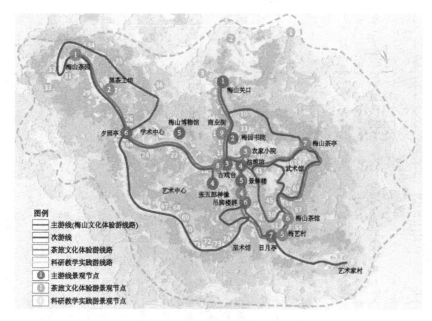

图7-14 梅山文化园旅游线路规划

赏丰富多彩的梅山山歌、地花鼓，在张五郎神像下观看祭祀梅山猎神，在梅山博物馆里参观形态各异的文化遗存，在学术中心内研究神秘幽远的梅山文化，在油榨坊中体验梅山山民的劳作生活，在吊脚楼上品味鲜香可口的梅山美食，在巫术馆中感受神秘原始的傩戏巫术，在武术馆里感叹精彩绝伦的梅山武术，在艺术村边描绘如梦似幻的梅山美景。

茶旅文化主题体验游线路是根据安化"茶旅一体化"理念，在深度挖掘黑茶文化资源的基础上，按照黑茶生产制作的顺序安排梅山寻茶、茶园参观、茶叶采摘、黑茶加工、黑茶品鉴、茶艺展示、茶戏表演、茶俗探秘等一系列体验活动（图7-25），以动态体验和活态展示的方式，将民间生产生活与茶旅开发融为一体，让游客感受茶乡生活情趣的同时，实现黑茶制作技艺的活态化保护利用。

因梅山文化园目前已成为湖南大学、中南大学、湖南师范大学、上海师范大学、西南民族大学等国内近30所大学和境外的美国路易斯安娜州立大学、法国南锡建筑学院等多所大学的教学实习基地，每年接待大批专家、学者、学生来此从事科学研究、学术交流、现场教学和艺术实践。此外，梅山文化园也是梅山文化学术研究基地和中小学生传统文化教育基地。园区不仅为普通游客提供常规的旅游活动，还承担着文化宣传和科普教育的作用。所以，针对研究学者、学生和艺术家这类人群，提出专门的科研教学实践旅游线路。具体参观线路为：梅园书院—艺术中心—梅山博物馆—学术中心—巫术馆—艺术村—武术馆。

常用景观格局指数及其生态意义

附表

景观类型	景观指数	英文缩写	单位	取值范围	应用水平	生态意义
	斑块面积	AREA	ha	(0, +∞)	斑块	是度量景观格局空间特征的基本信息，是计算其他指数的基础，是计算其他指数的基础，是面积的大小能够反映出斑块信息流的差异
	景观类型总面积	CA	ha	(0, +∞)	类型	影响物种丰度、数量，食物链和维持特生态系统稳定的重要因素
	景观总面积	TA	ha	(0, +∞)	景观	积的大小能够反映出斑块和养分等信息流的差异
面积／密度／边缘指数	回旋半径	GYRATE	m	[0, +∞)	斑块	是度量斑块幅度的指数，受斑块大小和紧实程度的影响
	斑块周长	PERIM	m	(0, +∞)	斑块／类型／景观	是度量景观的基本信息之一
	景观类型比例	PLAND	%	[0, 100]	类型	某一景观类型的总面积占整个景观面积的百分比
	斑块数量	NP	num	[1, +∞)	类型／景观	景观中斑块总数。反映景观的异质性程度，其值的大小与景观的破碎度呈正相关性。在相同面积的区域内，斑块数量越多，景观破碎度越高；反之，破碎度越低
	斑块密度	PD	num/100ha	(0, +∞)	类型／景观	反映景观的完整性和破碎化程度，斑块密度越大破碎化程度愈大
	总边缘长度	TE	m	[0, +∞)	类型／景观	景观总边缘长度
	边缘密度	ED	m/ha	[0, +∞)	类型／景观	斑块边界总长度除以斑块总面积。反映了斑块形状的复杂程度及受外界干扰程度。边界密度越大，形状越复杂
	景观形状指数	LSI	–	[1, +∞)	类型／景观	斑块类型的总边缘长度除以总边缘长度的最小值。是对类型集聚的简单描述
	最大斑块指数	LPI	%	(0, 100]	类型／景观	是某类景观中的最大斑块占整个景观面积的比例，它有助于确定景观的规模或优势类型等
形状指数	周长面积比例	PARA	—	(0, +∞)	斑块／类型／景观	是对斑块形状复杂性的简单度量
	形状指数	SHAPE	—	[1, +∞)	斑块／类型／景观	计算某一斑块形状与相同面积的圆或正方形之间的偏离程度来测量形状的复杂程度

198

附表（续）

景观类型	景观指数	英文缩写	单位	取值范围	应用水平	生态意义
形状指数	分维数	FRAC	—	[1, 2]	斑块/类型/景观	不规则几何形状的非整数维数，值越大，表示斑块形状越复杂，人类行为干扰度越大
	线状指数	LINEAR	—	[0, 1)	斑块/类型/景观	基于斑块的中轴转变，其值不受斑块形状大小的影响
	相关外接圆	CIRCLE	—	[0, 1)	斑块/类型/景观	对整体的延展度进行度量
	邻近指数	CONTIG	—	[0, 1)	斑块	是用来评估斑块的空间连接性和邻近性的，为斑块边界线和形状分布提供指标
	周长面积分维数	PAFRAC	—	[1, 2]	类型/景观	反映不同空间尺度斑块形状的复杂性，值越大，表示斑块形状越复杂
核心面积指数	斑块核心面积	CORE	ha	[0, +∞)	斑块	代表在斑块面积中，到周长的距离比给定边缘深度大的那部分分面积
	核心面积数量	NCA	num	[0, +∞)	斑块	一个核心斑块就是空间上一块同断分布的核心面积。由于斑块大小、形状及边缘深度的影响，一个斑块可能包含几个分离的核心
	核心面积指数	CAI	%	[0, 100)	斑块/类型/景观	是一个相对指标，核心面积占斑块/景观面积的比例
	平均深度指数	APEPTH	m	[0, +∞)	斑块	代表距斑块核心的平均距离，对面积和形状非常敏感
	最大深度指数	MDEPTH	m	[0, +∞)	斑块	描述的是斑块最深最宽的部分，对面积和形状非常敏感
	总核心面积	TCA	ha	[0, +∞)	类型/景观	某一类斑块类型或景观中所有斑块核心面积的总和
	间断分布核心面积数量	NDCA	—	[0, +∞)	类型/景观	等于某类斑块类型内间断分布的核心面积的总数量。随着斑块形状和面积大小的变化以及边缘深度值得变化，一个斑块可能包含几个核心面积
	间断分布核心面积密度	DCAD	num/ha	[0, +∞)	类型/景观	描述的是单位面积上同断的核心面积数量
	总核心面积比例	CPLAND	%	[0, 100)	类型	某一类斑块类型中所有斑块核心面积的总和除以景观总面积的百分比

附表（续）

景观类型	景观指数	英文缩写	单位	取值范围	应用水平	生态意义
独立/邻近指数	邻近指数	PROX	—	[0, +∞)	斑块/类型/景观	斑块的面积总和除以某一类型的所有斑块边缘到中心斑块边缘之间最小距离的平方。主要用作比较指标
	相似指数	SIMI	—	[0, +∞)	斑块/类型/景观	是对邻近指数的修正
	几何最邻近距离	ENN	m	(0, +∞)	斑块/类型/景观	等于最近同类型相邻斑块的平均距离，是斑块边缘栅格中心的距离。距离的平均值越大，表明同类型斑块呈分布分散，斑块之间越易同相互干扰减少；反之则表示斑块呈团聚分布，斑块相互间容易发生干扰
	功能最邻近距离	FNN	m	(0, +∞)	斑块/类型/景观	作为最邻近距离的有力补充
对比度指数	边缘对比度	ECON	%	[0, 100]	斑块	等于斑块的部分周长乘以相应的边缘对比度权重之积的总和，再除以总斑块周长，转化成百分数
	对比度加权边缘密度	CWED	m/ha	[0, +∞)	类型/景观	斑块的边缘对比长度乘以边缘对比度权重除以景观总面积
	总边缘对比度	TECI	%	[0, 100]	类型/景观	与边缘对比度相似，应用于类型和景观水平
	相似邻接比例	PLADJ	%	[0, 100]	类型/景观	每个斑块类型的相似的相邻接数量的所有邻接的数量，转化成斑块类型聚集程度
	从聚指数	CLUMPY	—	[-1, 1]	类型	表示不同斑块类型（包括相同类型的相似节点）相邻出现在景观图上的几率
蔓延/离散度指数	聚合度指数	AI	%	[0, 100]	类型/景观	在特定随机分布下预期的包括相同相似类型的聚集程度。相应类型的相似的相邻接数量除以该类型最大度量同类板块的聚集度上从该类型最大时最大值，转化成为一个斑块时生成的几率
	散布与并列指数	IJI	%	(0, 100]	类型/景观	表示景观水平上计算各个斑块类型间的总体散布与并列状况
	多分维数	MFRAC	—	(0, 2]	类型/景观	焦点类型斑块的回归对数除以所有无胞斑块平均数的线性回归的斜率
	景观分离度	DIVISION	—	[0, 1)	类型/景观	1 减去斑块面积除以景观面积的平方和。当该斑块类型在景观中的面积比重和斑块尺寸下降时，它就接近 1

附表（续）

景观类型	景观指数	英文缩写	单位	取值范围	应用水平	生态意义
蔓延/离散度指数	分散指数	SPLIT	—	[1, 元胞数]	类型/景观	景观面积的平方和除以所有斑块面积平方和的和。表示有效网格的数量，受景观面积和栅格单元大小之间的比例影响
	有效网格面积	MESH	ha	—	类型/景观	相关斑块类型的斑块面积平方和除以这个景观面积
	蔓延度指数	CONTAG	%	(0, 100]	景观	是描述景观格局的重要指标。反映斑块类型的聚集和延展程度，值低说明景观具有多种要素的密集格局，破碎度较高
连通度指数	斑块凝聚指数	COHESION	—	(0, 100]	类型/景观	是相关斑块类型的自然连通度。随斑块类型分布在分割的破碎程度集，自然连通度提高，斑块凝聚指数也会提高
	连接度指数	CONNECT	%	[0, 100]	类型/景观	连接度是根据给定距离范围内某类斑块型节点数来确定的
	景观破碎度	FN	num/ha	(0, +∞)	类型/景观	景观类型破碎度是指景观要素被分割的破碎程度。破碎度越大，表示景观结构越复杂。人类活动干扰性越大
	贯通度指数	TRAVERSE	%	[0, 100]	类型/景观	景观中所有无阻力最小成本外缘面积总和除以景观中的元胞数，再除以最小成本外缘面积最大值，转化成百分比
多样性指数	斑块丰富度	PR	—	[1, +∞)	景观	景观中斑块类型的数量，是对景观组成的最简单度量
	斑块丰富度密度	PRD	num/ha	(0, +∞)	景观	单位面积斑块丰富程度
	相对斑块丰富度	RPR	%	(0, 100]	景观	与斑块丰富度相似
	香农多样性指数	SHDI	—	[0, +∞)	景观	反映景观要素的多少和各景观要素所占比例的变化，即景观的异质性，对稀缺斑块类型敏感性较强。多样性指数大，说明斑块类
	辛普森多样性指数	SIDI	—	[0, 1)	景观	型增加或各斑块类型在景观中呈均衡化趋势分布
	修正辛普森多样性指数	MSIDI	—	[0, +∞)	景观	多样性值较小时优势度一般越高
	香农均匀度指数	SHEI	—	[0, 1]	景观	
	辛普森均匀度指数	SIEI	—	[0, 1]	景观	表示景观镶嵌体中不同景观类型在其数目或面积方面的均匀程度
	修正辛普森均匀度指数	MSIEI	—	[0, 1]	景观	

结　语

　　生态旅游和景观生态学均有庞大复杂的理论体系，书中研究领域涉及生态学、景观美学、旅游心理学、文化地理学、设计学等交叉学科知识，综合性极强，由于研究手段的复杂性、研究对象的范围界定的模糊性以及本人精力等因素，本书还存在一定的不足，在以下方面还需要加强和完善：

　　第一，梅山文化影响和辐射范围非常广，本书的研究范围为梅山文化影响的核心区即安化和新化两县，对于核心区以外的冷水江、涟源、新邵、桃江等县市未进行深入研究，今后将以核心区为中心分批分区对梅山地区进行详细的调研和分析。

　　第二，梅山地区景观生态适宜性评价指标的复杂性决定了其综合评价体系构建的难度。本书对评价指标的选取、指标评分标准与依据，虽有前人研究成果作支撑，但指标的细化与量化、指标的精确性、指标体系权重确定以及评价模型的选择等系列方法与技术，仍有待于今后进一步地深化研究与验证。

　　第三，从旅游经济和管理的角度看，本书对梅山地区旅游开发的研究不够深入，特别是针对梅山地区的旅游环境容量的量化分析和生态旅游开发影响的研究。这将是笔者下一步深入研究的重点内容。

　　第四，梅山地区的历史文化地理数据较难量化或无法量化，如何克服历史、文化、地理研究单一性与共时性的传统羁绊，搭建定量与定性研究的桥梁，是有待深入讨论的问题。

参考文献

［1］BOO E. Ecotourism:potentials and pitfalls ［M］. Washington,D.C.:World Wildlife Fund and the Conservation Foundation,1990.

［2］BROUSE D. Socially responsible travel［M］. Transitions Aboard, January/February,1992:23.

［3］BUCKLEY R. A Framework for ecotourism ［J］. Annals of Tourism Research,1994,21(3):661–664.

［4］WEAVER D. Ecotourism in the less developed world［M］. Cab International,1998.

［5］FENNELL D. Ecotourism:an introduction［M］. London:Routlege Press,1999.

［6］MCINTOSH R,GOELDNER C,RITCHIE J. Tourism–principles,practices and philosophies［M］. New York:John Wiley and Sones,Inc,1995.

［7］高峻,孙瑞红,李艳慧.生态旅游学［M］.天津:南开大学出版社,2014:17.

［8］卢云亭.生态旅游与可持续旅游发展［J］.经济地理,1996,16(1):107.

［9］卢小丽,武春友,HOLLY DONOHOE.生态旅游概念识别及其比较研究:对中外40个生态旅游概念的定量分析［J］.旅游学刊,2006,21(2):56.

［10］MCHARG I L. Design with nature［M］. New York:John Wiley & Sons,1992.

［11］KUHNEN F. Sustainability,regional development and marginal location［M］. Appl Geog and Devel,1992,39:101–105.

［12］FORMAN R T T. Some general principles of landscape and regional ecology ［J］. Landscape,1995,10(3):133–142.

［13］FARINA A. Principles and methods in landscape ecology ［J］. Austral Ecology,1998,33(3):361–362.

［14］傅伯杰,陈利顶,马克明,等.景观生态学原理及应用(第二版)［M］.北京:科学出版社,2011:238.

［15］王云才.景观生态规划原理［M］.北京:中国建筑工业出版社,2007:3.

［16］欧阳修.新唐书［M］.北京:中华书局,1975:5421.

［17］脱脱.宋史·梅山峒蛮传［M］.北京:中华书局,1977:14194.

［18］脱脱. 宋史·地理志(卷88)［M］. 北京:中华书局,1977.

［19］李焘. 续资治通鉴长编(卷242)［M］. 北京:中华书局,1986.

［20］脱脱. 宋史·梅山峒蛮传［M］. 北京:中华书局,1977:14196-14197.

［21］伍新田. 湖南通史［M］. 湖南出版社,1994:394.

［22］林河. 楚越文化的一个分支:梅山文化［J］. 邵阳师专学报,1996(1):29.

［23］CARSON,R. Silent spring［M］. New York:Fawcett Crest Book,1962.

［24］EAGLESP,PER N. Ecotourism:interpretation of references for planners and managers［M］. North Bennington:TheEcotourismSociety,1995.

［25］KREG L. Ecotourism:a guide for planners and managers［M］. North Bennington:The Ecotourism Society,1998.

［26］FENNELL A D. Ecotourism［M］. New York:Routledge,1999.

［27］WEAVER D B. The encyclopedia of ecotourism［M］. Wallingford:CAB International,2001.

［28］钟林生,马向远,曾瑜皙. 中国生态旅游研究进展与展望［J］. 地理科学进展,2016,35(6):686.

［29］王仰麟,杨新军. 风景名胜区总体规划中的旅游持续发展研究:以浙江金华双龙国家重点风景名胜区为例［J］. 资源科学,1999,21(1):37-43.

［30］高峻,孙瑞红,李艳慧. 生态旅游学［M］. 天津:南开大学出版社,2016:26.

［31］肖笃宁,赵羿,孙中伟,等. 沈阳西郊景观格局变化的研究［J］. 应用生态学报,1990,1(1):75-84.

［32］邬建国. 景观生态学:概念与理论［J］. 生态学杂志,2000,19(1):42-52.

［33］肖笃宁,李秀珍. 景观生态学的学科前沿与发展战略［J］. 生态学报,2003,23(8):1615-1621.

［34］沈泽昊. 景观生态学的实验研究方法综述［J］. 生态学报,2004,24(4):669-774.

［35］黄奕龙,陈利顶,吴健生. 景观生态学的实验研究方法综述［J］. 地理学报,2006,61:224.

［36］陈利顶,李秀珍,傅伯杰,等. 中国景观生态学发展历程与未来研究重点［J］. 生态学报,2014,34(12):3129-3141.

［37］俞孔坚,李迪华,段铁武. 敏感地段的景观安全格局设计及地理信息系统应用:以北京香山滑雪场为例［J］. 中国园林,2001(1):11-16.

［38］肖荣波,欧阳志云,李伟峰,等. 城市热岛的生态环境效应［J］. 生态学报,2005,25(8):2056-2060.

［39］陈明曦,陈芳清,刘德富. 应用景观生态学原理构建城市河道生态护岸［J］. 长江流域资源与环境,2007,16(1):97-101.

［40］李佩武,李贵才,张金花,等. 城市热岛的生态环境效应［J］. 地理研究,2009,28(2):243-302.

［41］陈利顶,孙然好,刘海莲. 城市景观格局演变的生态环境效应研究进展［J］. 生态学报,2013,33(4):1042-1050.

［42］李杨帆,林静玉,孙翔. 城市区域生态风险预警方法及其在景观生态安全格局调控中的应

用[J].地理研究,2017,36(3):485-494.

[43]马克明,傅伯杰,周华锋.北京东灵山地区森林的物种多样性和景观格局多样性研究[J].生态学报,1999,19(1):1-7.

[44]郭晋平,薛俊杰,李志强,等.森林景观恢复过程中景观要素斑块规模的动态分析[J].生态学报,2000,20(2):218-223.

[45]杨国靖,肖笃宁,赵成章.基于GIS的祁连山森林景观格局分析[J].干旱区研究,2004,27(1):27-32.

[46]王根绪,李元寿,王一博,等.近40年来青藏高原典型高寒湿地系统的动态变化[J].地理学报,2007,62(5):481-491.

[47]白军红,欧阳华,崔保山,等.近40年来若尔盖高原高寒湿地景观格局变化[J].生态学报,2008,28(5):2245-2252.

[48]宗秀影,刘高焕,乔玉良,等.黄河三角洲湿地景观格局动态变化分析[J].地球信息科学学报,2009,11(1):91-97.

[49]宫兆宁,张翼然,宫辉力,等.北京湿地景观格局演变特征与驱动机制分析[J].地理学报,2011,66(1):77-88.

[50]孔凡亭,郗敏,李悦,等.基于RS和GIS技术的湿地景观格局变化研究进展[J].应用生态学报,2013,24(4):941-946.

[51]孙万龙,孙志高,田莉萍,等.黄河三角洲潮间带不同类型湿地景观格局变化与趋势预测[J].生态学报,2017,37(1):215-225.

[52]王仰麟,韩荡.农业景观的生态规划与设计[J].应用生态学报,2000,11(2):265-269.

[53]肖笃宁,高峻.农村景观规划与生态建设[J].农村生态环境,2001,17(4):48-51.

[54]李同升,马庆斌.观光农业景观结构与功能研究:以西安现代农业综合开发区为例[J].生态学杂志,2002,21(2):77-80.

[55]骆世明.生态农业的景观规划、循环设计及生物关系重建[J].中国生态农业学报,2008,16(4):805-809.

[56]刘云慧,张鑫,张旭珠,等.生态农业景观与生物多样性保护及生态服务维持[J].中国生态农业学报,2012,20(7):819-824.

[57]宋博,丁圣彦,赵爽,等.农业景观异质性对生物多样性及其生态系统服务的影响[J].中国生态农业学报,2016,24(4):443-450.

[58]关文彬,谢春华,马克明,等.景观生态恢复与重建是区域生态安全格局构建的关键途径[J].生态学报,2003,23(1):64-73.

[59]张建春,彭补拙.河岸带研究及其退化生态系统的恢复与重建[J].生态学报,2003,23(1):56-63.

[60]马克明,傅伯杰,黎晓亚,等.区域生态安全格局:概念与理论基础[J].生态学报,2004,24(4):761-768.

[61]王向荣,林箐,沈实现.湿地景观的恢复与营造:浙江绍兴镜湖国家城市湿地公园及启动

区规划设计[J].风景园林,2006(4):18-23.

[62]李洪远,孟伟庆,马春,等.碱渣堆场废弃地的生态恢复与景观重建途径探索[J].环境科学研究,2008,21(4):76-80.

[63]陈静,陈芳清,许文年,等.向家坝工程扰动区的景观变化及其生态恢复[J].长江流域资源与环境,2012,21(2):225-230.

[64]HABER W. Using landscape ecology in planning and management. In:Zonneveld IS,Forman RTT (eds),changing landscapes:an ecological perspective [M]. New York:Springer,1990:217-232.

[65]ERNST M,OELLERS J,TOSCHKI A,et al. Notes on numerical fluid mechanics and multidisciplinary design[M]. Berlin:Springer,2015,129:19-28.

[66]JENSEN J J. Multiple use of forests and other natural resources [M]. Netherlands:Springer,1999:194-204.

[67]SUNG D G,LIM S H,KO J W,et al. Scenic evaluation of landscape for urban design purposes using GIS and ANN[J]. Landscape and Urban Planning,2001,56(2):75-85.

[68]KELE ζ S,SIVRIKAYA F,AKIR G. Temporal changes in forest landscape patterns in Artvin Forest planning unit,turkey [J]. Environmental Monitoring and Assessment,2007,129(1):483-490.

[69]MILANOVA E V. Regional landscape-ecological planning and desertification control in arid regions of the Commonwealth of Independent States [J]. Environmental Monitoring and Assessment,1995,37:9-244.

[70]DIKOU A,PAPAPANAGIOTOU E,TROUMBIS A. Integrating landscape ecology and geoinformatics to decipher landscape dynamics for regional planning [J]. Environmental Management,2011,48(3):523-538.

[71]刘滨谊,姜允芳.中国城市绿地系统规划评价指标体系的研究[J].城市规划汇刊,2002(2):27-29.

[72]郭晋平,薛达,张芸香,等.体现地域特色的城市景观生态规划:以临汾市为例[J].城市生态规划,2005,29(1):68-72.

[73]王云才,刘悦来.城市景观生态网络规划的空间模式应用探讨[J].长江流域资源与环境,2009,18(9):819-824.

[74]张超荣,屠李,黄闯,等."生态规划"理论在城市总体规划中的应用:以合肥新站综合开发试验区总体规划为例[C].2013中国城市规划年会论文集,2013:461-475.

[75]王仰麟,赵一斌,祁黄雄.半干旱半湿润地区农业景观格局研究:以冀西北涿鹿地区为例[J].中国农业资源与区划,2000,21(1):45-48.

[76]帅文波,刘黎明.基于景观生态规划的县域生态农业规划方法探讨[J].生态经济,2005,(8):78-81,91.

[77]骆世明.生态农业的景观布局循环设计及生物关系重建[J].山西农业大学学报:社会科

学版,2008,7(5):463-467.

[78]邱彭华,俞鸣同.旅游地景观生态分类方法探讨:以福州市青云山风景区为例[J].热带地理,2004,24(3):221-225.

[79]田波,车代弟.旅游度假区景观生态规划途径的研究[J].北方园艺,2007(6):167-169.

[80]石宗仁.梅山蛮的民族源流、文化特征与族属[J].邵阳师专学报,1998(1):27-36.

[81]易永卿.梅山的由来与梅山文化的地位和影响[J].湖南城市学院学报,2009,30(3):32-37.

[82]马少侨.试论梅山文化的几个特色[J].邵阳师专学报,1997(1):33-37.

[83]罗白云.中国梅山文化简论[M].香港:香港天马出版有限公司,2005:23-29.

[84]周探科.梅山地域考[J].湖南人文科技学院学报,2012(6):5-8.

[85]何光岳.梅山蛮的来源和迁徙:兼论梅山蛮与百越、瑶、巴的关系[J].中南民族学院学报,1986(增刊):47-55.

[86]龙沛林.多民族的梅山及其文化[J].中华文化论坛,1997(4):15-20.

[87]粟海.梅山蛮民族史略考[J].娄底师专学报,2001(1):82-87.

[88]钟新梅.瑶族先民是古梅山蛮的主体族群[J].娄底师专学报,2004(1):82-83.

[89]奉恒高.瑶族通史[M].北京:民族出版社,2007:26.

[90]赵海洲.略论梅山蛮及其文化特色[J].邵阳学院学报,1995(3):13-15.

[91]马铁鹰."三峒梅山"概述[J].邵阳学院学报,2004,3(4):21-23.

[92]张劲松.新化县梅山文化的特色及价值[J].邵阳学院学报,2004,8(1):11-14.

[93]张式弘.揭开梅山文化的神秘面纱[J].益阳师专学报,1998(4):64-66.

[94]郭辉东.南蛮的上古远祖蚩尤:兼谈九黎、三苗、盘瓠与梅山蛮的族源和迁徙[J].湖南科技学院学报,2010(10):31-35.

[95]李夫泽,李杰.谫论梅山文化的嬗变与现代形态[J].湘潭大学学报:哲学社会科学版,2011(6):92-95.

[96]毛攀云.梅山文化在新时期的机遇与发展[J].湖南社会科学.2013(6):51-53.

[97]唐兆民.瑶山散记[M].台北:台北新文丰出版社公司,1980:70.

[98]张有隽.瑶族与华南诸族梅山教比较研究[J].广西民族学院学报,1994(4):15-21.

[99]董珞.土家族的山神和猎神[J].中南民族学院学报,1999(2):35-39.

[100]张泽洪.中国南方少数民族的梅山教[J].中南民族大学学报:人文社会科学版,2003(4):36-40.

[101]张式弘.张五郎传说述评[J].湖南人文科技学院学报,2005(1):35-38.

[102]孙文辉.巫傩之祭:文化人类学的中国文本[M].长沙:岳麓书社,2006:216.

[103]李怀荪.湖南湘西少数民族傩戏[J].中华艺术论丛,2009(9):373-391.

[104]倪彩霞.族群变迁与文化聚合:关于梅山教的调查与研究[J].世界宗教研究,2011(1):97-105.

[105]谢向平.论梅山宗教中存疑的几个问题[J].湖南人文科技学院学报,2014(5):28-32.

[106]鄢光润.梅山文化地域民俗的调查与思考[J].邵阳师专学报,1996(1):35-39.

[107]王建章.谫论梅山文化的比较研究[J].邵阳学院学报,2008,7(4):134-137.

[108]刘楚魁.梅山乡村非农事民俗[J].怀化学院学报,2009,28(4):10-13.

[109]刘道锋.梅山民俗中的鬼节文化与古代的秋尝祭祖仪式[J].湖南人文科技学院学报,2010(1):36-38.

[110]袁征.梅山歌谣初探[J].云梦学刊,2000(1):54-58.

[111]陈文卿,王洪元.梅山武功的文化渊源[J].娄底师专学报,2003(3):98-100.

[112]梁金平.湘中民歌歌词的审美特征[J].娄底师专学报,2003(4):87-89.

[113]杨俊军.梅山武术及其文化特征[J].体育成人教育学刊,2004(5):34-35.

[114]谭建光.湘中梅山民歌的审美情态[J].文艺研究,2006(6):164.

[115]刘新光,杨俊军,陈勤.湖南古梅山地区原生态民族传统体育项目的调查研究[J].湖南第一师范学报,2008(2):162-164.

[116]肖琼芳.湖南梅山民歌初探[D].长沙:湖南师范大学,2009.

[117]曾晓萍.浅谈新化山歌的特点[J].艺术评论,2009(9):103-105.

[118]魏志英,陈永辉,谭克理.湖南新化梅山武功的社会价值[J].体育学刊,2009(12):91-95.

[119]晏西征.梅山武术与蚩尤故里[J].中华武术,2011(5):64-66.

[120]陆序彦.文化遗产视域下的梅山民间木雕[J].湖南人文科技学院学报,2011(6):76-79.

[121]张宗登.湘中梅山竹编工艺初探[J].设计,2013(2):136-138.

[122]熊莹.基于梅山非物质文化传承的乡村建筑环境研究[D].长沙:湖南大学,2014.

[123]罗伯云.中国梅山文化简论[M].香港:天马出版有限公司,2005.

[124]李子升.梅山探赜[M].香港:天马出版有限公司,2007:36-46.

[125]杨理明,杨斯森.漫步梅山:梅山文化综述[M].北京:线装书局,2008.

[126]李新吾,李志勇,李新民.梅山蚩尤:南楚根脉 湖湘精魂[M].长沙:湖南文艺出版社,2012.

[127]陈益球.梅山武功[M].长沙:湖南科学技术出版社,1987.

[128]黄镇.梅山拾萃[M].长沙:湖南省民间文艺家协会,2000.

[129]李怀荪.梅山虎匠科仪本汇编[M].台北:新文丰出版股份有限公司,2001.

[130]张剑虹.资江风情系列丛书:梅山民歌精选[M].香港:中国古籍出版社,2002.

[131]刘红梅,刘楚魁.梅山民俗研究[M].海口:海南出版社,2013.

[132]伍亮.梅山文化简明读本[M].长沙:湖南大学出版社,2015.

[133]欧阳恩涛.梅山民俗概论[M].北京:新华出版社,2016.

[134]郑伯红.浅析梅山民俗文化的旅游价值[J].邵阳师专学报,1998(1):48-51.

[135]刘建才.论梅山文化的旅游开发价值[J].商场现代化,2006(24):197-198.

[136]何晓颖,伍丽霞.梅山文化旅游资源价值分析评价[J].浙江海洋学院学报:人文科学版,2007,24(1):64-68.

[137]李本成.梅山民俗体育的当代价值与旅游开发[J].湖南人文科技学院学报,2010(6):13-15.

[138]伍丽霞.梅山文化旅游资源分析与开发研究[D].桂林:广西师范大学,2005.

[139]王业社,陈春贵.梅山文化旅游开发研究[J].邵阳学院学报,2007,6(3):77-82.

[140]石潇纯,彭苋.大梅山区域旅游协作的SWOT分析[J].邵阳学院学报,2015,4(3):72-77.

[141]马铁鹰."三峒梅山"概述[J].邵阳学院学报:社会科学版,2004,3(4):21-23.

[142]王亚力.论民族交界地区文化旅游资源的特点、形成及开发:以湘西凤凰为例析[J].经济地理,2002,22(4):492-496.

[143]安化县志编纂委员会.安化县志文物胜迹[M].北京:中国社会科学文献出版社,1993:531.

[144]邹珺.论梅山文化的历史衍变及价值分析[J].新西部,2010(6):98-99.

[145]陈书芳,龙彦静,姚志凌.湘中梅山地区风雨桥建筑装饰艺术与文化意蕴探析[J].中外建筑,2016(9):44-46.

[146]章惇.开梅山歌[M].上海:上海古籍出版社,1983.

[147]刘楚魁.梅山农事民俗探析[J].邵阳学院学报:社会科学版,2008,7(4):138.

[148]唐松青.梅山文化:蛮越文化的交汇[J].湖南行政学院学报,2008(1):86-88.

[149]陈志辉.湖南县域生态农业旅游发展研究[J].湖南行政学院学报,2015(2):31-36.

[150]王留林,罗佳,吴宜进,等.湖北省湿地生态旅游资源开发的SWOT分析[J].湿地科学与管理,2014(4):16-19.

[151]吴必虎,方芳,殷文娣,等.上海市民近程出游力与目的地选择评价研究[J].人文地理,1997,12(1):17-23.

[152]刘燕.湖南崀山生态旅游资源评价与发展对策[D].长沙:湖南农业大学,2013:13.

[153]陈燕,郑松发,武锋.水东湾红树林湿地生态旅游SWOT分析及开发策略[J].广东林业科技,2015,31(3):89.

[154]王洪蕾,胡道华,赵阳.武汉市乡村旅游SWOT分析[J].云南地理环境研究,2011,23(4):51.

[155]曹景丽.我国生态旅游环境保护法律问题研究[D].北京:中国政法大学,2008:14.

[156]成凤明,张晓.生态旅游法制建设探析[J].中南林业科技大学学报:社会科学版,2011,5(6):27.

[157]PEARSOM M D,MCALPINE A C. Landscape ecology:an integrated science for sustainability in a changing world[J].Landscape Ecology,2010,25:1151-1154.

[158]傅伯杰,吕一河,陈利顶.国际景观生态学研究新进展[J].生态学报,2008(2):798-804.

[159]肖笃宁.景观生态理论、方法及应用[M].北京:中国林业出版社,1991:186-195.

[160]郑新奇,付梅臣,姚慧,等.景观格局空间分析技术及其应用[M].北京:科学出版社,2010:21.

[161]FORMAN R T T. Land mosaics:the ecology of landscapes and regions[Z].Cambridge University Press,Cambridge,UK,1995.

[162]TURNER M G. Landscape ecology in North America:past,present,and future[J].Ecology,

2005,86(8):1967-1974.

[163]余艳红. 景观格局指数在生态环境影响评价中的应用[J]. 环境科学导刊,2010,29(2): 82-86.

[164]古琳,刘波,龚固堂,等. 成都市近20年林地景观变化特征[J]. 应用生态学报,2010,21 (5):1081-1089.

[165]王云才.巩乃斯河流域游憩景观生态评价及持续利用[J].地理学报,2005,60(4):645-655.

[166]谢花林,刘黎明,徐为. 乡村景观美感评价研究[J]. 经济地理,2003,23(3):424.

[167]周锐,李月辉,胡远满,等.基于景观敏感度的森林公园景点评价 [J].应用生态学报, 2008,19(11):2460-2466.

[168]杨志峰,徐俏,何孟常. 城市生态敏感性分析[J]. 中国环境科学,2002,22(4):360-364.

[169]CANTóN Y,DEL BARRIO G,SOLé-BENET A,et al. Topo-graphic controls on the spatial dis-tribution of ground cover in the Tabernas badlands of SE Spain[J]. Catena,2004,55:341-365.

[170]王云才,申佳可. 论John Lyle的人文生态系统设计思想体系及其实践意义[C]. 中国风景园林学会2016年会论文集,2016:308-312.

[171]王云才. 景观生态规划原理[M]. 北京:中国建筑工业出版社,2007:114-115.

[172]刘焰,张大勇,刘华楠. 中国西部生态旅游产品功能分区模式设计[J]. 科技进步与对策, 2003(7):31.

[173]SWARDBROOKE J. Sustainable tourism management [M]. Washington. D. C:CABI:1999.

[174]樊敏,蔡建刚.利益相关者视角下生态旅游资源保护与开发研究[J]. 现代商贸工业,2013 (5):15.

[175]MURPHY P E. Tourism:a community approach [M].New York and London,Methuen. 1985: 155-176.

[176]朱强,俞孔坚,李迪华.景观规划中的生态廊道宽度[J].生态学报,2005,25(9):2406-2412.

[177]赵弈,胡远满,曹宇,等. 土地与景观:理论基础评价规划[M]. 北京:科学出版社,2005.

[178]姜敏,陈飞虎. 小规模渐进建造的乡野公园:中国梅山文化园建设实录[J]. 建筑学报, 2013(12):33-37.